I0058604

Einführung in die Nachrichtentechnik
Herausgegeben von Alfons Gottwald

Im Zeitalter der Kommunikation ist die ELEKTRISCHE NACHRICH-
TENTECHNIK eine vielschichtige Wissenschaft: Ihre rasche Entwicklung und Auffächerung zwingt Studenten, Fachleute und Spezialisten
immer wieder, sich erneut mit sehr unterschiedlichen physikalischen
Erscheinungen, mathematischen Hilfsmitteln, nachrichtentechnischen
Theorien und ihren breiten oder sehr speziellen praktischen Anwendungen zu befassen.

EINFÜHRUNG IN DIE NACHRICHTENTECHNIK ist daher eine
ebenso vielfältige Aufgabe. Dieser Vielfalt wollen unsere Autoren gerecht
werden: Aus ihrer fachlichen und pädagogischen Erfahrung wollen sie in
einer REIHE verschiedenartiger Darstellungen verschiedener Schwie-
rigkeitsgrade EINFÜHRUNG IN DIE NACHRICHTENTECHNIK
vermitteln.

Automatische Spracherkennung

Methoden der Klassifikation
und Merkmalsextraktion

von
Dr.-Ing. habil. Günther Ruske

2., verbesserte und erweiterte Auflage

Mit 85 Bildern und 6 Tabellen

R. Oldenbourg Verlag München Wien 1994

Die Deutsche Bibliothek — CIP-Einheitsaufnahme

Ruske, Günther:
Automatische Spracherkennung : Methoden der Klassifikation
und Merkmalsextraktion ; mit 6 Tabellen / von Günther Ruske.
– 2., verb. und erw. Aufl. – München ; Wien : Oldenbourg, 1994
  (Einführung in die Nachrichtentechnik)
  ISBN 3-486-22794-7

© 1994 R. Oldenbourg Verlag GmbH, München

Das Werk einschließlich aller Abbildungen ist urheberrechtlich geschützt. Jede Verwertung
außerhalb der Grenzen des Urheberrechtsgesetzes ist ohne Zustimmung des Verlages unzu-
lässig und strafbar. Das gilt insbesondere für Vervielfältigungen, Übersetzungen, Mikrover-
filmungen und die Einspeicherung und Bearbeitung in elektronischen Systemen.

Gesamtherstellung: WB-Druck, Rieden

ISBN 3-486-22794-7

INHALT

Vorwort zur zweiten Auflage

Die automatische Erkennung gesprochener Sprache gewinnt zunehmend an Bedeutung, insbesondere wenn ein Dialog zwischen Mensch und Maschine geführt werden soll. Typische Anwendungen bestehen bei der Abfrage von Datenbanken, bei der Erfassung von Meßwerten oder bei der Eingabe von Kommandos. Die Spracheingabe kann die Handhabung komplizierter Maschinen und Systeme erheblich erleichtern, denn Sprache bedeutet für den Menschen eine besonders natürliche Art der Kommunikation. Man erwartet, daß die Möglichkeit zum gesprochenen Dialog letztlich auch dazu beiträgt, Maschinen "menschlicher" zu machen.

Das vorliegende Buch geht auf die grundlegenden Probleme ein, die bei der automatischen Spracherkennung auftreten. Es wird klar unterschieden zwischen der Aufgabe der "Spracherkennung", die eine Umsetzung der gesprochenen Äußerung in eine Lautfolge oder eine Folge von Wörtern vornimmt, und in die übergeordnete "Sprachinterpretation", deren Aufgabe es ist, die inhaltliche Bedeutung eines Satzes zu erfassen. Die letztgenannte Aufgabe erfordert vor allem den Einsatz von Methoden der Computerlinguistik und wird im vorliegenden Buch nicht weiter behandelt; sie stellt ein eigenes, umfassendes Wissensgebiet dar. Doch auch die Interpretation setzt immer voraus, daß in einer ersten Verarbeitungsstufe die "Spracherkennung" - möglichst erfolgreich - durchgeführt worden ist.

Nach einer Einführung werden in Abschnitt 2 des Buches die Aufgaben der automatischen Spracherkennung definiert. Die wichtigsten Verfahren zur Vorverarbeitung des Sprachsignals sind in Abschnitt 3 zusammengefaßt. Abschnitt 4 beschäftigt sich mit den Methoden der Klassifikation, die in der Praxis von Bedeutung sind. Experimentelle Untersuchungen demonstrieren jeweils die Wirksamkeit der einzelnen Verfahren. Besonderer Wert wurde darauf gelegt, die Verwandtschaft der verschiedenen Klassifikatoren aufzuzeigen und gegenüberzustellen. Es war allerdings nicht beabsichtigt, hier absolute Vollständigkeit zu erreichen. Die wichtigsten Verfahren zur Klassifikation von zeitlichen Musterverläufen, die bei der Erkennung von Sprachlauten und ganzen Wörtern benötigt werden, sind als Ergänzung in Abschnitt 8 mit aufgenommen worden. Abschnitt 5 behandelt die Methoden der Merkmalsextraktion, die für die Spracherkennung wichtig sind. Die Gewinnung bzw. Auswahl geeigneter Merkmale erleichtert die Konzeption des nachfolgenden Klassifikators ganz erheblich und stellt eine wichtige Stufe im gesamten Entscheidungsprozeß dar. Besondere Aufmerksamkeit kommt der Auswertung solcher akustischer Merkmale zu, die aus der menschlichen Sprachwahrnehmung bekannt sind. Auch bei diesem Themenkreis war es unvermeidlich, aus der Fülle der bekannten Verfahren eine gewisse Auswahl zu treffen. Als Kriterium für die Auswahl dienten vor allem Gesichtspunkte der praktischen Realisierbarkeit. Der an weiteren Einzelheiten interessierte Leser findet eine Vielzahl von Literaturhinweisen, die zur Vertiefung der einzelnen Themenbereiche geeignet sind.

Die Abschnitte 6 und 7 befassen sich mit umfangreichen Untersuchungen zur silbenorientierten Spracherkennung. In diesem Zusammenhang wird ein vollständiges Spracherkennungssystem vorgestellt, das Teile von Silben als Verarbeitungseinheiten verwendet. Dieses System ist in der Lage, fließend gesprochene Sätze zu erkennen, wobei die Berücksichtiung einer gegebenen Syntax möglich ist.

Die vorliegende 2. Auflage wurde um den Abschnitt 8 ergänzt, der die grundlegenden Verfahren der "Dynamischen Programmierung", der "Hidden-Markov"-Modelle und der Neuronalen Netze vorstellt, da diese Methoden inzwischen große Bedeutung erlangt haben.

Das Buch soll Ingenieure, Entwickler, Studenten und allgemein Interessierte ansprechen, die sich mit den theoretischen und technischen Problemen der Erkennung von Sprachsignalen beschäftigen. Die mathematischen Formulierungen wurden möglichst allgemein gehalten, so daß die Anforderungen an mathematische Vorkenntnisse nicht allzu hoch sind. Andererseits sollte es aufgrund der exakten Formulierung dem Leser möglich sein, die vorgestellten Algorithmen unmittelbar in Computerprogramme umzusetzen. Erst das praktische Experimentieren mit natürlicher Sprache zeigt, welch beträchtliche Forschungsarbeit auf diesem Gebiet noch notwendig ist.

Mein besonderer Dank gilt dem ehemaligen Vorstand des Lehrstuhls für Datenverarbeitung der Technischen Universität München, Herrn Prof. Dr.-Ing. T. Einsele sowie allen beteiligten Kollegen des Lehrstuhls; durch ihre Mitarbeit haben sie einen wesentlichen Beitrag zum Zustandekommen dieses Buches geleistet. Nicht zuletzt möchte ich der Deutschen Forschungsgemeinschaft (DFG) danken, die in den vergangenen Jahren mehrere Forschungsvorhaben des Autors zu verschiedenen Fragestellungen aus dem Gebiet der Spracherkennung gefördert hat.

München, im Herbst 1993

Günther Ruske

1. Einführung

Die Eingabe und Ausgabe gesprochener Sprache gewinnt im Rahmen der Kommunikation zwischen Mensch und Maschine zunehmend an Bedeutung, da sie dem Menschen eine besonders natürliche Art des Informationsaustauschs ermöglicht. Die automatische Ausgabe verständlich klingender Sprache ist heute technisch bereits befriedigend und mit vertretbarem Aufwand realisierbar. Dagegen ist die Aufgabe, gesprochene Äußerungen automatisch zu erkennen, wesentlich schwieriger zu lösen. Sollen nur isoliert gesprochene Wörter oder sehr kurze Wortfolgen verarbeitet werden (z.B. Kommandos), so genügt es im allgemeinen, die Wörter selbst als "sprachliche Einheiten" festzulegen und diese Einheiten als Ganzes zu erkennen. Derartige Systeme sind inzwischen in größerer Zahl kommerziell verfügbar (z.B. /Wel80,Com81,Dod81,Bak84,Zoi84/). Wird dagegen die Erkennung fließend gesprochener Sprache angestrebt, so tritt eine Reihe von Problemen auf, die noch prinzipiell gelöst werden müssen; praktisch alle bekannt gewordenen Systeme befinden sich in den Forschungslaboratorien daher immer noch im Experimentierstadium. Die grundlegenden Schwierigkeiten, die bei der Erkennung fließender Sprache auftreten, werden im vorliegenden Buch ausführlich diskutiert.

Die automatische Spracherkennung hat letztlich zum Ziel, die lautsprachliche Information einer gesprochenen Äußerung (z.B. eines Satzes) auszuwerten und das Ergebnis als Folge von Wörtern auszugeben. Die Wortebene bildet eine wichtige Zwischenstufe, denn die ermittelte Wortfolge kann zusätzlich einer grammatikalischen Analyse und darüberhinaus einer semantischen Interpretation unterworfen werden, so daß schließlich die inhaltliche Bedeutung des Satzes herausgearbeitet werden kann. Diese komplexe Gesamtaufgabe läßt sich sinnvoll in eine Reihe von Teilaufgaben zerlegen, indem die Bearbeitung auf verschiedenen Ebenen erfolgt: Dies ist die Ebene der akustisch-phonetischen Analyse, die Ebene der Syntax (Grammatik) sowie die Ebene der Semantik und Pragmatik. In Bild 1.1 ist diese Grundstruktur schematisch dargestellt. Allgemein können von jeder Verabeitungsstufe aus auch Rückführungen auf vorhergehende Stufen vorhanden sein, so daß die Wortgrenzen z.B. erst festgelegt werden, wenn die syntaktische Richtigkeit festgestellt ist. Ebenso kann die semantische Analyse die Auswahl von Wortkandidaten beeinflussen, die wiederum der Syntaxprüfung unterworfen werden. Es wurde inzwischen eine Vielzahl verschiedener Lösungsmöglichkeiten entworfen, die mit der Grundstruktur in Bild 1.1 nur angedeutet sein sollen /Kla77,DeMo79,Red76,Gey84,Hat86/. Vielfach wird dieser Struktur noch eine Dialogkomponente überlagert, so daß ein derartiges System bereits in der Lage ist, in Frage und Antwort mit dem Benutzer zu kommunizieren. Ein

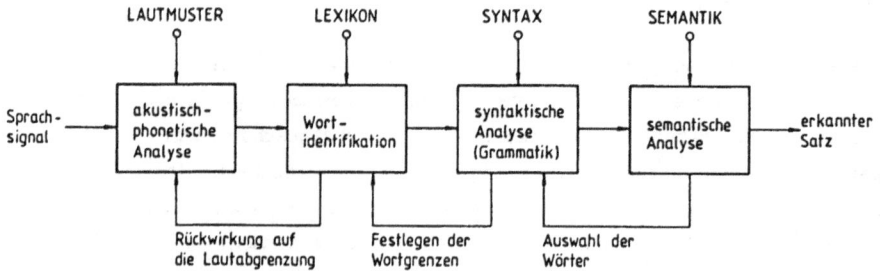

Bild 1.1 Grundstruktur für ein automatisches Spracherkennungssystem

typischer Anwendungsbereich sind automatische Auskunftsysteme, die über das Telefon in gesprochener Sprache abgefragt werden können; über die deutschen Projekte EVAR und SPICOS wird z.B. in /Nie84,Nie85,Hög86/ berichtet.

Die verschiedenen Verarbeitungsstufen können nacheinander, aber im Prinzip auch gleichzeitig abgearbeitet werden. Bei der sequentiellen Bearbeitung geben die einzelnen Stufen jeweils eine Anzahl möglicher Entscheidungen (Hypothesen) aus, die von einer nachfolgenden Stufe weiterverarbeitet werden. Bevorzugt wird dieses Vorgehen, wenn große Wortschätze zugelassen sind und die Beschränkungen durch Syntax und/oder Semantik sehr allgemein gehalten sind. Die Zahl der Möglichkeiten ist dann jeweils so groß, daß nur eine begrenzte Menge von Hypothesen weitergegeben werden kann. Die Gesamtentscheidung des Systems ist damit auch nicht in jedem Fall optimal. Typische Ansätze für die "parallele" Verarbeitung sind Verfahren der Dynamischen Programmierung (DP), die in einer einzigen Stufe die Worterkennung und die Satzerkennung gleichzeitig durchführen und gemeinsam optimieren /Bri82,Ney84/. Diese Verfahren werden zur Zeit vor allem bei kleineren Wortschätzen eingesetzt sowie dann, wenn nur eine einfache Syntax vorliegt. In Abschn. 7.4 wird im Gegensatz dazu ein eigenes, silbenorientiertes Erkennungssystem vorgestellt, das mit mehreren Stufen arbeitet; die Bestimmung des besten Satzes wird in diesem System mit einem modifizierten DP-Algorithmus durchgeführt, der speziell an die silbenorientierte Verarbeitung angepaßt ist.

Das vorliegende Buch beschäftigt sich insbesondere mit den Problemen der "Spracherkennung", die bis zur Bereitstellung von Worthypothesen bzw. von ganzen Wortfolgen in fließender Sprache reichen soll. Die darüberliegenden Ebenen haben hauptsächlich die linguistischen Probleme der Satzerkennung und -interpretation zum Gegenstand und werden allgemein als "Sprachinterpretation" bezeichnet. Die Sprachinterpretation soll hier nicht näher behandelt werden; zu dieser Thematik sei auf eine Reihe von Übersichtsartikeln /Kla77,DeMo79,Lea80/ verwiesen.

Eine wichtige Rolle in jedem Spracherkennungssystem kommt der Vorverarbeitung und der Merkmalsextraktion zu. Diese Verarbeitungsstufen stellen der nachfolgenden Klassifikation diejenigen Größen zur Verfügung, die für den Entscheidungsprozeß besonders gut geeignet sind. Im Idealfall sollten hier nur solche Merkmale angeboten werden, die für die Klassentrennung relevant sind. Dies erleichtert die Konstruktion des Klassifikators erheblich, da nun nur wenige Merkmale verarbeitet werden müssen und das Problem der Trennung von wichtigen und unwichtigen Merkmalen bereits abgenommen worden ist. In Abschn. 5. werden die verschiedenen Methoden der Merkmalsextraktion eingehend untersucht und in ihrer Wirksamkeit bei der Verarbeitung von Vokalspektren gegenübergestellt.

Die Diskussion der Merkmalsextraktion selbst kann allerdings nicht unabhängig vom verwendeten Klassifikator geschehen, da das Ergebnis der Klassifikation (genauer gesagt die mittlere Fehlerrate) letztlich das entscheidende Kriterium für die Güte der Merkmalsextraktion ist. Um die Eigenschaften der Merkmalsextraktion im Zusammenhang mit der Klassifikation darstellen zu können, werden daher die Verfahren der Klassifikation zuerst behandelt (Abschn. 4.). Insbesondere wird auf die entscheidungstheoretischen Klassifikatoren eingegangen, die anhand von Entscheidungsfunktionen die Zuordnung der Sprachmuster zu den einzelnen Klassen treffen. Da sich diese Klassifikationsverfahren als besonders gut geeignet für den Einsatz in der automatischen Spracherkennung erwiesen haben, kommt ihnen eine große praktische Bedeutung zu.

Die Verfahren der Merkmalsextraktion und Klassifikation werden schließlich in einem System zur silbenorientierten Spracherkennung eingesetzt, das die automatische Erkennung fließend gesprochener deutscher Sätze erlaubt. Die Wahl von Halbsilben als sprachliche Verarbeitungseinheiten führt zu besonders günstigen Voraussetzungen für die Klassifikation von Konsonanten und Vokalen und erleichtert darüberhinaus das Zusammenfassen der Klassifikationsergebnisse zu Wörtern und ganzen Sätzen. In einer Reihe von experimentellen Untersuchungen werden die Vorteile der silbenorientierten Spracherkennung aufgezeigt. Die gesprochenen Sätze können zusätzlich einer vorgegebenen Syntax unterworfen werden, die nur solche Wortfolgen akzeptiert, die im Rahmen der definierten Aufgabe zulässig sind.

2. Grundprobleme der automatischen Spracherkennung

Sprachlaute lassen sich in erster Linie anhand ihrer spektralen Zusammensetzung
unterscheiden. Bei der automatischen Spracherkennung wird daher nicht das Zeitsignal des Mikrofons (Schalldruckverlauf) selbst ausgewertet, sondern es wird
zuerst eine Vorverarbeitung durchgeführt. In Anlehnung an die Arbeitsweise des
menschlichen Gehörs besteht die Vorverarbeitung meist aus einer Spektralanalyse,
die z.B. durch Einsatz einer Filterbank realisiert sein kann, wie in Bild 2.1
skizziert ist.

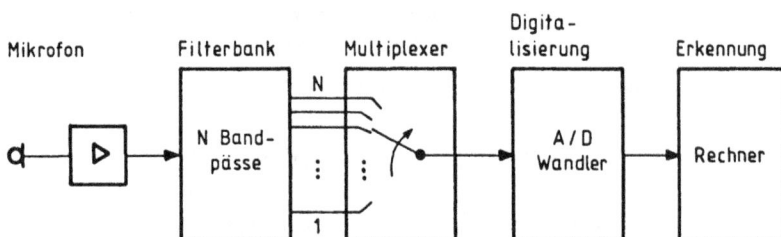

Bild 2.1 Beispiel für ein Spracherkennungssystem mit spektraler
Vorverarbeitung.

Die Filterbank besteht aus einer Reihe von Bandpässen, die die Energie des
Sprachsignals in einzelnen Frequenzbändern messen. Werden die Ausgänge der
Bandpässe gleichgerichtet, geglättet und in kurzen Zeitabständen abgetastet
(typisch alle 10 ms), so erhält man einzelne "Kurzzeitspektren", die nach erfolgter Analog/Digital-Wandlung als Eingabemuster vom Rechner eingelesen werden, siehe Bild 2.1. Die Aufeinanderfolge der einzelnen Kurzzeitspektren beschreibt damit sowohl die spektralen Charakteristika als auch deren zeitliche
Veränderung. Die N spektralen Komponenten eines Kurzzeitspektrums sollen jeweils
zu einem **Datenvektor**

$$\underline{x} = (x_1, x_2, \ldots, x_N)'$$

zusammengefaßt werden. Die formale Darstellung der Vorverarbeitung in Form der
Datenvektoren $\underline{x}$ ist Grundlage für die weiteren Ausführungen in den nächsten
Abschnitten.

2.1 Akustisch-phonetische Analyse

Eine wichtige Aufgabe der akustisch-phonetischen Analyse ist es, die gesprochene
Äußerung in kleinere sprachliche Einheiten zu unterteilen, für die die akusti-

schen Charakteristika bekannt oder in einer Lernphase bestimmt worden sind.
Damit läßt sich vermeiden, daß ein Satz unmittelbar "als Ganzes" erkannt werden muß, was bei der Vielzahl möglicher Sätze auch praktisch nicht durchführbar
wäre. Darüberhinaus würde ein sehr umfangreiches Sprachmaterial für die Lernphase benötigt, denn jeder Satz müßte im Prinzip mehrmals gesprochen werden,
um alle Variationen in seiner akustischen Repräsentation wiederzugeben. Gesucht
werden daher geeignete "Bausteine", mit denen sich jede sprachliche Äußerung
genügend gut beschreiben läßt. Die kleinsten sinnvollen Bausteine sind sicher
die Sprachlaute selbst; diejenigen Sprachlaute, die zur Bedeutungsunterschei-
dung beitragen, werden Phoneme genannt. Die Verwendung von Phonemen bietet
den Vorteil, daß das Inventar in jeder Sprache sehr gering ist: Im Deutschen
müssen nur etwa 40 Phoneme unterschieden werden, das sind 20 Konsonanten sowie
etwa 20 lange und kurze Vokale einschließlich der Diphthonge.

Problematisch ist allerdings, daß die einzelnen Phoneme aufgrund des fließenden
Sprechvorgangs stark verschliffen werden (Koartikulation), wodurch zwangsläufig auch die akustischen Ausprägungen (Muster) der Sprachlaute von der Laut-
nachbarschaft abhängen und daher nur im "Kontext" ausgewertet werden können.
Aus diesem Grunde wurde nach größeren Einheiten gesucht, die sich im Sprachsignal leicht lokalisieren lassen und die die wesentlichsten Koartikulationseffekte beinhalten. Als günstiger Kompromiß haben sich in den eigenen Arbeiten
Silben bzw. Teile von Silben (die sogenannten Halbsilben) erwiesen /Rus78/.
In Abschn. 6.3 wird die Verwendung von Halbsilben als Verarbeitungseinheiten
näher beschrieben. Um das Inventar an Klassen so gering wie möglich zu halten,
werden die Halbsilben-Segmente zwei verschiedenen Klassifikatoren angeboten:
einem, der den Vokal der Halbsilbe erkennt und einem, der den konsonantischen
Teil der Halbsilbe (die sogenannte Konsonantenfolge) erkennt. Aufgrund der
Baugesetze der Sprache ist das Inventar an Konsonantenfolgen und Vokalen stark
begrenzt.

Eine wichtige Frage ist die Durchführung der Segmentierung, d.h. der Einteilung des kontinuierlichen Sprachflusses in Abschnitte (Segmente), die den gewählten sprachlichen Einheiten zugeordnet werden können. Die Segmentierung
kann explizit durchgeführt werden, indem im Sprachsignal tatsächlich feste
Segmentgrenzen gesetzt werden, die ein Segmentierungsverfahren anzeigt. Die
Segmentierung kann aber auch implizit erfolgen, indem die Segmentgrenzen erst
während der Klassifikation bestimmt werden. Im ersten Fall werden zwei unabhängige Verarbeitungsstufen (Segmentierung und Klassifikation) durchlaufen,
während im zweiten Fall beide Aufgaben gemeinsam bearbeitet werden. In letzte-
rem Fall werden während der Klassifikation gleichzeitig auch die Segmentgrenzen

verändert und damit gewissermaßen verschiedene Segmentgrenzen "ausprobiert", wobei diejenige Grenze endgültig ausgewählt wird, die die beste Güte bei der Klassifizierung ergibt. Da eine Verschiebung einer Segmentgrenze zwangsläufig auch den Bereich des Nachbarsegments verändert, müssen im Prinzip alle Kombinationen geprüft werden, was den Aufwand natürlich stark erhöht. Die Vor- und Nachteile beider Verfahren sollen im folgenden kurz erörtert werden.

Bei der expliziten Segmentierung wird gezielt diejenige Information ausgewertet, die für die Festlegung der Segmentgrenzen wichtig ist. Dies können u.U. auch solche Merkmale des Sprachsignals sein, die während der anschließenden Klassifikation der Segmente keine Rolle spielen und dort gar nicht ausgewertet werden (wie z.B. Lautstärke, Verlauf der Sprachmelodie, Betonung etc.). Vorteilhaft ist, daß durch die Segmentierung ein Teil des gesamten Entscheidungsprozesses übernommen und damit die benötigte Rechenzeit wesentlich verkürzt wird. Als Nachteil ist anzusehen, daß die festen Entscheidungen der Segmentierung natürlich auch mit Fehlern behaftet sein werden. Dieser Nachteil ist aber nicht schwerwiegend, wenn die nachfolgenden Stufen in der Lage sind, derartige Segmentierungsfehler zu berücksichtigen bzw. zu tolerieren. Praktische Realisierungen werden in Abschn. 7.4 vorgestellt.

Der Vorteil der impliziten Segmentierung besteht darin, daß die Segmentgrenzen immer so günstig wie möglich für die insgesamte Entscheidung gelegt werden. Neben dem großen Aufwand an Rechenzeit ist aber als Nachteil anzusehen, daß Segmentierung und Klassifizierung nun mit denselben akustischen Merkmalen und denselben Algorithmen arbeiten und daher nicht speziell an ihre jeweilige Aufgabe angepaßt sind. Ein weiteres Problem stellt die Lernphase dar, in der jetzt nicht nur die Parameter für den Klassifikator geschätzt werden müssen, sondern auch die verschiedenen Möglichkeiten für die Lage der Segmentgrenzen berücksichtigt werden müssen. Im vorliegende Buch kommt daher die explizite Segmentierung bevorzugt zum Einsatz, wobei zur Behandlung von Segmentierungsfehlern besondere Maßnahmen vorgesehen sind, s. Abschn. 7.4.

2.2 Entscheidungstheoretische Formulierung der Satzerkennung

Die verschiedenen Lösungsansätze, die bei der automatischen Spracherkennung beschritten werden, lassen sich besser vergleichen und einordnen, wenn von einer Definition des "idealen" Erkennungssystems ausgegangen wird. Nach der Bayes'schen Entscheidungstheorie ist ein Klassifikator dann optimal, wenn er sich für diejenige Klasse entscheidet, für die aufgrund der vorliegenden Messungen die größte Rückschlußwahrscheinlichkeit besteht.

Ausgangspunkt für das vorliegende Problem der Satzerkennung ist eine Reihe von Messwerten, die z.B. als Folge von M Kurzzeitspektren $\underline{x}_i$, $i=1..M$, vorliegen sollen und die von dem gesprochenen Satz S stammen. Die gesamte Folge dieser Meßwerte soll mit X bezeichnet werden, um eine verkürzte Schreibweise verwenden zu können. Der Klassifikator nimmt nun für den vorliegenden Satz eine Schätzung $\hat{S}$ vor, wobei natürlich angestrebt wird, daß $\hat{S}$ möglichst mit dem tatsächlich gesprochenen Satz S übereinstimmt und der Klassifikator somit die richtige Entscheidung trifft. Die Herleitung der optimalen Entscheidungsstrategie (Prinzip des Bayes'schen Klassifikators) wird in Abschn. 4.3.1 eingehend behandelt; im folgenden sollen hauptsächlich die Anforderungen an das Gesamtkonzept eines Spracherkennungssystems formuliert werden. Für die optimale Schätzung $\hat{S}$ des Klassifikators muß gelten:

$$p(\hat{S}|X) = \max_{S_j} p(S_j|X) \quad , \qquad (2.1)$$

mit X: akustische Messungen, S_j: mögliche gesprochene Sätze,
und $\hat{S}$: Schätzung des Klassifikators.

Mit anderen Worten bedeutet dies, daß für alle möglichen Sätze S_j die bedingte Wahrscheinlichkeit (d.h. die Rückschlußwahrscheinlichkeit) bestimmt werden muß. Derjenige Satz $\hat{S}$ mit der größten Wahrscheinlichkeit ist dann die beste Entscheidung, die der Klassifikator aufgrund der vorliegenden Messungen treffen kann. Mit dieser Entscheidungsstrategie ist sichergestellt, daß die zu erwartende **Fehlerrate minimal** wird.

In der Praxis ist es aber kaum möglich, die Rückschlußwahrscheinlichkeiten tatsächlich zu bestimmen. Daher wird Gl.(2.1) nach dem Satz von Bayes umgeformt in einen gleichwertigen Ausdruck:

$$p(S_j|X) = p(X|S_j) \, p(S_j) \, / \, p(X)$$

Da die Wahrscheinlichkeit p(X) nur von den Messungen X abhängt und damit unabhängig von S_j ist, kann dieser Term bei der Maximumsuche über alle S_j unberücksichtigt bleiben. Gesucht ist daher

$$\underbrace{p(X|S_j)}_{\substack{\text{akustische}\\\text{Modellierung}}} \cdot \underbrace{p(S_j)}_{\substack{\text{Sprachmodell}\\\text{(Syntax, Semantik)}}} \overset{!}{=} \text{Maximum} \qquad (2.2)$$

Derjenige Satz, für den der Ausdruck nach Gl.(2.2) ein Maximum bildet, wird als beste Schätzung $\hat{S}$ vom Erkennungssystem ausgegeben. Diese Gleichung ist von grundlegender Bedeutung, da sie eine klare Trennung in die akustische Repräsentation $p(X|S_j)$ und in die a-priori-Wahrscheinlichkeit $p(S_j)$ des Satzes S_j zuläßt, die z.B. durch Syntax und Semantik bestimmt wird. Man spricht daher auch von einer Aufteilung in die "akustische Modellierung" und das "Sprachmodell"; von Modellierung wird hier gesprochen, da die Konstruktion eines Klassifikators auch als Aufbau eines Modells verstanden werden kann, das in der Erkennungsphase mit den tatsächlich vorliegenden Meßwerten verglichen wird. Anschaulich ausgedrückt trifft der Klassifikator diejenige Entscheidung, bei der das interne Modell mit den vorliegenden Meßwerten am besten übereinstimmt.

Die verschiedenen Lösungsansätze der Spracherkennung unterscheiden sich darin, wie diese optimale Entscheidungsstrategie in die Praxis umgesetzt wird. Dabei ist es aus Aufwandsgründen unumgänglich, verschiedene Einschränkungen und Annahmen zu treffen, um die komplexe Gesamtaufgabe technisch überhaupt bearbeiten zu können. Sinnvoll ist es, eine **Wortebene** einzuführen, so daß jeder Satz S_j aus einer Kette von Wörtern $w_1, w_2, w_3, \ldots, w_A$ besteht. Wie in Abschn. 1. erwähnt wurde, ist dies eine wichtige Voraussetzung, wenn die syntaktische und semantische Richtigkeit des Satzes analysiert werden soll. Der Index j wurde bei den Wörtern weggelassen, da im folgenden nur die Behandlung dieses einen Satzes S_j im Vordergrund stehen soll und damit die Schreibweise nicht unnötig kompliziert wird. Für diesen Satz gilt somit:

$$S_j = (w_1, w_2, w_3, \ldots, w_A) \qquad .$$

Die einzelnen **Datenvektoren** $\underline{x}_1, \underline{x}_2, \ldots, \underline{x}_M$, die zu M aufeinanderfolgenden Zeitpunkten gemessen wurden, werden mit

$$X = (\underline{x}_1, \underline{x}_2, \ldots, \underline{x}_M)$$

bezeichnet. Damit wird

$$p(S_j) = p(w_1, w_2, \ldots, w_A) \qquad \text{und}$$

$$p(X|S_j) = p(\underline{x}_1, \underline{x}_2, \underline{x}_3, \ldots, \underline{x}_M | w_1, w_2, \ldots, w_A) \qquad (2.3)$$

mit $\underline{x}_m$: Datenvektor zum Zeitpunkt m; $\qquad w_a$: Wort mit Nummer a .

Das Sprachmodell $p(S_j)$ gibt die Auftrittswahrscheinlichkeit der entsprechenden Wortfolge an und wird vielfach nur binär ausgewertet; d.h. das Sprachmodell zeigt in diesem Fall nur an, ob eine Wortfolge erlaubt ist oder nicht. Es kommen jedoch auch Verfahren zum Einsatz, die tatsächlich die Wahrscheinlichkeit der Wortfolgen zumindest in Form von Trigrammen (3 aufeinanderfolgende Wörter) explizit bestimmen und bei der Erkennung berücksichtigen /Bah83/.

Es hat sich als sinnvoll erwiesen, Wortmodelle einzusetzen, die ihrerseits die akustischen Repräsentationen der einzelnen Wörter beschreiben. Weiterhin soll die wichtige Annahme getroffen werden, daß diese akustischen Realisierungen der Wörter voneinander unabhängig sind und daß alle Wörter gleiche Auftrittswahrscheinlichkeit besitzen. Die Aufgabe besteht dann darin, anstelle von $p(X|S_j)$ in Gl.(2.3) das Produkt

$$p(\underline{x}_1,\ldots,\underline{x}_i|w_1) \cdot p(\underline{x}_{i+1},\ldots,\underline{x}_j|w_2) \ldots p(\underline{x}_{k+1},\ldots,\underline{x}_M|w_A) \overset{!}{=} \text{Maximum} \qquad (2.4)$$

zu optimieren. Dabei wurde angenommen, daß das Sprachsignal lückenlos den einzelnen Wörtern zugeordnet werden kann; Pausen werden durch Pausenmodelle ausgefüllt und werden im weiteren wie Wörter behandelt. Damit ergibt sich eine Kette von Wörtern, wie sie in Bild 2.2 skizziert ist. Sowohl die Wortgrenzen i,j,...,k als auch die Anzahl A der Wörter sind vorerst unbekannt und müssen vom Erkennungsverfahren bestimmt werden.

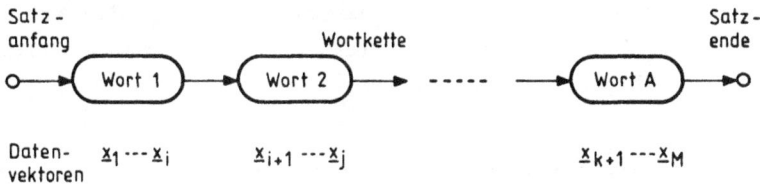

Bild 2.2 Verarbeitung eines Satzes als Wortkette.

Bei der Konstruktion der Wortmodelle ist es sinnvoll, das vorhandene akustisch-phonetische Wissen über die Aussprachemöglichkeiten der Wörter gezielt einzusetzen. Dadurch läßt sich der Aufwand verringern und die Lernphase verkürzen. Hier bietet sich an, die Wortmodelle von vornherein so aufzubauen, daß das Wissen über den Aufbau der Sprache und ihre akustische Repräsentation unmittelbar einbezogen und verwertet wird. Durch eine zusätzliche Segmentierung in kleinere sprachliche Einheiten (z.B. Laute) kann die Zahl der Klassen, die die Klassifikationsstufe unterscheiden muß, sehr gering gehalten werden. Die Segmente werden einzeln klassifiziert und dadurch mit phonetischen Symbolen gekennzeichnet. In Abschn. 7 wird in diesem Rahmen ein silbenorientierter Ansatz vorgestellt, der von einer expliziten Segmentierung des Sprachsignals in Teile von Silben ausgeht.

Das Ergebnis dieser Verarbeitungsstufe ist die Beschreibung der gesprochenen Äußerung in Form phonetischer Symbole (Lautschrift), die als Grundlage für die Weiterverarbeitung dienen kann. Formal läßt sich die Segmentierung und Klassifizierung in den entscheidungstheoretischen Ansatz folgendermaßen einordnen. Die Datenvektoren $\underline{x}_1, \ldots, \underline{x}_L$ eines unbekannten Wortes w werden zu Segmenten zusammengefaßt; die Segmentierung liefert damit eine Folge

$$(\underline{x}_1, \ldots, \underline{x}_p), \ (\underline{x}_{p+1}, \ldots, \underline{x}_q), \ \ldots \ldots, \ (\underline{x}_{r+1}, \ldots, \underline{x}_L) \quad .$$

Die Klassifizierung ordnet jedem Segment ein phonetisches Symbol k zu:

$$(\underline{x}_1, \ldots, \underline{x}_p) \ \rightarrow \ \text{Symbol } k_1$$
$$(\underline{x}_{p+1}, \ldots, \underline{x}_q) \ \rightarrow \ \text{Symbol } k_2$$
$$\ldots \ldots \quad \ldots \ldots$$
$$(\underline{x}_{r+1}, \ldots, \underline{x}_L) \ \rightarrow \ \text{Symbol } k_R$$

Die Suche der passenden Wörter und des gesamten Satzes kann dann auf dieser Symbolebene erfolgen. Der insgesamte Aufwand für die Satzerkennung läßt sich auf diese Weise drastisch reduzieren.

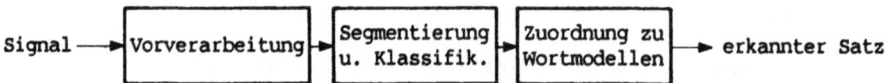

Signal ⟶ Vorverarbeitung → Segmentierung u. Klassifik. → Zuordnung zu Wortmodellen → erkannter Satz

Bild 2.3 Prinzip der Satzerkennung mit expliziter Segmentierung

Grundsätzlich ist es dabei noch völlig offen, auf welche Weise die einzelnen Segmente klassifiziert werden. Hierfür kommen z.B. Gesamtmuster in Frage, die als Prototypen der ganzen Segmente dienen. Oder es können gezielt akustische Merkmale extrahiert werden, die eine Zuordnung der Segmente zu einzelnen Sprachlauten oder Gruppen von Sprachlauten ermöglichen. Auf beide Ansätze wird in diesem Buch eingegangen. Experimentelle Untersuchungen zu dieser Fragestellung werden insbesondere in Abschn. 7.2 beschrieben.

3. Vorverarbeitung des Sprachsignals

Die Wahl einer geeigneten Vorverarbeitung ist mitentscheidend für die Leistung des gesamten Erkennungssystems. Im folgenden sollen daher zuerst die wichtigsten Verfahren zur spektralen Vorverarbeitung besprochen und in ihren Eigenschaften gegenübergestellt werden.

3.1 Kurzzeitspektren

Da das Sprachsignal grundsätzlich ein nichtstationärer Vorgang ist, der nur über kürzere Zeitabschnitte als hinreichend stationär angesehen werden kann, ändern sich auch die spektralen Eigenschaften als Funktion der Zeit. Zur Erfassung eines kürzeren Zeitabschnitts in Form eines "Kurzzeitspektrums" kann aus dem Zeitsignal $f(\tau)$ zum Zeitpunkt t ein kurzer Teilabschnitt mit Hilfe einer geeigneten Fensterfunktion $w(\tau)$ ausgeblendet werden, siehe Bild 3.1; die Variable τ muß eingeführt werden, um Zeitvariable und Analysezeitpunkt t zu trennen. Das

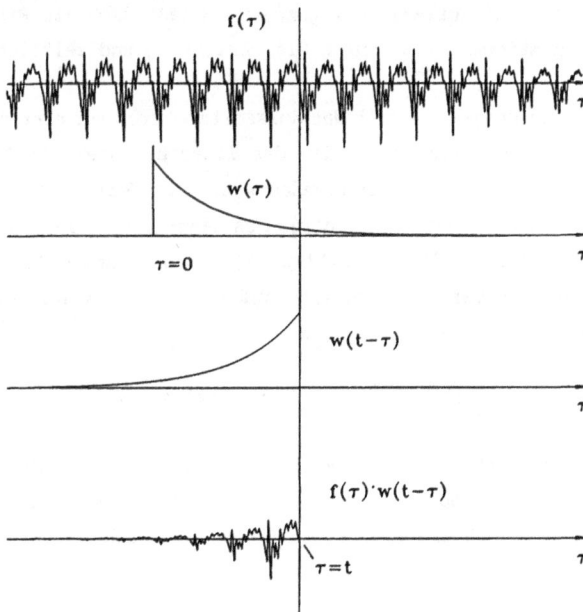

Bild 3.1 Ausblenden eines Teilstücks des Sprachsignals für die Kurzzeitanalyse zum Zeitpunkt t.

Kurzzeitspektrum ist damit eine Funktion der Zeit t und der Frequenz f. Das komplexe **Kurzzeitamplitudendichtespektrum** $F(f,t)$ zum Zeitpunkt t berechnet sich als

$$F(f,t) = \int_{-\infty}^{+\infty} f(\tau)\, w(t-\tau)\, e^{-j2\pi f\tau}\, d\tau \qquad (3.1)$$

Um zu verdeutlichen, wie das Kurzzeitspektrum mit dem Gesamtspektrum des Signals zusammenhängt, werden beide Seiten mit $e^{j2\pi ft}$ multipliziert:

$$F(f,t)\, e^{j2\pi ft} = \int_{-\infty}^{+\infty} f(\tau)\, w(t-\tau)\, e^{j2\pi f(t-\tau)}\, d\tau \qquad (3.2)$$

Da diese Gleichung nun ein Faltungsintegral darstellt, handelt es sich um ein lineares System mit der Impulsantwort $w(t)\cdot e^{j2\pi ft}$, an dessen Eingang $f(t)$ liegt:

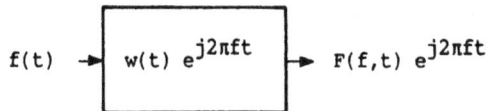

$$f(t) \longrightarrow \boxed{w(t)\ e^{j2\pi ft}} \longrightarrow F(f,t)\ e^{j2\pi ft}$$

Das komplexe Kurzzeitspektrum erscheint jetzt als Produkt mit der komplexen Schwingung $e^{j2\pi ft}$. Das **Kurzzeitbetragsspektrum** läßt sich als Einhüllende dieser Schwingung bestimmen, z.B. durch Gleichrichtung und zeitliche Mittelung.

Interessant ist die Frage, wie sich das Kurzzeitspektrum für eine feste Frequenz verhält. Für eine feste Frequenz f ist das lineare System ein <u>Bandfilter</u> mit der Mittenfrequenz f und der Einhüllenden $w(t)$; die Zeitfunktion $w(t)$ ist die Impulsantwort des äquivalenten Tiefpasses des Bandfilters. Der Zusammenhang des Kurzzeitspektrums $F(f,t)$ mit dem Spektrum $F(v)$ des gesamten Signals $f(t)$ wird ersichtlich, wenn der Verschiebungssatz auf das Faltungsintegral in Gl.(3.2) angewandt wird:

$$f(t) * (w(t)\ e^{j2\pi ft}) \quad \circ\!\!-\!\!\bullet \quad F(v)\, W(v-f) \quad ,$$

wobei $W(v)$ die Fouriertransformierte von $w(t)$ ist. Für eine feste Frequenz f ist $W(v-f)$ die Übertragungsfunktion des Bandfilters. Damit wird durch $W(v-f)$ für jede Frequenz f auch ein **Fenster** im Frequenzbereich festgelegt.

Diskrete Darstellung

Für die Verarbeitung am Rechner wird das Zeitsignal in diskreter, digitalisierter Form verwendet. Das abgetastete Zeitsignal sei mit der abkürzenden Schreibweise bezeichnet:

$$s(n) = f(n\Delta t)$$

Für ein diskretes, digitales Spektrum über eine Periode mit N Abtastwerten gilt entsprechend:

$$S(m) = F(m\Delta f) \qquad \text{mit } \Delta f = 1/N\Delta t$$

Das digitale Kurzzeitspektrum $S(m,n)$ ergibt sich mit Hilfe der Diskreten Fouriertransformation (DFT) zum Zeitpunkt n entsprechend als

$$S(m,n) = \sum_{k=n-N/2}^{n+N/2-1} s(k) \, w(n-k) \, e^{-j2\pi mk/N} \qquad (3.3)$$

Einen entscheidenden Einfluß hat offensichtlich die Wahl der Fensterfunktion $w(k)$. Von der Fensterfunktion wird gefordert, daß sie im Frequenzbereich möglichst schmal ist (möglichst rechteckig), aber auch im Zeitbereich schnell abklingt. Einen guten Kompromiß bietet das sogenannte "Hamming-Fenster":

$$w(k) = 0.54 + 0.46 \cos(2\pi k/N) \qquad \text{für } -N/2 \leq k \leq N/2-1 \quad,$$
$$= 0 \qquad \text{sonst}$$

Die größten Nebenmaxima der Übertragungsfunktion dieses Fensters liegen bei etwa -42 dB. Die Anwendung der DFT auf ein gefenstertes Signal ist damit praktisch gleichwertig dem Einsatz von Bandfiltern. Da diese in Analogtechnik leicht zu realisieren sind, kommen in der Spracherkennung zur Zeit immer noch bevorzugt analoge Filterbänke zum Einsatz; die Ausgänge der Bandfilter werden gleichgerichtet, geglättet und abgetastet, siehe Bild 3.2.

Die Filterbänke bestehen üblicherweise aus etwa 20 benachbarten Bandpässen, deren Mittenfrequenzen meist äquidistant auf einer logarithmischen Frequenzachse im Bereich von etwa 100 Hz – 8 kHz angeordnet sind. Wird die Abtastung der Ausgänge der Bandpässe etwa alle 10 ms vorgenommen, so erhält man einzelne Kurzzeitspektren, deren Aufeinanderfolge sowohl die spektralen Charakteristika als

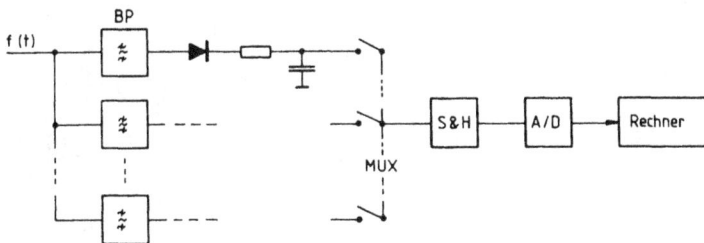

Bild 3.2 Erzeugung von diskreten Kurzzeitspektren mit Hilfe einer Filterbank (Bandpässe) in Analogtechnik.

auch deren zeitliche Veränderung beschreibt; diese Darstellung stellt damit praktisch alle für die Erkennung der Sprachlaute notwendige Information zur Verfügung.

3.2 Funktionsmodell der Lautheitsempfindung

Wesentliche Vorteile ergeben sich, wenn bei der Festlegung der Frequenzbänder die Funktionsweise des menschlichen Gehörs berücksichtigt wird. Eine weitergehende Nachbildung des Gehörs ist die Umsetzung der Schallenergie in die psychoakustische Empfindungsgröße "Lautheit", die angibt, wie laut ein Schall vom Menschen wahrgenommen wird; dadurch wird zusätzlich eine sinnvolle Skalierung der Intensität erreicht. Grundlegende Schritte hierfür sind die Transformation der Frequenz in die Tonheit sowie die Transformation des Schalldrucks in die psychoakustische Empfindungsgröße "Lautheit". Als Ausgangspunkt dient eine spektrale Zerlegung des gesamten hörbaren Frequenzbereichs in 24 Frequenzgruppen nach /Zwi61/; das Ergebnis ist eine nichtlineare Frequenzskale, die als Tonheit z bezeichnet und in der Einheit Bark gemessen wird.

Eine brauchbare Modellierung dieser Eigenschaften des Gehörs liefert eine Filterbank mit 24 Bandfiltern, die in Abständen zu je einer Frequenzgruppe angeordnet sind. Mit Hilfe eines Funktionsmodells der Lautheit /Vog75/ lassen sich Nachbildungen für die Verteilung der Lautheit ("spezifische Lautheit") über der Frequenz bzw. der Tonheit z gewinnen. Für die Spracherkennung kann dabei die Zahl der Kanäle auf 22 beschränkt werden, was einem erfaßten Frequenzbereich von 50 Hz bis 8.5 kHz entspricht. Das Funktionsmodell der Lautheit /Vog75/ bildet in jedem Kanal ν durch Logarithmierung den Erregungspegel $E_\nu(t)$ des Gehörs nach und leitet daraus die Lautheitskomponente $N_\nu(t)$ ab, die als Näherung für die spezifische Lautheit $N'(z,t)$ dient; $N_\nu(t)$ ist der Anteil der Lautheitsempfindung für die entsprechende Frequenzgruppe ν. Wenn der Einfluß der Ruhehörschwelle vernachlässigt wird, gilt das Potenz-Gesetz

$$N_\nu(t) \sim E_\nu(t)^{0.23} \tag{3.4}$$

Die Summe aller Kanäle $N_\nu(t)$ zu einem Zeitpunkt t ergibt die insgesamte Lautheit $N(t)$:

$$N(t) = \sum_{\nu=1}^{24} N_\nu(t) \qquad [\text{Einheit: sone}] \tag{3.5}$$

Zusätzlich zur spektralen Integration berücksichtigt das Funktionsmodell der

Lautheit die zeitlichen Integrationseffekte der Vor- und Nachverdeckung /Zwi77/.
Diese Effekte werden durch RC-Glieder angenähert, deren Zeitkonstanten zwischen
20 ms und 35 ms variieren, abhängig von der Dauer und der Frequenz des Schall-
signals /Vog75,Zwi79/. Im Funktionsmodell wurde diese nichtlineare Zeitkon-
stante in jedem Kanal realisiert. Damit bildet jede Lautheitskomponente $N_\nu(t)$
sowohl die zeitlichen als auch die spektralen Eigenschaften des menschlichen
Gehörs nach.

Mit dem Funktionsmodell der Lautheit werden grundlegende Größen bereitgestellt,
die eine gehörbezogene Spracherkennung ermöglichen. Das Funktionsmodell kommt

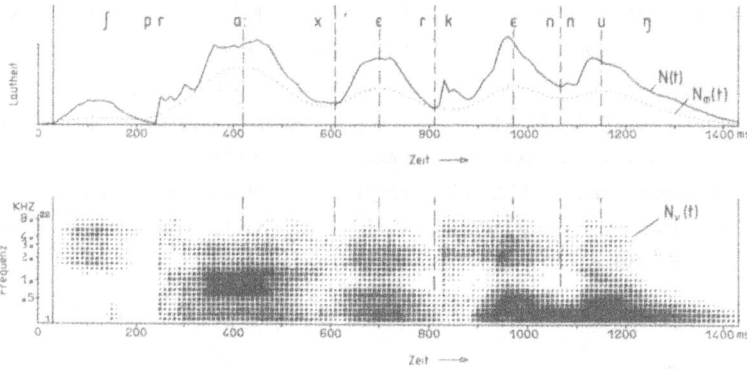

Bild 3.3   Spektrale Vorverarbeitung des Wortes "Spracherkennung"
mit Hilfe des Lautheitsmodells; Erläuterung siehe Text.

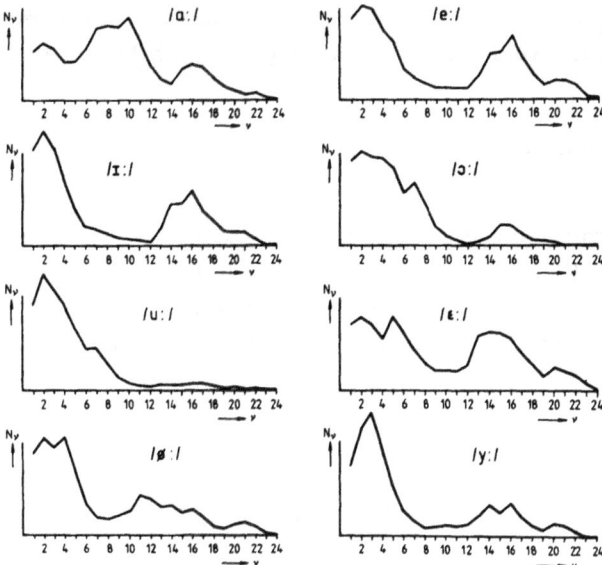

Bild 3.4

Typische Lautheits-
spektren von
8 deutschen Vokalen.

- 16 -

in den Untersuchungen zur silbenorientierten Spracherkennung vorteilhaft zum Einsatz. Die Verwendung des Lautheitsmodells erleichtert dort insbesondere die Segmentierung des Sprachsignals in Silben, siehe dazu Abschn. 7. In Bild 3.3 ist als Beispiel die gehörbezogene Vorverarbeitung des Wortes "Spracherkennung" durch das Lautheitsmodell wiedergegeben; sie kann als Ausgangspunkt für die gesamte weitere Verarbeitung dienen.

Bild 3.4 zeigt für 8 deutsche Vokale die Verteilung der Lautheitskomponenten N_ν als Funktion der Frequenzgruppe ν. Aufgrund der großen Bandbreite der Frequenzgruppen bei höheren Frequenzen und aufgrund der Maskierungseffekte können die Formanten F2 und F3 oft nicht getrennt werden; sie bilden dann ein gemeinsames Maximum, das in der Literatur auch als F2' bezeichnet wird. Abhängig vom Vokal kann F2' von F2 selbst, von F3 oder von beiden zusammen gebildet werden. Die psychoakustische Repräsentation in Form der Lautheitsspektren zeigt damit, daß als markante Merkmale der Vokale sowohl F1 als auch F2' anstelle von F2 verwendet werden sollten. Wahrnehmungsexperimente haben ergeben, daß die Lautheitsspektren tatsächlich als Grundlage für die Abstandsmessung zwischen Vokalen geeignet sind, wobei sich dieselben Klassifikationsergebnisse reproduzieren lassen, die mit Versuchspersonen gewonnen wurden /Bla79/.

3.3 Lineare Prädiktion

Weitverbreitet sind auch Verfahren zur parametrischen Beschreibung des Zeitsignals s(n) innerhalb eines Zeitfensters (Kurzzeitanalyse) durch lineare Prädiktion (LPC). Darunter versteht man ein lineares System, das einen Ausgangswert ŝ(n) als Summe endlich vieler vorausgegangener Ausgangswerte s(n−i) mit i=1...p wiedergibt:

$$\hat{s}(n) = \sum_{i=1}^{p} a_i \, s(n-i) \qquad (3.6)$$

Dieser Ausdruck läßt sich so interpretieren, daß s(n) aus den alten Ausgangswerten "vorausgesagt" wird (Prädiktion); da nur eine fehlerbehaftete Schätzung erwarten werden kann, wird dieses System nur einen Schätzwert ŝ(n) liefern. Es entsteht somit eine Abweichung bzw. eine Fehlergröße e(n) zwischen dem wahren Wert s(n) und dem vorausgesagten Wert ŝ(n):

$$e(n) = s(n) - \hat{s}(n)$$

Eingesetzt:

$$s(n) = \sum_{i=1}^{p} a_i \, s(n-i) + e(n) \qquad (3.7)$$

Dieses System läßt sich als ein lineares, <u>rekursives Filter</u> interpretieren, das von der Funktion e(n) angeregt wird. Für das rekursive Filter gilt:

$$s(n) - \sum_{i=1}^{p} a_i \, s(n-i) = e(n) \qquad (3.8)$$

Mit den Korrespondenzen der z-Transformation

$$e(n) \, \circ\!\!-\!\!\bullet \, E(z) \qquad s(n) \, \circ\!\!-\!\!\bullet \, S(z) \qquad s(n-i) \, \circ\!\!-\!\!\bullet \, S(z) \, z^{-i}$$

ergibt sich die Übertragungsfunktion H(z) zu

$$H(z) = S(z)/E(z) = 1/(1 - \sum_{i=1}^{p} a_i \, z^{-i}) \qquad (3.9)$$

Die Struktur des rekursiven LPC-Filters ist in Bild 3.5 wiedergegeben.

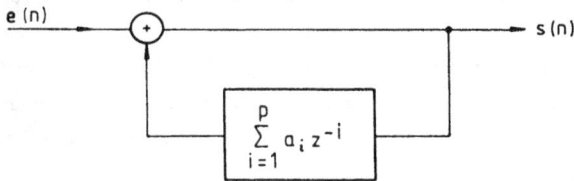

Bild 3.5   Struktur des LPC-Filters.

Dieser Ansatz stellt ein einfaches <u>Modell der Spracherzeugung</u> dar, indem der Vokaltrakt als lineares Filter angesehen wird, das von den Impulsen der Stimmbänder in bestimmten Zeitabständen angeregt wird. Die Koeffizienten a_i werden für jedes Zeitfenster so bestimmt, daß die Abweichung zwischen dem Ausgang dieses linearen Modells und dem tatsächlichen Sprachsignal minimal wird /Mark76/.

Da dieses Filter <u>nur Pole</u> haben kann, lassen sich im Sprachsignal zwar die Formanten von Vokalen gut nachbilden aber keine Nullstellen im Spektrum erzeugen, die z.B. für die Nasallaute /m/, /n/ und /ŋ/ charakteristisch sind. Die Vorteile gegenüber der Berechnung der Kurzzeitspektren mit Hilfe der Fouriertransformation liegen vor allem in der Tatsache, daß sehr "glatte" Spektren entstehen, die keine Welligkeit infolge der Sprachgrundfrequenz aufweisen, da Anregungsfunktion und Resonanzen des Vokaltrakts in diesem Modell voneinander getrennt sind. Für Rauschmuster muß das Filter mit Rauschen anstelle der Grundfrequenz angeregt werden. Hierfür ist eine exakte stimmhaft/stimmlos-Entscheidung notwendig. Die flach verlaufenden Rauschmuster der Frikativlaute /f/, /s/, /ʃ/ werden meist nicht sehr gut wiedergegeben, da auch hier das Spektrum durch p Pole angenähert wird; ähnliche Probleme treten bei den Plosivlauten auf.

Interessant sind auch Umrechnungen der LPC-Koeffizienten in eine Darstellung, die als <u>Röhren-Modell</u> des Vokaltrakts aufgefaßt werden kann und damit die Gestalt des Mund- und Rachenraums wiederspiegelt (PARCOR-Koeffizienten /Mark76/) Diese Modellvorstellung bietet vor allem für den Einsatz in der Sprachsynthese eine günstige Ausgangsbasis.

Darüberhinaus sind Abschätzungen bekannt geworden, die die notwendigen Stütz-stellen im Spektrum angeben, aus denen eine Näherung für die Erregungsvertei-lung des Gehörs als Funktion der Frequenz berechnet werden kann /Hög84/; die Stützstellen selbst könnten anhand der LPC-Koeffizienten einfach bestimmt wer-den. Aus der Erregung pro Frequenzgruppe läßt sich nach Gl.(3.4) die spezifi-sche Lautheit berechnen. Dieses Vorgehen eröffnet die Möglichkeit, die effi-zienten Algorithmen der LPC-Analyse einsetzen zu können. So läßt sich z.B. die Bestimmung der notwendigen Autokorrelationsfunktion und die Berechnung der LPC-Koeffizienten auf einem Signalprozessor (NEC 7720, TMS 320) in Schritten zu 10 ms praktisch in Echtzeit durchführen. Daraus kann die Erregungsverteilung nach /Hög84/ und anschließend das Lautheitsspektrum für diesen Zeitpunkt ge-wonnen werden.

3.4 Vergleich der verschiedenen Verfahren zur Vorverarbeitung

Von der Vorverarbeitung wird gefordert, daß die phonetisch relevante Informa-tion in der parametrischen Darstellung erhalten bleibt. Dies wird im allge-meinen mit Hilfe eines Erkennungsexperiments überprüft.

In einer ausführlichen Untersuchung von /Whi76/ wurde gefunden, daß die Verwen-dung einer Filterbank mit 20 Kanälen bei der Erkennung isoliert gesprochener Wörter dieselben Ergebnisse lieferte wie die Verwendung von LPC-Koeffizienten (mit p=14). In beiden Fällen müssen allerdings die geeigneten Abstandsmaße an-gesetzt werden: Für die Spektren der Filterbank kam der "City-Block"-Abstand (L_1-Norm) zum Einsatz, bei der LPC-Darstellung das sogenannte Residuum nach /Ita75/. Beide Verfahren der Vorverarbeitung können daher letztlich als **gleich-wertig** für die automatische Spracherkennung angesehen werden.

Sehr gute Erkennungsleistungen wurden mit der Verwendung des sogenannten Cepstrums erzielt. Hierbei wird das Kurzzeit-Leistungsspektrum logarithmiert und einer zusätzlichen Fouriertransformation unterworfen. Die ersten Koeffizienten dieser Transformation bilden die Koeffizienten des Cepstrums. Diese Verarbeitung stützt sich auf die Annahme, daß das Sprachsignal durch Faltung des Anregungssignals der Stimmbänder mit der Impulsantwort des Vokaltrakts gebildet wird (lineares Modell). Die zugehörige Multiplikation beider Übertragungsfunktionen wird durch die Logarithmierung in die Form einer additiven Überlagerung gebracht; nach der anschließenden zweiten Fouriertransformation können beide Einflüsse grob getrennt werden, da die niedrigen Koeffizienten im wesentlichen die Eigenschaften des Vokaltrakts enthalten und die höheren Komponenten der Anregung (Grundfrequenz) zuzuschreiben sind.

Besonders günstig ist es, wenn das Spektrum zur Berechnung des Cepstrums über der Bark-Skale oder mel-Skale gebildet wird; es ergeben sich dann die sogenannten mel-Cepstrum-Koeffizienten /Dav80/. Diese haben sich insbesondere bei der silbenorientierten Spracherkennung als überlegen erwiesen; über entsprechende Untersuchungen wird in /Dav80/ berichtet. Die Bildung des Cepstrums ist im Grunde eine Reihenentwicklung des (logarithmierten) Kurzzeitspektrums entlang der gehörbezogenen Frequenzskale. Diese Verfahren werden aber in dem vorliegenden Buch den Methoden der Merkmalsextraktion und nicht der Vorverarbeitung zugeordnet. Insbesondere auf die Reihenentwicklungen des Lautheitsspektrums, das aufgrund des Potenz-Gesetzes nach Gl.(3.4) sehr ähnlich einem logarithmierten Spektrum ist, wird in Abschn. 5.2 ausführlich eingegangen; diese Verfahren sollen daher hier nicht weiter ausgeführt werden.

Die Vor- und Nachteile der verschiedenen Methoden für die Vorverarbeitung liegen letztlich mehr in der praktischen Realisierbarkeit; die erzielbare Erkennungsleistung wird davon vergleichsweise gering beeinflußt. Dabei ist natürlich vorausgesetzt, daß das Erkennungsverfahren selbst jeweils an die Vorverarbeitung optimal angepaßt ist. In den folgenden Ausführungen wird die parametrische Darstellung des Sprachsignals - unabhängig von der Art der Vorverarbeitung - einheitlich als Folge von Datenvektoren $\underline{x}$ repräsentiert, die die berechneten Koeffizienten der gewählten Kurzzeitanalyse als Komponenten enthalten.

3.5 Vokalstichprobe für experimentelle Untersuchungen

Die grundlegenden Eigenschaften der verschiedenen Verfahren zur Klassifikation und Merkmalsextraktion sowie ihre Vor- und Nachteile sollen hauptsächlich anhand einer Stichprobe von **Vokalen** aufgezeigt und diskutiert werden. Vokale wurden deshalb gewählt, weil sie anhand eines einzelnen Kurzzeitspektrums bereits hinreichend gut beschrieben sind, so daß sich die Klassifikation in diesem Fall auf einzelne Spektren beschränken kann. Demgegenüber müssen Konsonanten (und auch Diphthonge) im allgemeinen durch mehrere zeitlich aufeinanderfolgende Kurzzeitspektren repräsentiert werden, da hier sowohl zeitliche als auch spektrale Eigenschaften von Wichtigkeit sind. Die Erkennung von Konsonanten erfordert deshalb spezielle Klassifikationsverfahren, die erst in Abschn. 7.2 besprochen werden sollen.

Der Umfang der Stichprobe muß groß genug sein, um für alle Vokale die typischen spektralen Eigenschaften sowie ihre Variationen wiedergeben zu können, d.h. sie muß "repräsentativ" sein. Als Ausgangspunkt wurde eine Wortliste gewählt, die die 1001 häufigsten deutschen Wörter umfaßt; die Auszählung beruht auf /Mei67 und Kae98/. Diese Wortliste wurde von 1 Sprecher zweimal (an verschiedenen Tagen) gesprochen; die zugehörige Lautschrift wurde dem Sprachmaterial nach /Dud62/ zugeordnet, siehe Anhang A.

Das Sprachmaterial wurde mit dem Funktionsmodell der Lautheit verarbeitet. Die Anzeige der Vokale erfolgte mit Hilfe eines automatischen Segmentierungsverfahrens; Einzelheiten sind in Abschn. 7.1 beschrieben. Die Vorverarbeitung liefert Lautheitsspektren mit 22 Komponenten im Frequenzbereich von 1 - 22 Bark in Schritten zu 1 Bark, die für die automatische Erkennung besonders gut geeignet sind. Jedes Spektrum wurde nachträglich auf gleiche Gesamtlautheit normiert, um den Einfluß von reinen Lautstärkeunterschieden zu eliminieren.

```
Laut, Anzahl:

/a:/  75   /a/ 162   /e:/ 101   /e/   6   /i:/  60   /i/ 155
/o:/  28   /o/  81   /u:/  29   /u/  69   /ɛ:/  13   /ɛ/ 148
/ø:/  27   /ø/   8   /y:/  19   /y/  20   /ə/  614
/ai/ 135   /au/ 32   /oi/  20

                                          Summe: 1802
```

Tab. 3.1 Häufigkeit des Auftretens der Vokale und Diphthonge in der Liste der 1001 häufigsten Wörter des Deutschen.

Die Liste der 1001 Wörter enthält 17 verschiedene Vokale und 3 Diphthonge mit extrem unterschiedlicher Häufigkeit; die vorgefundene Verteilung ist in Tab. 3.1 wiedergegeben.

Die in der Stichprobe beobachteten Häufigkeiten sind nicht ohne weiteres als Schätzungen für die Auftretenswahrscheinlichkeiten der einzelnen Klassen in der Anwendungsphase geeignet; dies ist z.B. nicht gewährleistet, wenn in der Anwendungsphase nur Teile der vollständigen Wortliste verwendet werden oder wenn nicht alle Wörter gleich häufig benutzt werden. Die im folgenden beschriebenen Untersuchungen sollen aber von der konkreten Anwendung möglichst unabhängig und allgemein gültig sein. Darüberhinaus können die unterschiedlichen Auftretenswahrscheinlichkeiten einen großen Einfluß auf das Klassifikationsergebnis haben; diese Problematik wird in Abschn. 4.3.1 eingehend diskutiert. Für einen sinnvollen Vergleich der verschiedenen Klassifikationsverfahren selbst ist es daher erstrebenswert, daß die Klassen gleich häufig vorkommen, d.h. für die Auftretenswahrscheinlichkeit p(k) der Klasse k sollte gelten:

$$p(k) = const = 1/K \quad für\ k= 1...K \ .$$

Darüberhinaus wurde eine Reduktion der Klassenzahl auf 9 Klassen vorgenommen, indem auf eine Unterscheidung zwischen langen und kurzen Vokalen verzichtet wurde. Die Diphthonge werden nicht zu den reinen Vokalen gezählt, da sie prinzipiell nicht durch Einzelspektren darstellbar sind; sie müssen ähnlich wie Konsonanten durch mehrere Spektren beschrieben werden, siehe Abschn. 7.2. Für jede der verbleibenden 9 Vokalklassen wurden jeweils 35 Muster aus beiden Wortlisten zufällig ausgewählt. Die gesamte Vokalstichprobe umfaßt damit 35x9x2=630 Muster, die in Tab 3.2 aufgelistet sind.

Anzahl	70	70	70	70	70	70	70	70	70
phonetische Transkription	/a/	/e/	/i/	/o/	/u/	/ɛ/	/ø/	/y/	/ə/
Lautschrift am Rechner	A	E	I	O	U	3	Ø	Y	9

Tab. 3.2 Verwendete Vokalstichprobe (630 Muster, 9 Klassen).

Die gesamte Vokalstichprobe wurde zufällig in eine Lernstichprobe und eine Teststichprobe mit jeweils 315 Mustern (35 pro Klasse) aufgeteilt. Lernstichprobe und Teststichprobe dürfen durch die zufällige Aufteilung als weitgehend unabhängig voneinander angesehen werden.

Von besonderem Interesse für die Spracherkennung ist die Frage, wie die Erkennungsrate von der Zahl der verwendeten Komponenten abhängt. Denn in der praktischen Anwendung wird natürlich allein schon aus Gründen des Rechenaufwands angestrebt, die Zahl der Komponenten so gering wie möglich zu wählen (Reduktion der Dimensionalität). Zu diesem Zweck müssen die Komponenten des Datenvektors in eine sinnvolle Reihenfolge gebracht werden, denn es ist vorerst nicht bekannt, welche Komponenten die "besten" sein werden und wieviele Komponenten überhaupt notwendig sind. Aus diesem Grunde wurden alle Vokalspektren der Lernstichprobe und der Teststichprobe einer gemeinsamen Hauptachsen-Transformation unterworfen. Hierbei werden die Datenvektoren in einem neuen Koordinatensystem dargestellt, dessen Achsen in fallender Reihenfolge bezüglich der Varianz angeordnet sind; die transformierten Datenvektoren sollen als **Merkmalsvektoren** bezeichnet werden. Das Verfahren der Hauptachsen-Transformation selbst wird in Abschn. 5.2 ausführlich besprochen. Die folgenden Untersuchungen der verschiedenen Klassifikationsmethoden gehen immer von diesen transformierten Datenvektoren aus. Werden z.B. von $N=22$ Komponenten nur 16 verwendet, so sind dies die ersten Hauptkomponenten 1...16.

In Abschn. 5.3 werden darüberhinaus Verfahren zur Bestimmung einer optimalen Transformation vorgestellt; diese Transformation liefert solche Merkmale, die bezüglich der Klassentrennbarkeit optimiert wurden.

4. Methoden der Klassifikation

Die Aufgabe der Klassifikation besteht darin, den Merkmalsvektor $\underline{x}$ einer bestimmten Kategorie oder "Klasse" zuzuordnen. Dabei wird vorausgesetzt, daß der Merkmalsvektor die für die Klassifikation notwendige Information enthält; die Bereitstellung geeigneter Merkmale ist die Aufgabe der Vorverarbeitung und der Merkmalsextraktion (siehe Abschn. 5.) und sei in diesem Abschnitt als gegeben vorausgesetzt.

Vom Klassifikator wird erwartet, daß er eine Entscheidung über die mutmaßliche Klassenzugehörigkeit nur anhand des vorliegenden Merkmalsvektors $\underline{x}$ trifft. Es wird damit eine Zuordnung

$$\text{Klassifikator:} \quad \underline{x} \longrightarrow k$$

zu einer der Klassen k=1...K vorgenommen; diese Zuordnung läßt sich als Abbildung des N-dimensionalen Merkmalsvektors $\underline{x}$ in einen K-dimensionalen Klassenraum auffassen, der seinerseits von den K Klassen aufgespannt wird. Die Entscheidung kann anschließend mit der wirklichen Klassenzugehörigkeit verglichen werden, die im allgemeinen durch Verabredung festgelegt ist; dies können bei der Spracherkennung z.B. die einzelnen Sprachlaute (Phoneme) sein.

In einer groben Einteilung lassen sich **entscheidungstheoretische** und **strukturalistische** Ansätze gegenüberstellen. Bei den entscheidungstheoretischen Ansätzen wird die Klassifizierung eines Musters auf Entscheidungsfunktionen (Diskriminanzfunktionen) zurückgeführt, siehe Bild 4.1. Dabei ist für jede Klasse eine Entscheidungsfunktion $d_k(\underline{x})$ vorgesehen. Werden für ein gegebenes Muster alle K Entscheidungsfunktionen berechnet, kann die Zuordnung zu einer der K Klassen mit Hilfe einer Entscheidungsregel vorgenommen werden, z.B. durch Auswahl der größten Entscheidungsfunktion. Beim Entwurf des Klassifikators stellt

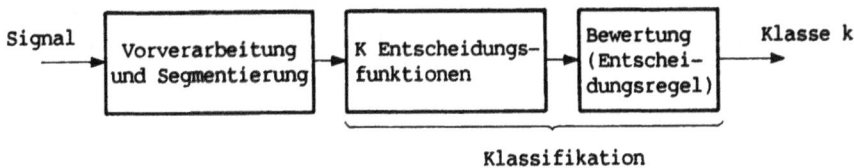

Bild 4.1 Klassifikation mit Hilfe von Entscheidungsfunktionen.

sich somit die Aufgabe, geeignete Entscheidungsfunktionen $d_1(\underline{x})$ ... $d_K(\underline{x})$ festzulegen. Dieser Ansatz ist vor allem dann sinnvoll, wenn die Verteilungen der Muster im Merkmalsraum statistisch beschrieben werden können bzw. wenn die Muster Ballungen oder "Cluster" im Merkmalsraum bilden.

Bei den strukturalistischen Ansätzen wird vorausgesetzt, daß für alle Muster einer Klasse ein bestimmter strenger Zusammenhang zwischen den einzelnen Merkmalen besteht, der für diese bestimmte Klasse typisch ist. Die charakteristischen Zusammenhänge lassen sich in Form eines Algorithmus' formulieren, der die Anzeige liefert, ob der entsprechende Zusammenhang für das vorliegende Muster gegeben ist oder nicht. In den meisten Fällen wird versucht, den Zusammenhang zwischen den Merkmalen dadurch zu erfassen, daß alle Muster derselben Klasse als gültige Sätze einer formalen Sprache aufgefaßt werden können, die durch eine bestimmte Grammatik beschrieben wird. Für jede einzelne Klasse ist dann eine andere Grammatik gültig, und der Klassifikator hat im Prinzip eine syntaktische Prüfung durchzuführen. Diese Ansätze werden daher auch als "syntaktische" Mustererkennungsverfahren bezeichnet. So werden z.B. in Abschn. 7.2.2 Verfahren zur Extraktion komplexer Merkmale vorgestellt, die den zeitlichen Verlauf spektraler Maxima und anderer Strukturen im Spektrum von Konsonanten beschreiben; die Klassifikation erfolgt dort anhand von Regeln und gehört damit zu den Methoden der syntaktischen Mustererkennung.

Besonders wichtig für die Beurteilung der Leistungsfähigkeit eines Klassifikators sind verläßliche Aussagen über die Sicherheit, mit der ein gegebenes Muster der richtigen Klasse zugeordnet wird. Ein Maß für die Leistung des Erkennungssystems ist die Erkennungsrate, die die durchschnittliche Zahl der richtig erkannten Muster angibt. Falls ein Muster nicht genügend zuverlässig einer Klasse zugeordnet werden kann, sollte eine Rückweisung möglich sein. Das Problem der Rückweisung kann bei allen Klassifikationsverfahren dadurch gehandhabt werden, daß von den Entscheidungsgrößen des Klassifikators jeweils ein Mindestwert erreicht werden muß. Für die Rückweisung selbst wird eine zusätzliche Klasse K+1 eingeführt. Damit können die in der Spracherkennung auftretenden Fälle zufriedenstellend behandelt werden. Weitergehende Betrachtungen zum Problem der Rückweisung finden sich in der Literatur /Meis72,Schü77,Dev82/.

Problematik der Lernphase

Von einem Erkennungssystem wird gefordert, daß in einer sogenannten "Lernphase" die Entscheidungsfunktionen selbsttätig optimiert werden können. Die Entscheidungsfunktionen werden im allgemeinen von einer Lernstichprobe abgeleitet,

die aus Mustern besteht, deren richtige Klassenzugehörigkeit bekannt ist.
Während der Lernphase werden vorzugsweise Gütekriterien verwendet, die letztlich eine Aussage über die zu erwartende Fehlerrate zulassen. Die Lernphase
hat damit die Optimierung des gewählten Gütekriteriums zum Ziel.

Die prinzipielle Vorgehensweise soll im folgenden kurz skizziert werden. Anhand
der Lernstichprobe werden die Entscheidungsfunktionen des Klassifikators so
eingestellt, daß die Lernstichprobe selbst am besten klassifiziert wird.
Das bedeutet, daß sie auch als "unbekannt" erklärt und mit Hilfe des Klassifikators getestet wird (Reklassifikation). Problematisch ist, daß der Klassifikator sich hierbei zu sehr an die Eigenschaften der Lernstichprobe anpassen
kann (überadaptiert wird); in solchen Fällen läßt sich die Lernstichprobe zwar
besonders gut klassifizieren, dafür kann aber die Erkennungsrate bei der spä-
teren Anwendung schlechter sein, als wenn der Klassifikator weniger stark an
die Lernstichprobe angepaßt worden wäre. Eine zu starke Anpassung kann vor
allem dann eintreten, wenn die Anzahl M_k der Merkmalsvektoren pro Klasse k
in der Lernphase sehr klein gewählt wird; dies ist in Bild 4.2 schematisch

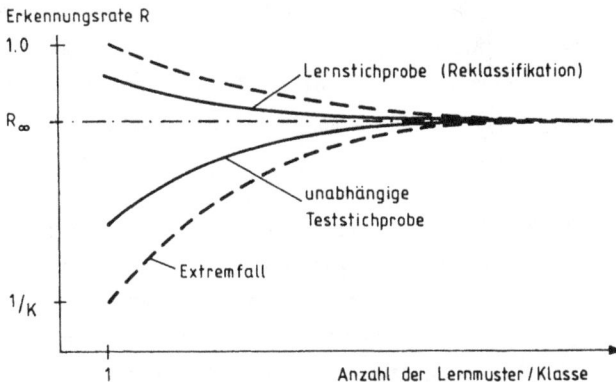

Bild 4.2 Schematische Darstellung der Abhängigkeit der
Erkennungsrate von der Größe der Lernstichprobe.

skizziert. Im Extremfall erreicht der Klassifikator hier eine Reklassifikations-Erkennungsrate von 100%; das hängt im Prinzip nur von den Freiheitsgraden
des gewählten Klassifikationsverfahrens ab. Einzelheiten hierzu werden in
Abschn. 4.1.2 ausführlicher diskutiert. Gleichzeitig verringert sich die Erkennungsrate in der Anwendungsphase und könnte im unglücklichsten Fall auf die
Wahrscheinlichkeit des Ratens (1/K bei K Klassen) absinken. In Bild 4.2 ist dies
für den Fall angedeutet, daß nur 1 Muster pro Klasse verwendet wird. Die skiz-

zierten Verläufe der Erkennungsraten gelten natürlich nur tendenziell; im konkreten Fall kann es durchaus vorkommen, daß eine Klasse bereits durch ein einziges Muster hinreichend gut beschrieben ist. In diesem Fall wird auch in der Anwendungsphase eine hohe Erkennungsrate erreicht, im Idealfall ebenfalls 100%.

Daher ist es wichtig, eine zweite unabhängige Teststichprobe zu verwenden, die stellvertretend für die Anwendungsphase steht. Der Klassifikator ist dann optimal eingestellt, wenn die unabhängige Teststichprobe ebenfalls mit geringer Fehlerrate klassifiziert wird. Aus dem Unterschied zwischen Reklassifikations-Erkennungsrate und Erkennungsrate der Teststichprobe wird ersichtlich, ob eine Überanpassung bereits eingetreten ist oder nicht.

Das Auftreten von Erkennungsfehlern bedeutet, daß im Grunde eine Unverträglichkeit vorliegt zwischen der Konzeption des automatischen Erkennungssystems (also der Wahl der Vorverarbeitung, der Entscheidungsfunktionen etc.) und den anfallenden Mustern. Deshalb hängt bei einem fest eingestellten System die Fehlerrate schließlich nur noch von der Statistik der anfallenden Muster in der Anwendungsphase ab; entscheidend ist die Wahrscheinlichkeit, mit der die mit dem System verträglichen bzw. unverträglichen Muster auftreten. Es ist daher die Aufgabe der Teststichprobe, die statistischen Eigenschaften des Prozesses wiederzugeben, der die Muster in der Anwendungsphase erzeugt. Die mittlere Erkennungsrate läßt sich dann mit Hilfe der Teststichprobe bestimmen und als Schätzung für die tatsächlich zu erwartende Erkennungsrate verwenden.

Eine wichtige Einflußgröße ist weiterhin die Zahl der Komponenten des Merkmalsvektors (die Dimensionalität N); diese wurde bei der obigen Diskussion als konstant vorausgesetzt bzw. ihr Einfluß wurde nicht betrachtet. Je mehr Merkmalskomponenten geschätzt werden müssen, desto größer muß die Stichprobe prinzipiell sein. In der Literatur (z.B. in /Meis72/) wird als Faustformel angegeben, daß im Fall von 2 Klassen das Verhältnis von Musterzahl zur Dimensionalität (M/N) größer als 3 sein sollte. Obwohl diese Voraussetzungen bei der Spracherkennung oft nicht zutreffen, werden dort trotzdem sehr gute Erkennungsraten erreicht. Diese Beobachtung läßt darauf schließen, daß in solchen Fällen die Muster einer Klasse im Merkmalsraum tatsächlich sehr dicht beieinander liegen (relativ zu den anderen Klassen) und bereits anhand sehr weniger Muster charakterisiert werden können. Ein Extremfall ist z.B. für Worterkennungssysteme gegeben, bei denen der Merkmalsvektor das gesamte Wort umfaßt und eine entsprechend hohe Dimensionalität aufweist ($N \geq 100$); in der Praxis werden bereits bei Verwendung von 2-5 Mustern pro Wort gute Erkennungsraten erreicht, obwohl das geforderte Verhältnis M/N im Prinzip viel zu klein ist. Dies bedeutet letztlich,

daß die "innere Dimensionalität" (engl. "intrinsic dimensionality") der Muster
in Wahrheit viel geringer ist bzw. daß die Muster mit sehr viel geringerer
Dimensionalität dargestellt werden könnten. Die Diskussion dieser Problematik
wird in Abschn. 4.1.2 im Zusammenhang mit der Beurteilung des Trennvermögens des
linearen Klassifikators nochmals aufgegriffen und ausführlicher diskutiert.

4.1 Linearer Klassifikator

Die einfachste Form von Entscheidungsfunktionen stellen lineare Funktionen des
Merkmalsvektors $\underline{x}$ dar. Grundsätzlich lassen sich die Entscheidungsfunktionen
auf zweierlei Art interpretieren:

- eine Entscheidungsfunktion kann die **Zugehörigkeit** zu einer Klasse anzeigen
  (z.B. durch einen positiven oder allgemein durch einen hohen Wert);

- oder die Entscheidungsfunktion spielt die Rolle einer **Trennfunktion**, welche
  die Grenze zwischen den Klassen festlegt.

Aus dem Zusammenhang wird im folgenden jeweils hervorgehen, welche Interpre-
tation gemeint ist. Für die Unterscheidung von $\underline{2\ \text{Klassen}}$ k_1 und k_2 kann die
Entscheidungsfunktion angegeben werden in der Form

$$d(\underline{x}) = w_o + w_1 x_1 + w_2 x_2 + \ldots + w_N x_N = w_o + \sum_{n=1}^{N} w_n x_n \qquad (4.1)$$

Als sinnvolle Entscheidungsregel wird festgelegt:

$$\underline{x} \in k_1 \quad \text{wenn} \quad d(\underline{x}) > 0, \text{ bzw.}$$
$$\underline{x} \in k_2 \quad \text{wenn} \quad d(\underline{x}) < 0 .$$

Die Trennfunktion ist gegeben mit $d(\underline{x})=0$ und bildet eine Gerade bzw. eine
Hyperebene im mehrdimensionalen Raum. Der Raum wird durch die Trennfunktion
in einen positiven Halbraum für die Klasse k_1 und einen negativen Halbraum für
die Klasse k_2 aufgeteilt. Liegt ein Muster genau auf der Trennfunktion, so
kann zusätzlich vereinbart werden, welcher von beiden Klassen es zugeordnet
werden soll.

Die Entscheidungsfunktion läßt sich geschlossen als Skalarprodukt ausdrücken,
wenn der Merkmalsvektor $\underline{x}$ um ein konstantes Glied x_o mit dem Wert 1 erweitert
und die Gewichtsfaktoren w_n zu einem Vektor $\underline{w}$ zusammengefaßt werden:

$$d(\underline{x}) = \underline{w}'\underline{x} \qquad\qquad (4.2)$$

mit: $\underline{x} = (1, x_1, \ldots, x_N)'$ und: $\underline{w} = (w_o, w_1, \ldots, w_N)'$

Gesonderte Bezeichnungen für die erweiterten Merkmalsvektoren sollen hier nicht eingeführt werden; aus dem Zusammenhang geht jeweils hervor, ob die erweiterte oder die nicht-erweiterte Form gemeint ist.

Erweiterung auf mehrere Klassen

Abhängig von der Festlegung der Entscheidungsfunktionen und der Entscheidungs-regel ergeben sich verschiedene Varianten des linearen Klassifikators. In der Praxis kommen 3 Möglichkeiten zum Einsatz.

Fall 1: Jede Klasse wird von allen übrigen Klassen jeweils durch eine eigene Entscheidungsfunktion getrennt. Es ergeben sich K Entscheidungsfunktionen mit folgender Entscheidungsregel:

$$(4.3)$$

$$d_i(\underline{x}) = \underline{w}_i' \underline{x} \qquad \underline{x} \in \text{Klasse i} \left\{ \begin{array}{l} \text{wenn } d_i(\underline{x}) > 0 \\ \text{und } d_j(\underline{x}) < 0 \text{ für alle } j=1\ldots K, \ j\neq i \end{array} \right.$$

mit: i = 1 ... K und: $\underline{w}_i$ = Gewichtsvektor der Klasse i (erweitert)

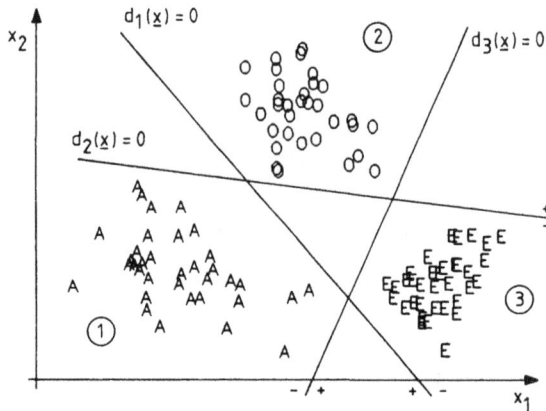

Bild 4.3 Prinzip des linearen Klassifikators, Fall 1 (N=2, K=3).

Bemerkenswert ist, daß hier Bereiche entstehen, die anhand der Entscheidungsre-gel keiner Klasse zugeordnet werden können und zurückgewiesen werden müssen.

Fall 2: Jede Klasse soll von jeder anderen Klasse paarweise getrennt werden. Es ergeben sich $K(K-1)/2$ Entscheidungsfunktionen $d_{ij}(\underline{x})$, die jeweils eine Klasse i von einer Klasse j trennen. Als Entscheidungsregel wird vereinbart, daß das Muster $\underline{x}$ zur Klasse i gehört, wenn alle Entscheidungsfunktionen dieser Klasse i zu allen anderen Klassen j größer Null sind:

$$d_{ij}(\underline{x}) = \underline{w}_{ij}' \, \underline{x} \qquad \underline{x} \in \text{Klasse i} \begin{cases} \text{wenn } d_{ij}(\underline{x}) > 0 \\ \text{für alle } j=1\ldots K, \; j \neq i \end{cases} \qquad (4.4)$$

$$\text{mit:} \quad \underline{w}_{ij} = (w_{oij}, \, w_{1ij}, \ldots, \, w_{Nij})' \qquad i,j = 1\ldots K$$

Nach der Definition der Entscheidungsfunktionen wird die Zugehörigkeit zu einer von 2 Klassen durch einen positiven Wert angezeigt; mit negativem Vorzeichen zeigt dieselbe Entscheidungsfunktion demnach die andere Klasse an. Daraus folgt:

$$d_{ji}(\underline{x}) = - \, d_{ij}(\underline{x})$$

Aufgrund der höheren Zahl von Freiheitsgraden können hier auch solche Musterkonfigurationen getrennt werden, die nach Ansatz von Fall 1 nicht trennbar sind. Allerdings ist der Aufwand entsprechend höher, denn die Zahl der Entscheidungsfunktionen steigt letztlich quadratisch mit der Zahl der Klassen K an.

Fall 3: Ein Muster soll dann zur Klasse i gehören, wenn die Entscheidungsfunktion $d_i(\underline{x})$ einen größeren Wert hat als alle anderen Entscheidungsfunktionen. Im Gegensatz zum Fall 1 kommt hier eine Maximumsanzeige zum Einsatz. Diese Vereinbarung führt zu K Entscheidungsfunktionen und folgender Entscheidungsregel:

$$d_i(\underline{x}) = \underline{w}_i' \, \underline{x} \qquad \underline{x} \in \text{Klasse i} \begin{cases} \text{wenn } d_i(\underline{x}) > d_j(\underline{x}) \\ \text{für alle } j=1\ldots K, \; j \neq i \end{cases} \qquad (4.5)$$

Die Trennfunktionen sind in diesem Fall gegeben durch:

$$d_i(\underline{x}) - d_j(\underline{x}) = 0$$

Aufgrund der Entscheidungsregel ist jetzt kein undefiniertes Gebiet vorhanden. Die K Entscheidungswerte lassen sich zu einem Entscheidungsvektor $\underline{d}(\underline{x})$ zusammenfassen:

$$\underline{d}(\underline{x}) = (d_1(\underline{x}), \, d_2(\underline{x}), \, d_3(\underline{x}), \, \ldots, \, d_K(\underline{x}))' \qquad (4.6)$$

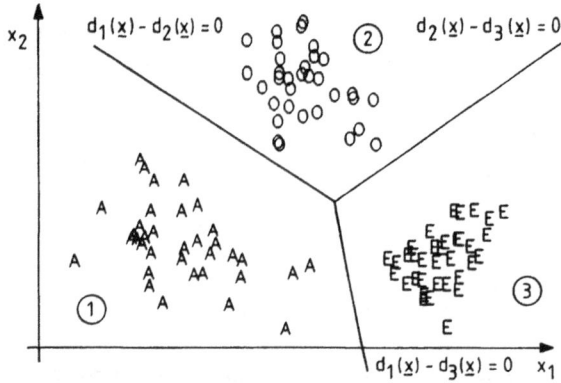

Bild 4.4 Prinzip des linearen Klassifikators, Fall 3 (N=2, K=3).

Der Vektor $\underline{d}$ kann im Fall 3 als eine Schätzung der Zugehörigkeit zu den einzelnen Klassen gedeutet werden; er wird daher auch als "Schätzvektor" bezeichnet /Schü77/. Dieser Klassifikatortyp hat in der Praxis am meisten Bedeutung und kommt bei den vorgestellten experimentellen Untersuchungen mehrfach zum Einsatz.

4.1.1 Generalisierte Entscheidungsfunktionen

Für komplizierte Gebietsaufteilungen im Merkmalsraum wird es erforderlich, die Entscheidungsfunktionen in generalisierter Form anzusetzen. Der lineare Klassifikator läßt sich verallgemeinern, indem beliebige Funktionen von $\underline{x}$ verwendet werden; von den Funktionen wird nur gefordert, daß sie reell und einwertig sind:

$$d(\underline{x}) = w_o + w_1 f_1(\underline{x}) + w_2 f_2(\underline{x}) + \ldots + w_R f_R(\underline{x})$$

bzw.
$$d(\underline{x}) = \sum_{r=0}^{R} w_r f_r(\underline{x}) \qquad \text{mit } f_o(\underline{x}) = 1 \qquad (4.7)$$

Die Funktionen $f_o(\underline{x})$ bis $f_R(\underline{x})$ können als ein System von Basisfunktionen aufgefaßt werden, aus denen durch Linearkombination die Entscheidungsfunktion $d(\underline{x})$ gebildet wird. Im Falle mehrerer Klassen gilt wieder für jede Klasse i:

$$d_i(\underline{x}) = \sum_{r=0}^{R} w_{ir} f_r(\underline{x}) \qquad \text{mit } f_o(\underline{x}) = 1$$

- 31 -

Die Festlegung der Basisfunktionen kann als Aufgabe der Vorverarbeitung ange-
sehen werden, wobei Merkmale $f_1(\underline{x})$ bis $f_R(\underline{x})$ gesucht und zu einem resultierenden Merkmalsvektor $\underline{x}^*$ zusammengefaßt werden:

$$\underline{x}^* = \begin{pmatrix} 1 \\ f_1(\underline{x}) \\ f_2(\underline{x}) \\ \vdots \\ f_R(\underline{x}) \end{pmatrix}$$

Damit läßt sich die Entscheidungsfunktion der Klasse i ausdrücken als:

$$d_i(\underline{x}) = \underline{w}_i' \ \underline{x}^* \tag{4.8}$$

Im transformierten Merkmalsraum $\underline{x}^*$ liegt also wieder ein linearer Klassifikator vor. Diese gemeinsame Betrachtungsweise in Form generalisierter Entscheidungsfunktionen ist sehr vorteilhaft, da nun auch in diesen Fällen die verfüg-
baren Lernverfahren des linearen Klassifikators Anwendung finden können (siehe
Abschn. 4.1.3).

In diesem generalisierten Ansatz sind auch die sogenannten "Polynomklassifikatoren" eingeschlossen, bei denen die Entscheidungsfunktionen durch ein Polynom
in $\underline{x}$ gebildet werden; z.B. ergibt sich für eine quadratische Entscheidungsfunktion folgende Form:

$$d(\underline{x}) = w_o + \sum_{j=1}^{N} w_j x_j + \sum_{j=1}^{N-1} \sum_{k=j+1}^{N} w_{jk} x_j x_k + \sum_{j=1}^{N} w_{jj} x_j^2 \tag{4.9}$$

Die Grenzflächen zwischen zwei Klassen im Merkmalsraum sind nun allgemeine Kegelschnitte, d.h. Ebenen, Paraboloide, Ellipsoide oder Hyperboloide. Die Zahl
der Terme steigt allerdings sehr schnell sowohl mit dem Grad G des Polynoms
als auch mit der Dimensionen N an. Als Einschränkung wird daher in der praktischen Anwendung entweder der Grad G nicht zu hoch gewählt, oder es wird ein un-
vollständiger Polynomansatz verwendet /Schü77,Schra75/; hier ist es z.B. sinnvoll, nur ausgewählte Produktterme zuzulassen. Aus diesem Grunde stellt sich
wiederum die wichtige Forderung, daß die vorausgehende Merkmalsextraktion die
Zahl der Komponenten N soweit wie möglich reduziert.

4.1.2 Trennbarkeit des linearen Klassifikators

Zur Beurteilung der Leistungsfähigkeit des linearen Klassifikators muß die Frage beantwortet werden, welche Musterkonfigurationen im Merkmalsraum durch den linearen Ansatz überhaupt trennbar sind. Hierzu ist die Betrachtung notwendig, welche Möglichkeiten der Klassenaufteilung es bei einer bestimmten Musterkonfiguration gibt und ob durch einen linearen Klassifikator alle möglichen Aufteilungen durchführbar sind. Diese Fragen lassen sich anhand der geometrischen Eigenschaften der linearen Trennfunktionen beantworten. Für eine lineare Entscheidungsfunktion gilt allgemein:

$$d(\underline{x}) = \underline{w}' \, \underline{x} \quad = \underline{x}' \, \underline{w} \qquad \text{(erweitert)}$$

Da diese Gleichung völlig symmetrisch in $\underline{w}$ und $\underline{x}$ ist, kann der lineare Klassifikator entweder im Merkmalsraum $\underline{x}$, aber auch im Gewichtsraum $\underline{w}$ dargestellt werden. Aufgrund der Symmetrie gilt, daß jeder Geraden (bzw. Hyperebene für N>2) im $\underline{x}$-Raum ein Vektor $\underline{w}$ entspricht, und daß jeder Geraden im $\underline{w}$-Raum ein Vektor $\underline{x}$ entspricht; der Gewichtsvektor zeigt in Richtung des Normalenvektors.

Für N=1 ergibt sich im erweiterten Merkmalsraum eine 2-dimensionale Darstellung (alle Muster liegen auf $x_o=1$). In Bild 4.5 ist für eine Trenngerade durch $\underline{x}^{(a)}$ die entsprechende Lage im $\underline{w}$-Raum wiedergegeben.

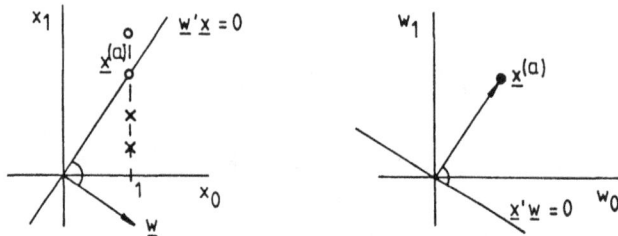

Bild 4.5 Darstellung einer Trenngeraden im $\underline{x}$-Raum und im $\underline{w}$-Raum (N=1)

Die Aufteilungsmöglichkeiten im Merkmalsraum werden demnach von der Zahl der Sektoren bestimmt, die für den Gewichtsvektor $\underline{w}$ zur Verfügung stehen, denn jeder Sektor erlaubt eine neue Aufteilung. Das Beispiel in Bild 4.6 zeigt, daß für 3 Punkte und N=1 insgesamt 6 Sektoren vorhanden sind, die folgende Zuordnungen treffen:

1) Klasse 1: $x^{(a)}, x^{(b)}, x^{(c)}$ und Klasse 2: leer

2) Klasse 1: $x^{(a)}, x^{(b)}$ und Klasse 2: $x^{(c)}$

3) Klasse 1: $x^{(a)}$ und Klasse 2: $x^{(b)}, x^{(c)}$

4) Klasse 1: leer und Klasse 2: $x^{(a)}, x^{(b)}, x^{(c)}$

5) Klasse 1: $x^{(c)}$ und Klasse 2: $x^{(a)}, x^{(b)}$

6) Klasse 1: $x^{(b)}, x^{(c)}$ und Klasse 2: $x^{(a)}$

Von den insgesamt 8 Aufteilungsmöglichkeiten waren zwei Fälle nicht durchführbar, nämlich $x^{(a)}$ und $x^{(c)}$ gleichzeitig in Klasse 1 oder in Klasse 2 einzuordnen.

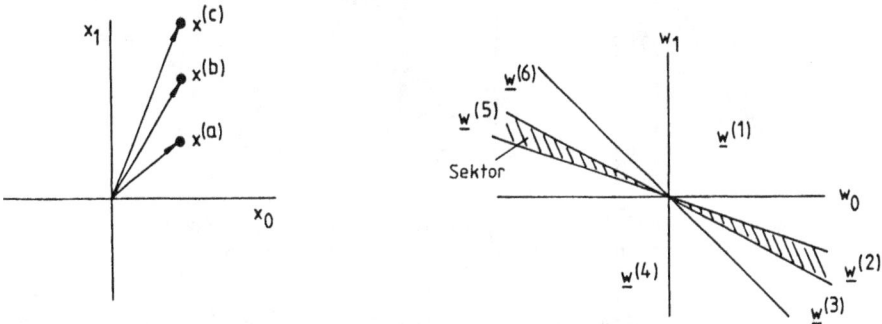

Bild 4.6   Zugehörige Sektoren im w-Raum für 3 Muster (N=1).

Entscheidend ist damit die Zahl der Sektoren S beim Vorhandensein von M Mustern, die durch N Merkmale beschrieben werden; aus geometrischen Überlegungen /Nie83/ gilt allgemein für die Zahl der Sektoren S:

$$S = \begin{cases} 2 \sum_{i=o}^{N} \binom{M-1}{i} & \text{für } M \geq N + 1 \\ 2^{M} & \text{für } M \leq N + 1 \end{cases}$$

Für M Muster gibt es aber insgesamt 2^{M} mögliche Klassenaufteilungen. Die Wahrscheinlichkeit P_1, daß eine willkürliche Klassenaufteilung mit einem linearen Klassifikator realisiert werden kann, ist dann gegeben durch das Verhältnis von trennbaren zu möglichen Aufteilungen:

$$P_1 = S / 2^M$$

Eingesetzt:

$$
P_1 = \begin{cases} 2^{(1-M)} \sum_{i=0}^{N} \binom{M-1}{i} & \text{für } M \geq N + 1 \\[2ex] 1 & \text{für } M \leq N + 1 \end{cases} \qquad (4.10)
$$

Wird die Wahrscheinlichkeit P_1 über dem Quotienten $M/(N+1)$ mit N als Parameter aufgetragen, so ist eine interessante Schwellen-Charakteristik erkennbar, siehe Bild 4.7. Die Schwellen-Charakteristik zeigt, daß bei wachsender Dimensionali-

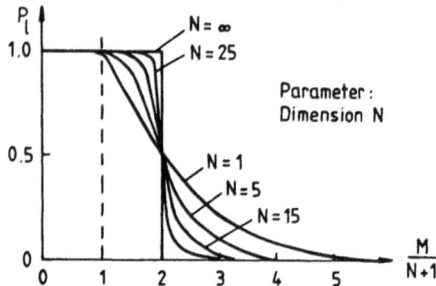

Bild 4.7 Wahrscheinlichkeit P_1 für die lineare Trennbarkeit einer beliebigen Musterkonfiguration mit M Mustern.

tät N nur 2(N+1) beliebige Muster linear trennbar sind. Darüberhinaus sinkt die Wahrscheinlichkeit einer Trennbarkeit auf Null ab. Das Trennvermögen ist gleich zweimal der Zahl der Freiheitsgrade (= Parameter der Entscheidungsfunktionen). Sollen dennoch mehr Muster als 2(N+1) getrennt werden, so dürfen sie nicht willkürlich im Merkmalsraum angeordnet sein. Das bedeutet zwangsläufig, daß die Muster einer Klasse im Merkmalsraum dicht beieinander liegen müssen bzw. dort eventuell Cluster bilden.

Voraussetzung für diese Ableitung ist, daß die Muster im Merkmalsraum allgemein verteilt sind. So dürfen z.B. im 2-dimensionalen Raum nicht 3 Punkte auf einer Geraden liegen. Allgemein darf keine Untermenge von (N+1) Punkten auf einer (N-1)-dimensionalen Hyperebene liegen. Die Gleichung für die Trennbarkeit unter den genannten Voraussetzungen beschreibt auch die Wirksamkeit der Erweiterung der Zahl der Dimensionen bei nichtlinearen Klassifikatoren. Denn Gl.(4.10) besagt, daß die Trennbarkeit erhöht werden kann, wenn die Zahl der Dimensionen erhöht wird. Dies muß aber so erfolgen, daß keine linearen Abhängigkeiten entstehen, da sonst Punkte auf Hyperebenen liegen. Der Polynomansatz nimmt z.B. eine geeignete nichtlineare Erweiterung vor.

Die Betrachtungen über die lineare Trennbarkeit lassen sich nun umgekehrt auch zur Beurteilung der Musterkonfiguration im Merkmalsraum heranziehen. Wird festgestellt, daß bei niedriger Dimensionalität eine Stichprobe mit einer großen Zahl von Mustern trotzdem linear trennbar ist, obwohl P_1 praktisch Null ist, so kann daraus geschlossen werden, daß sich die Muster für die gewünschte Aufteilung in einer speziellen Lage befinden; dies läßt z.B. auf eine Clusterbildung schließen. Ein derartiges Ergebnis kann auch so gedeutet werden, daß die tatsächliche "innere" Dimensionalität kleiner als N ist, siehe Abschn. 4. Es besteht dann die berechtigte Hoffnung, daß die Zahl der Komponenten in diesem Fall tatsächlich reduziert werden kann.

Auch im entgegengesetzten Fall lassen sich sinnvolle Aussagen treffen. Wenn eine Stichprobe mit M Mustern linear trennbar ist, demgegenüber aber die Dimensionalität N sehr hoch ist, so bedeutet das noch lange nicht, daß die allgemeinen Muster dieser Datenquelle wirklich linear trennbar sein werden. Denn in diesem Fall wäre auch eine rein zufällige Verteilung der Muster linear trennbar. Für die Abschätzung der Trennbarkeit muß daher die Größe der Stichprobe erhöht werden, so daß sie in einem sinnvollen Verhältnis zur Zahl der Dimensionen steht.

4.1.3 Lernverfahren bei linearen Klassifikatoren

In der Lernphase müssen die Gewichtsvektoren $\underline{w}_i$, die als Parameter der linearen Entscheidungsfunktionen dienen, anhand einer Lernstichprobe bestimmt werden. Wenn vorausgesetzt werden kann, daß die Lernstichprobe überhaupt linear trennbar ist, müssen die Gewichtsfaktoren die geforderte Aufteilung tatsächlich erreichen. Ist die Trennbarkeit nicht gegeben, so wird erwartet, daß zumindest eine Lösung gefunden wird, die diese Aufteilung so gut wie möglich vornimmt; in diesem Fall muß ein Kriterium optimiert werden, das eine Aussage über die Güte der erreichten Aufteilung erlaubt. Aus der Fülle der bekannt gewordenen Verfahren zur Lösung dieses Problems sollen hier nur zwei grundlegende Methoden vorgestellt und ihre Eigenschaften erörtert werden.

4.1.3.1 Lösung des Systems von Ungleichungen

Ausgangspunkt ist eine Lernstichprobe von M Mustern $\underline{x}(j)$, j=1...M. Bei 2 Klassen ist nur ein einziger $\underline{w}$-Vektor notwendig, der den Merkmalsraum in einen positiven und einen negativen Halbraum für die beiden Klassen einteilt. Werden alle Muster der Lernstichprobe gleichzeitig betrachtet, ergibt sich ein System von M Ungleichungen mit je einer Ungleichung für jedes einzelne Lernstichproben-Muster $\underline{x}(j)$:

$$d(\underline{x}(j)) > 0 \quad \text{wenn} \quad \underline{x}(j) \in k_1$$
$$\text{oder} \qquad d(\underline{x}(j)) < 0 \quad \text{wenn} \quad \underline{x}(j) \in k_2 \qquad (4.11)$$

Eine einheitliche Schreibweise läßt sich erreichen, wenn alle Muster der Klasse k_2 mit negativem Vorzeichen versehen werden:

$$\underline{x} \rightarrow -\underline{x} \quad \text{wenn} \quad \underline{x} \in k_2$$

Jetzt gilt für alle Ungleichungen nur noch die Relation "größer Null":

$$\underline{w}'\underline{x}(j) > 0 \quad \text{für alle } \underline{x}(j), \quad j = 1...M \qquad (4.12)$$

Das System der Ungleichungen kann geschlossen dargestellt werden, wenn alle M Stichproben-Muster zu einer einzigen Datenmatrix $\underline{X}$ zusammengefaßt werden:

$$\underline{X} = (\underline{x}_1, \underline{x}_2, \underline{x}_3, ... , \underline{x}_M)$$

Damit ergibt sich das System von Ungleichungen in Matrixschreibweise:

$$\underline{X}' \underline{w} > \underline{0} \qquad (4.13)$$

Die Umstellung von $\underline{w}$ und $\underline{X}$ ist erforderlich, wenn der Ergebnisvektor als Spaltenvektor erscheinen soll. Jede einzelne Komponente des Ergebnisvektors enthält die entsprechende Entscheidungsgröße für ein einzelnes $\underline{x}(j)$. Dieses System von Ungleichungen kann allgemein eine Vielzahl von Lösungen haben, oder aber es gibt gar keine Lösung, wenn die Muster nicht linear trennbar sind.

Für die Bestimmung des Gewichtsvektors $\underline{w}$ muß eine Zielgröße angegeben werden, die der Klassifikator tatsächlich erreichen oder zumindest im quadratischen Mittel annähern soll. Bei der Wahl der Zielgröße ist man grundsätzlich frei, die gefundene Lösung hängt allerdings von dieser Wahl ab. Im folgenden wird ein Verfahren nach /Ho65/ kurz beschrieben, das als Zielgröße die Erfüllung eines Gleichungssystems festlegt, das formal durch Einführung eines positiven Ergebnisvektors $\underline{b}$ aus dem Ungleichungssystem gewonnen wird:

$$\underline{X}'\underline{w} = \underline{b} \quad \text{mit } b_i > 0, \quad i = 1...M \qquad (4.14)$$

Auch dieses Gleichungssystem ist im allgemeinen analytisch nicht lösbar, da es aus M Gleichungen mit N+1 Unbekannten besteht. Angestrebt wird daher eine

Lösung, bei der die quadratische Abweichung S minimal wird. Die Abweichung S kann sinnvoll definiert werden als:

$$S = \|\underline{X}'\underline{w} - \underline{b}\|^2 = (\underline{X}'\underline{w} - \underline{b})'(\underline{X}'\underline{w} - \underline{b}) \qquad (4.15)$$

Die quadratische Abweichung ist eine Funktion von den beiden vektoriellen Variablen $\underline{w}$ und $\underline{b}$. Die partiellen Ableitungen sind:

$$\frac{dS}{d\underline{w}} = 2\,\underline{X}\,(\underline{X}'\underline{w} - \underline{b})$$

$$\frac{dS}{d\underline{b}} = -2\,(\underline{X}'\underline{w} - \underline{b}) \qquad (4.16)$$

Die Lösung ist gefunden, wenn die Abweichung selbst Null ist oder zumindest ein Minimum erreicht (in diesem Fall ist die Stichprobe linear nicht trennbar):

$$\frac{dS}{d\underline{w}} = 0 = \underline{XX}'\underline{w} - \underline{Xb}$$

Daraus folgt:

$$\underline{w} = (\underline{X}\,\underline{X}')^{-1}\,\underline{X}\,\underline{b} = \underline{P}\,\underline{b} \qquad \text{mit:} \quad \underline{P} = (\underline{X}\,\underline{X}')^{-1}\,\underline{X} \qquad (4.17)$$

Der Ausdruck $\underline{P} = (\underline{XX}')^{-1}\underline{X}$ stellt die "Halbinverse" oder "Pseudoinverse" von $\underline{X}'$ dar: Wird $\underline{X}'$ von links mit der Pseudoinversen multipliziert, so ergibt sich die Einheitsmatrix $\underline{I}$. Der Vektor $\underline{w}$ hängt zusätzlich von dem gewählten positiven Vektor $\underline{b}$ ab. Als Lösung gibt es - bis auf einen konstanten Faktor - daher ein optimales Paar $(\underline{w},\underline{b})$, so daß die Abweichung S minimal wird.

Zur Lösung dieses Problems kann ein <u>Gradientenverfahren</u> eingesetzt werden /Ho65/. Gegeben sei ein beliebiger Anfangswert für $\underline{b}(0)$ mit der einzigen Bedingung, daß alle Komponenten größer Null sind; daraus ergibt sich nach Gl.(4.17) auch ein Anfangswert für $\underline{w}(0)$:

$$\underline{w}(0) = \underline{P}\,\underline{b}(0) \qquad \text{mit:} \quad \underline{b}(0) > \underline{0}$$

Das Minimum wird erreicht, wenn $\underline{w}$ und $\underline{b}$ in Richtung des negativen Gradienten verändert werden. Dabei muß sichergestellt werden, daß alle Komponenten von $\underline{b}$ positiv bleiben. Eine Abnahme von $\underline{b}$ wird durch folgende Vorschrift verhindert:

$$\underline{b}(j+1) = \underline{b}(j) + \Delta\underline{b}(j) \qquad (4.18)$$

$$\Delta b_i(j) = \begin{cases} 2c\,[(\underline{X}'\underline{w}(j) - \underline{b}(j)]_i & \text{wenn} \quad [\underline{X}'\underline{w}(j) - \underline{b}(j)]_i > 0 \\ 0 & \text{wenn} \quad [\underline{X}'\underline{w}(j) - \underline{b}(j)]_i \leq 0 \end{cases}$$

Der Index i in Gl.(4.18) bezeichnet die einzelnen Vektorkomponenten. Diese Vorschrift läßt sich auch folgendermaßen ausdrücken:

$$\underline{b}(j+1) = \underline{b}(j) + c\,(\underline{X}'\underline{w}(j) - \underline{b}(j) + |\underline{X}'\underline{w}(j) - \underline{b}(j)|\,) \qquad (4.19)$$

Hierbei bedeuten die Betragszeichen jeweils die komponentenweise Betragsbildung. Für $\underline{w}(j)$ ergibt sich der verbesserte Wert:

$$\underline{w}(j+1) = (\underline{X}\underline{X}')^{-1}\underline{X}\,\underline{b}(j+1) \quad = \quad \underline{P}\,\underline{b}(j+1) \qquad (4.20)$$

Als hinreichende Bedingung für die Konvergenz ist für diesen Algorithmus nachgewiesen /Ho65/:

$$c = const, \quad 0 < c \leq 1\;.$$

Falls es eine Lösung des Gleichungssystems (und damit die Lösung aller Ungleichungen) gibt, wird diese in endlich vielen Iterationsschritten gefunden. Für diesen Fall wird die Abweichung S = 0. Wenn es keine Lösung gibt, werden ab einem bestimmten Iterationsschritt J die Vektoren $\underline{w}(J)$ = const und $\underline{b}(J)$ = const, da keine Korrektur mehr möglich ist (mit S ≠ 0). Dies zeigt an, daß die Stichprobe linear nicht trennbar ist; das Verfahren läßt sich daher auch sinnvoll als Trennbarkeits-Test einsetzen.

Das Verfahren ist in dieser Form nur für das 2-Klassen-Problem anwendbar, die Erweiterung auf mehrere Klassen kann jedoch sinngemäß erfolgen. Die Entscheidungsfunktionen des linearen Klassifikators nach Fall 1 oder 2 (s. Abschn. 4.1) können damit unmittelbar bestimmt werden. Für die am weitesten verbreitete Auslegung des Klassifikators nach Fall 3 ist das Verfahren im folgenden Abschnitt 4.1.3.2 besser geeignet.

Eine besonders sinnvolle Festlegung der Zielgröße wurde von /Schü77,Mey70/ vorgeschlagen. Dort wird der Begriff der "Reststreuung" eingeführt, der die mittlere Abweichung der Entscheidungsgrößen der einzelnen Muster von ihrer Klasse in einem Raum angibt, der von den einzelnen Klassen aufgespannt wird. Das Verfahren erlaubt zusätzlich eine Auswahl derjenigen Merkmale, die zur Verminderung der Reststreuung insgesamt am meisten beitragen. Daher wird dieses Verfahren insbesondere für Polynomklassifikatoren vorgeschlagen, wobei zwar ein vollständiger (oder teilweiser) Polynomansatz angeboten wird, das Verfahren aber selbständig diejenigen Polynomterme aussucht, die zur Klassifikation gut geeignet sind; damit läßt sich die Dimensionalität des Klassifikators in Grenzen halten. Dieses Verfahren wurde bereits mit Erfolg bei Sprachspektren eingesetzt /Schra75/. Anzumerken ist allerdings, daß die Reststreuung als Optimierungskriterium nicht garantieren kann, daß tatsächlich der bestmögliche Klassifikator gefunden wird. Auch trotz Minimierung der Reststreuung ist es möglich, daß Stichproben nicht fehlerfrei klassifiziert werden, obwohl sie prinzipiell linear trennbar wären. Auf weitere Einzelheiten soll hier nicht eingegangen werden. Im vorliegenden Buch wird das Problem der Merkmalsauswahl als eigenständige Aufgabe behandelt (s. Abschn. 5.); die Kombination von gezielter Merkmalsauswahl im Hinblick auf den nachfolgenden Klassifikator führt dort ebenfalls zu sehr guten Ergebnissen.

4.1.3.2 Stochastische Approximation für mehrere Klassen

Der Lernvorgang kann iterativ erfolgen, indem die Lernstichprobe Muster für Muster verarbeitet und bei jedem Schritt eine Korrektur vorgenommen wird. Gesucht wird die Nullstelle einer Zielgröße, die nur über die stochastische Beobachtung der Entscheidungsgrößen $d(\underline{x})$ zugänglich ist; derartige Lösungsansätze fallen in das Gebiet der stochastischen Approximation. Die Nullstelle läßt sich hierbei mit Hilfe eines Gradientenverfahrens bestimmen.

Für das Mehrklassenproblem muß eine sinnvolle Zielfunktion festgelegt werden. Der lineare Klassifikator nach Fall 3 entscheidet sich für die maximale Entscheidungsgröße (s. Abschn. 4.1); hierfür ist folgende Zielgröße geeignet /Jasch75,Pau76/:

$$R = E \{d_h(\underline{x}) - d_c(\underline{x})\} \qquad (4.21)$$

Hierbei bedeutet $d_h(\underline{x})$ die **größte** Entscheidungsfunktion (Entscheidung des Klassifikators):

$$d_h(\underline{x}) = d_j(\underline{x}) \quad \text{für } d_j(\underline{x}) > d_i(\underline{x}), \quad i=1...K, \ i \neq j$$

Die **korrekte** Klassenzugehörigkeit ist k=c, die entsprechende Entscheidungsgröße ist:

$$d_c(\underline{x}) = d_i(\underline{x}) \quad \text{wenn } \underline{x} \in i$$

Für den Fall h=c hat sich der Klassifikator richtig entschieden, im anderen Fall liegt eine Falschklassifikation vor. Je kleiner die Zielfunktion R ist, desto eher wird das Muster richtig klassifiziert. Die beste Einstellung des Klassifikators (mit dieser Zielfunktion) ist gefunden, wenn die Größe R für alle Muster Null ist, oder wenn zumindest der Erwartungswert ein Minimum wird:

$$R \overset{!}{=} \text{Minimum} \ .$$

Das sequentielle Anbieten der einzelnen Muster kann als stochastische Beobachtung aufgefaßt werden, die Zielfunktion R ist damit ebenfalls nur in Form eines stochastischen Prozesses gegeben. Zur Bestimmung des Minimums muß die Zielfunktion, die nur als Schätzung vorliegt, differenziert werden. In /Meis72/
wird gezeigt, daß die Ableitung dieser Schätzung tatsächlich als Schätzung für
die Ableitung der wahren Zielgröße R verwendet werden darf. Der lineare Klassi-
fikator für K Klassen sei durch $\underline{W}$ gegeben; der Entscheidungsvektor $\underline{d}(\underline{x})$ ist:

$$\underline{d}(\underline{x}) = \underline{W}'\, \underline{x} \qquad \text{mit} \quad \underline{W} = (\underline{w}_1,\, \underline{w}_2,\, \ldots,\, \underline{w}_K) \qquad (4.22)$$

In der Gewichtsmatrix $\underline{W}$ sind die Gewichtsvektoren der K Klassen zusammengefaßt.
Die Zielgröße R ist eine Funktion der Gewichtsmatrix $\underline{W}$:

$$R = R(\underline{W})$$

Die Ableitung von R nach $\underline{W}$ ist selbst eine Matrix:

$$\frac{dR}{d\underline{W}} = \begin{pmatrix} \dfrac{dR}{dw_{o1}} & \dfrac{dR}{dw_{o2}} & \cdots & \dfrac{dR}{dw_{oK}} \\[2mm] \vdots & & & \\[2mm] \dfrac{dR}{dw_{N1}} & \dfrac{dR}{dw_{N2}} & \cdots & \dfrac{dR}{dw_{NK}} \end{pmatrix} = \underline{G} \qquad (4.23)$$

Die Matrix $\underline{G}$ ist der Gradient von R. In die Zielfunktion nach Gl.(4.21) gehen
nur die Vektoren $\underline{w}_h$ und $\underline{w}_c$ ein; die Ableitung nach diesen Vektoren gibt:

$$\frac{d\,R}{d\underline{w}_h} = \frac{d}{d\underline{w}_h}(\underline{w}_h'\,\underline{x} - \underline{w}_c'\,\underline{x}) = \underline{x}$$

$$\frac{d\,R}{d\underline{w}_c} = \frac{d}{d\underline{w}_c}(\underline{w}_h'\,\underline{x} - \underline{w}_c'\,\underline{x}) = -\underline{x} \qquad (4.24)$$

Das Muster $\underline{x}$ selbst bildet hier in positiver Form bzw. in negativer Form die
jeweilige Komponente des Gradienten von R; die restlichen Komponenten sind
Null. Das Minimum wird nach dem Gradientenverfahren iterativ gefunden, indem
der alte Wert, der im Schritt m bestimmt wurde, in Richtung des negativen Gradienten verändert wird; für Schritt (m+1) gilt daher:

$$\underline{W}(m+1) = \underline{W}(m) - a_m\,\underline{G}(m) \qquad (4.25)$$

Die Größe a_m dient zur Steuerung der Konvergenz und soll weiter unten besprochen werden. Gl.(4.25) wirkt sich mit Gl.(4.24) auf die 2 Spalten von $\underline{W}(m)$

folgendermaßen aus:

$$\underline{w}_h(m+1) = \underline{w}_h(m) - a_m \, \underline{x}(m)$$

$$\underline{w}_c(m+1) = \underline{w}_c(m) + a_m \, \underline{x}(m)$$

(4.26)

Die übrigen Spalten bleiben unverändert:

$$\underline{w}_j(m+1) = \underline{w}_j(m) \qquad \text{für } j=1\ldots K, \quad j \neq c,h$$

Anschaulich bedeutet dies, daß im Fall einer Falschklasifikation (h≠c) der Gewichtsvektor für die richtige Klasse c erhöht und der Gewichtsvektor für die falsche Klasse h erniedrigt wird; ist h=c, so erfolgt keine Veränderung, da sich die Korrekturen gegenseitig aufheben. Gl.(4.26) stellt im Prinzip die Lernregel des "Perceptrons" dar /Ros60/. Problematisch ist, daß im Fall einer nicht trennbaren Stichprobe die Iteration oszillieren kann und keine brauchbare Lösung gefunden wird.

Die Methode der stochastischen Approximation sieht verschiedene Maßnahmen vor, die Konvergenz der Iteration auch im nichttrennbaren Fall zu erzwingen. Aus der Vielzahl der Varianten sei hier eine kurz beschrieben. Für den Konvergenzfaktor a_m muß allgemein gefordert werden /Fuk72, S.205/:

$$\lim_{m \to \infty} a_m = 0 \ , \qquad \sum_{m=1}^{\infty} a_m = \infty \ , \qquad \sum_{m=1}^{\infty} a_m^2 < \infty$$

(4.27)

Angewandt auf die Zielgröße nach Gl.(4.21) wird aus Gl.(4.22) ersichtlich, daß im Fall einer nichttrennbaren Stichprobe nur für W=0 eine Lösung R=0 gefunden werden kann. Ein sinnvolle Einschränkung ist daher die Forderung, daß der Betrag von $\underline{W}$ konstant bleibt:

$$\|\underline{W}\| = \text{const}$$

$\underline{W}$ bewegt sich dann im $\underline{W}$-Raum auf Hyperkugeln. Dieses Verhalten wird erzwungen, wenn bei der Iteration nur derjenige Anteil des Gradienten zur Korrektur verwendet wird, der senkrecht zu $\underline{W}$ im $\underline{W}$-Raum steht /Jasch75,Pau76/. Das Ergebnis ist eine Matrix $\underline{V}$, die sich als Differenz des Gradienten $\underline{G}$ und der Projektion von $\underline{G}$ auf $\underline{W}$ im $\underline{W}$-Raum berechnen läßt; mit Gl.(4.24) erhält man:

$$\underline{V} = \underline{G} - \frac{\text{sp}(\underline{W}' \, \underline{G})}{\|\underline{W}\|^2} \, \underline{W}$$

(4.28)

$$\underline{V} = \underline{G} - \frac{(\underline{w}_h' \, \underline{x} - \underline{w}_c' \, \underline{x})}{\|\underline{W}\|^2} \, \underline{W}$$

Obwohl die Gradienten-Matrix $\underline{G}$ nur in 2 Spalten ungleich Null ist, können in der Matrix $\underline{V}$ durch die Projektion alle Spalten belegt sein. Da die Iterationen nur tangential wirksam werden, wird sich $\underline{W}$ betragsmäßig nicht exakt auf Hyperkugeln bewegen, sondern der Betrag von $\underline{W}$ wird leicht ansteigen und damit auch der Betrag des Gradienten $\underline{G}$. Es ist daher sinnvoll, die Konvergenzkonstante a_m umgekehrt proportional zum Betrag des Gradienten anzusetzen /Jasch75/:

$$a_m = \frac{1}{\|\underline{G}(m)\|}$$

Die gesamte Iterationsvorschrift lautet damit für den Schritt m+1:

$$\underline{W}(m+1) = \underline{W}(m) - \frac{1}{\|\underline{G}(m)\|}\,\underline{V}(m) \qquad \text{für} \quad h \neq c \quad,$$

$$\underline{W}(m+1) = \underline{W}(m) \qquad\qquad\qquad \text{für} \quad h = c$$

(4.29)

Die Trennung in die beiden Fälle $h \neq c$ und $h = c$ ist notwendig, da im zweiten Fall der Gradient $\underline{G}$ selbst Null wird und eine Division durch Null vermieden werden muß. Mit dieser Iterationsvorschrift sind die Bedingungen nach Gl.(4.27) erfüllt. Zusätzlich werden in /Jasch75,Pau76/ noch Kriterien zur Steuerung des Verfahrens eingeführt (Toleranzkegelmethode), um die Zahl der Iterationen bei nichttrennbarer Stichprobe zu begrenzen. Das Verfahren hat sich in der Praxis bei der Anwendung auf Sprachspektren sowohl für lineare Klassifikatoren als auch für Polynomklassifikatoren gut bewährt; experimentelle Ergebnisse werden im folgenden Abschn. 4.1.4 beschrieben.

4.1.4 Experimentelle Untersuchungen mit Vokalspektren

Für die Sprachstichprobe der Vokale (Abschn. 3.5) wurde ein linearer Klassifikator mit Hilfe der oben beschriebenen stochastischen Approximation bestimmt. Die Erkennungsrate wurde anhand der unabhängigen Teststichprobe ermittelt. Die Abhängigkeit der erzielten Erkennungsrate von der Zahl der verwendeten Komponenten (Merkmale) der Vokalspektren ist in Bild 4.8 dargestellt. Erwartungsgemäß ist die Erkennungsrate bei Verwendung von nur 2 Komponenten mit 50.8% relativ gering. Im zugehörigen 2-dimensionalen Merkmalsraum ist es offensichtlich kaum möglich, die 9 Vokalklassen anhand von Geraden zu trennen. Verwechslungen ergaben sich insbesondere zwischen den Vokalen /e/ und /ɛ/, zwischen /ø/ und /y/ sowie zwischen /ə/ und /ɛ/. Mit zunehmender Zahl der Komponenten steigt die Erkennungsrate an und erreicht ab etwa 8 Komponenten eine gewisse Sättigung. Bei weiterer Erhöhung der Komponentenzahl läßt sich die Reklassifikations-Erken-

Erkennungs-
rate

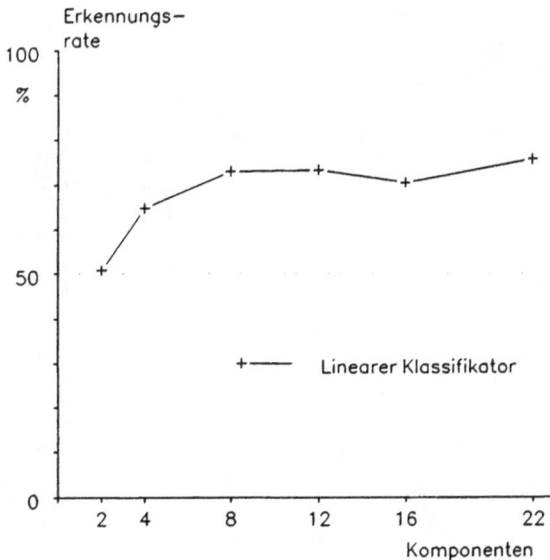

Bild 4.8 Erzielte Erkennungsrate des linearen Klassifikators (Teststichprobe 315 Muster, K=9) in Abhängigkeit von der Zahl
der Komponenten.

nungsrate zwar noch weiter steigern, die Erkennungsrate der unabhängigen Teststichprobe steigt jedoch nicht weiter an, siehe Bild 4.8. Damit ist hier tatsächlich die Grenze des Tennvermögens des linearen Klassifikators bei den vorliegenden Mustern erreicht.

Zum Vergleich wurden für die Entscheidungsfunktionen auch Polynome 2.Grades
angesetzt (quadratischer Klassifikator, s. Abschn. 4.1.1). Die Ergebnisse
bei Verwendung von 2, 4 und 8 Komponenten sind in Bild 4.9 graphisch dargestellt. Bei 2 und 4 Komponenten liefert der quadratische Klassifikator eine um
etwa 6-8% höhere Erkennungsrate als der lineare Klassifikator. Interessant ist
eine Betrachtung der Ergebnisse anhand der intern verwendeten Komponentenzahl,
die letztlich die Zahl der Freiheitsgrade des Klassifikators bestimmt. Im Fall
von 2 Komponenten bildet der quadratische Klassifikator daraus aufgrund der
Produktterme intern 5 Merkmale; wird die Erkennungsleistung mit einem linearen
Klassifikator verglichen, der unmittelbar 5 Eingangsmerkmale (Komponenten) aus-
wertet, so ist jetzt der lineare Klassifikator um etwa 8% besser. Offensichtlich tragen die 5 Eingangsmerkmale wesentlich mehr zur Trennbarkeit bei als
dies durch Anwendung quadratischer Trennfunktionen auf 2 Eingangsmerkmale möglich ist. Dieses Verhältnis verschiebt sich aber erwartungsgemäß bei höherer
Komponentenzahl. Werden für den quadratischen Klassifikator 4 Eingangsmerkmale

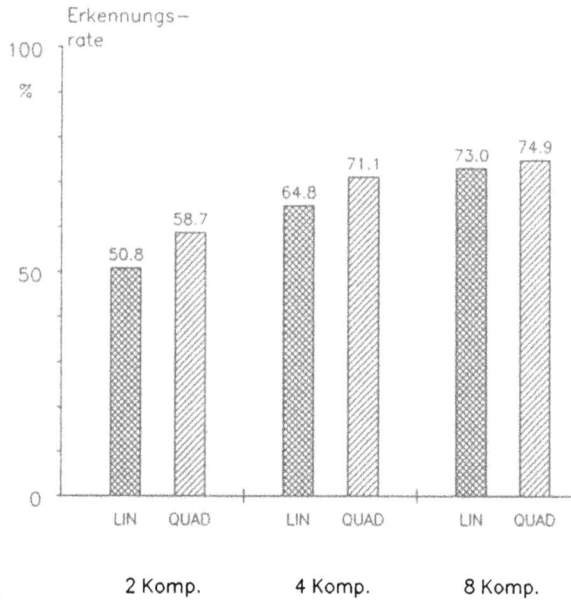

Bild 4.9 Erzielte Erkennungsrate des quadratischen Klassifikators QUAD
(Teststichprobe 315 Muster, K=9) für 2, 4 und 8 Komponenten im
Vergleich zum linearen Klassifikator LIN.

verwendet, so entstehen intern 15 Komponenten. In diesem Fall erreicht die erzielte Erkennungsrate bereits diejenige des linearen Klassifikators mit 15 Eingangsmerkmalen. Offensichtlich ist es jetzt genauso günstig, entweder kompliziertere Trennfunktionen bei geringer Merkmalszahl anzusetzen, oder die Zahl der
Eingangsmerkmale zu erhöhen und einfache lineare Trennfunktionen zu verwenden.

Für den Fall von 8 Eingangsmerkmalen konnten beim quadratischen Klassifikator
allerdings keine sinnvollen Aussagen mehr gemacht werden. Hier steigt die Reklassifikations-Erkennungsrate zwar nochmals stark an, in gleichem Maße erhöht
sich aber auch der Unterschied zur Test-Erkennungsrate beträchtlich; dieser
Unterschied ist in Bild 4.10 schraffiert dargestellt. Dies bedeutet, daß der
quadratische Klassifikator für 8 Komponenten bereits erheblich überadaptiert
ist. Eine weitere Zunahme der Test-Erkennungsrate würde erst wieder erreicht,
wenn der Umfang der Lernstichprobe entsprechend vergrößert würde, so daß eine
Überadaption vermieden wird. Dagegen blieb beim linearen Klassifikator der Unterschied im ganzen Bereich unter 2%.

Aus den Ergebnissen wird deutlich, daß bei einer gegebenen Lernstichprobe der
Grad des Polynomansatzes für die Entscheidungsfunktionen nicht zu hoch gewählt

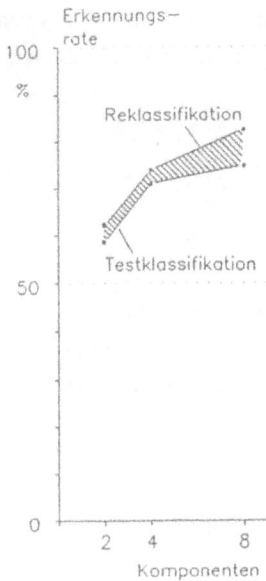

Erkennungs–
rate

100

%

Reklassifikation

Testklassifikation

50

0

2   4   8
Komponenten

Bild 4.10

Unterschied zwischen Reklassifikations-
Erkennungsrate und Test-Erkennungsrate
beim quadratischen Klassifikator als
Kriterium für die Überadaption.

werden sollte. Durch Beobachtung der Erkennungsraten und vor allem des Kriteriums der Überadaption kann jeweils entschieden werden, ob es sinnvoller ist, kompliziertere Entscheidungsfunktionen zu verwenden oder die Zahl der Eingangsmerkmale zu erhöhen. Die Erhöhung der Komponentenzahl macht es aber letztlich notwendig, auch den Umfang der Stichproben zu vergrößern. Der Lernvorgang kann erst dann als beendet angesehen werden, wenn mit diesen Maßnahmen keine Steigerung mehr möglich und damit der Grenzwert für die erzielbare Erkennungsrate erreicht ist.

4.2 Abstandsklassifikatoren

Zu den entscheidungstheoretischen Ansätzen werden auch die Abstandsklassifikatoren gezählt. Liegen die Muster einer Klasse im Merkmalsraum eng beieinander (Clusterbildung), so läßt sich die Klassifikation anhand einer Ähnlichkeitsmessung unmittelbar im Merkmalsraum durchführen; als Ähnlichkeitskriterium kann der geometrische Abstand dienen. Im einfachsten Fall wird für die Abstandsmessung ein einziges, ausgewähltes Muster pro Klasse ("Prototyp") herangezogen. Vielfach wird der Prototyp $\underline{m}_i$ für die Klasse i durch Mittelung aller vorhandenen Muster der Klasse i gewonnen:

$$\underline{m}_i = \frac{1}{M_i} \sum_{q=1}^{M_i} \underline{x}_{qi} \qquad M_i = \text{Zahl der Muster der Klasse i}$$

Wird als Abstandsmaß der Euklidische Abstand im Merkmalsraum verwendet, so ergibt sich für das Quadrat des Abstands ϱ_i eines unbekannten Musters $\underline{x}$ zu dem Mittelwertsvektor $\underline{m}_i$ der Klasse i:

$$\varrho_i^2(\underline{x}) = \sum_{n=1}^{N} (x_n - m_{ni})^2 = (\underline{x} - \underline{m}_i)'(\underline{x} - \underline{m}_i)$$
$$= \underline{x}'\underline{x} + \underline{m}_i'\underline{m}_i - 2\,\underline{m}_i'\underline{x} \qquad (4.30)$$

Die Zuordnung zu den einzelnen Klassen kann unmittelbar anhand des quadratischen Abstandes erfolgen. Da der quadratische Term $\underline{x}'\underline{x}$ vom jeweils betrachteten Prototyp unabhängig ist und beim Vergleich der Abstände eine Konstante darstellt, kann er unberücksichtigt bleiben; es ergibt sich damit ein Bewertungsmaß $d_i(\underline{x})$, das die Form einer Entscheidungsfunktion hat:

$$d_i(\underline{x}) = \varrho_i^2(\underline{x}) - \underline{x}'\underline{x} = \underline{m}_i'\underline{m}_i - 2\,\underline{m}_i'\underline{x} \qquad (4.31)$$

Da die Entscheidung der Klassenzugehörigkeit nach dem kleinsten Abstand getroffen werden soll, muß der Klassifikator nun das Minimum auswählen; dieser Klassifiktor wird daher <u>Minimum-Abstands-Klassifikator</u> genannt /Meis72,Fuk72/.

Für mehrere Klassen i = 1...K mit den Prototypen $\underline{m}_1...\underline{m}_K$ sind K Entscheidungsfunktionen nach folgender Entscheidungsregel auszuwerten:

$$\underline{x} \in i \qquad \text{wenn} \quad d_i(\underline{x}) < d_j(\underline{x}) \qquad \text{für alle } j=1...K,\ j\neq i$$

Aus der Form der Entscheidungsfunktionen wird deutlich, daß es sich um einen linearen Klassifikator (Fall 3, allerdings mit Minimum-Detektor) handelt. Für die Trennfunktion zwischen zwei Kassen i und j müssen die Entscheidungsfunktionen gleichgesetzt werden; für $d_i(\underline{x})-d_j(\underline{x})=0$ gilt:

$$(\underline{m}_j - \underline{m}_i)'\underline{x} - 1/2(\underline{m}_j'\underline{m}_j - \underline{m}_i'\underline{m}_i) = 0$$

Die Trenngerade ist die Mittelsenkrechte zwischen den Prototypen $\underline{m}_i$ und $\underline{m}_j$.

4.2.1 Nächster-Nachbar-Klassifikator

Bei Verwendung eines einzigen Prototyps pro Klasse wird die Musterverteilung einer Klasse im Merkmalsraum nur sehr grob beschrieben. Eine bessere Charakterisierung der Musterverteilung wird erreicht, wenn eine größere Anzahl ausgesuchter Muster bekannter Klassenzugehörigkeit als Repräsentanten für jede

Klasse i zur Vefügung steht. Ein unbekanntes Muster wird klassifiziert, indem unter den gespeicherten Prototypen der nächste Nachbar gesucht wird, d.h. derjenige Prototyp, der den kleinsten Abstand zu dem unbekannten Muster hat; dieser Klassifikator wird als <u>Nächster-Nachbar-Klassifikator</u> bezeichnet.

Der kleinste Euklidische Abstand $\varrho_i^2(\underline{x})$ zu allen M_i Prototypen $\underline{z}_{ri}$ einer Klasse i ist:

$$\varrho_i^2(\underline{x}) \ = \ \min_r \ (\underline{x} - \underline{z}_{ri})'(\underline{x} - \underline{z}_{ri}) \qquad \text{mit } r = 1...M_i \qquad (4.32)$$

Damit gilt für K Klassen folgende Entscheidungsregel:

$$\underline{x} \in i \qquad \text{wenn} \quad \varrho_i^2(\underline{x}) < \varrho_j^2(\underline{x}) \qquad \text{für alle } j=1...K, \ j\neq i \qquad (4.33)$$

Diese Entscheidungsregel heißt "Nächster-Nachbar-Regel" oder kurz NN-Regel. Wie beim Minimum-Abstands-Klassifikator können die Abstandsfunktionen direkt als Entscheidungsfunktionen interpretiert werden, wenn ein Minimum-Detektor vorausgesetzt wird. Bei der Festlegung des Bewertungsmaßes kann wieder der Term $\underline{x}'\underline{x}$ unberücksichtigt bleiben:

$$d_i(\underline{x}) \ = \ \min \ (\underline{z}_{ri}'\underline{z}_{ri} - 2 \, \underline{z}_{ri}'\underline{x}) \qquad \text{mit } r = 1...M_i$$

Das Abstandsmaß führt allgemein auf Trennfunktionen, die aus allen Mittelsenkrechten zwischen jeweils 2 Prototypen zusammengesetzt sind. Insgesamt ergeben sich dadurch stückweise lineare Trennfunktionen, siehe Bild 4.11. Nachteilig wirkt sich beim NN-Klassifikator aus, daß im allgemeinen eine große Menge von Prototypen gespeichert und in der Anwendungsphase die Abstände zu allen diesen Prototypen berechnet werden müssen. Als Vorteil ist zu werten, daß hier sehr komplizierte Gebietsaufteilungen im Merkmalsraum möglich sind; das Gebiet einer Klasse darf auch aus nicht-zusammenhängenden Gebieten bestehen.

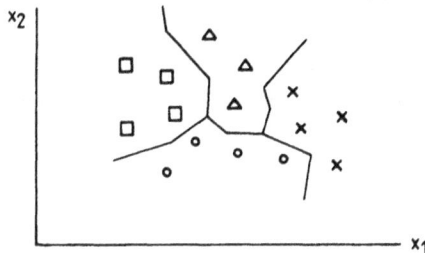

Bild 4.11 Stückweise lineare Trennfunktionen beim NN-Klassifikator
(N=2, K=4).

Die NN-Regel läßt sich erweitern, indem nicht nur ein einziger nächster Nachbar gesucht, sondern die k nächsten Nachbarn bestimmt werden. Die Verwendung des Buchstabens k ist in der Literatur eingeführt worden; es ist damit aber im Gegensatz zur üblichen Darstellung in diesem Buch nicht die Klassenzugehörigkeit gemeint. Innerhalb der Gruppe der gefundenen k nächsten Nachbarn wird anhand einer Mehrheitsentscheidung auf die Klassenzugehörigkeit des unbekannten Musters geschlossen. Für die Durchführung der Mehrheitsentscheidung ist es sinnvoll, k als ungerade Zahl anzusetzen. Die k-Nächste-Nachbar-Regel ermöglicht eine bessere Beschreibung der Musterkonfiguration und kommt daher dem optimalen Klassifikator (Bayes-Klassifikator, s. Abschn. 4.3.1) noch näher. Dies ist darauf zurückzuführen, daß die k-NN-Regel bei genügend großem Stichprobenumfang letztlich eine Abschätzung der Verteilungsdichte der Muster im Merkmalsraum vornimmt. Der Rechenaufwand ist gegenüber der einfachen 1-NN-Regel allerdings nochmals vergrößert. Dieses Verfahren hat in der Praxis weniger Bedeutung; es wird vor allem zur Abschätzung der zu erwartenden Fehlerrate E verwendet. Nach /Cov67,Fuk72/ gilt bei K Klassen folgende Rangordnung:

$$E_{Bayes} \leq \cdots \leq E_{5-NN} \leq E_{3-NN} \leq E_{1-NN} \leq (2 - \frac{K \, E_{Bayes}}{K-1}) \, E_{Bayes} \qquad (4.34)$$

Für die obere Grenze kann bei kleinen Fehlerraten als sinnvolle Abschätzung der Wert 2 E_{Bayes} angesetzt werden. Damit läßt sich sagen, daß der Erwartungswert für die Fehlerrate des k-NN-Klassifikators zwischen der einfachen und der doppelten Fehlerrate des Bayes-Klassifikators liegt. Dieser Zusammenhang kann in der Praxis umgekehrt auch zur Abschätzung des Bayes-Klassifikators herangezogen werden, der selbst nur schwer zu realisieren ist: Wurde die mittlere Fehlerrate des k-NN-Kklassifikators experimentell festgestellt, so ist zu erwarten, daß der optimale Klassifikator im besten Fall die Hälfte dieser Fehlerrate aufweist.

4.2.2 Mahalanobis-Klassifikator

Geometrische Abstandsmaße sind grundsätzlich nicht skaleninvariant. Das Abstandsmaß kann nun so verallgemeinert werden, daß ungleiche Streuungen in den Hauptachsen der Musterverteilungen ausgeglichen und daß Korrelationen zwischen verschiedenen Merkmalen eliminiert werden. Dies wird erreicht, wenn eine Gewichtung auf der Grundlage der Kovarianzmatrix durchgeführt wird, die die statistischen Momente 2. Ordnung zwischen den einzelnen Merkmalen beschreibt. Die **Kovarianzmatrix** $\underline{C}$ ist definiert als:

$$\underline{C} = E\{(\underline{x} - \underline{m})(\underline{x} - \underline{m})'\} = E\{\underline{xx}'\} - \underline{mm}'$$

(4.35)

mit:
$$\underline{m} = E\{\underline{x}\}$$

Die "empirische" Kovarianzmatrix kann aus einer Stichprobe mit M Mustern geschätzt werden; wird sie mit der Zahl der Muster M gewichtet (M-Gewichtung), so
ist sie asymptotisch erwartungstreu:

$$\underline{m} = \frac{1}{M} \sum_{q=1}^{M} \underline{x}_q$$

(4.36)

$$\underline{C} = (\sigma_{\mu\nu}) = \frac{1}{M} \sum_{q=1}^{M} (\underline{x}_q - \underline{m})(\underline{x}_q - \underline{m})'$$

(4.37)

mit den Komponenten:

$$\sigma_{\mu\nu} = \frac{1}{M} \sum_{q=1}^{M} (x_{\mu q} - m_\mu)(x_{\nu q} - m_\nu) \qquad \text{mit } \mu, \nu = 1, 2, \ldots, N$$

$$\underline{C} = (\sigma_{\mu\nu}) = \begin{pmatrix} \sigma_{11} & \sigma_{12} & \cdots\cdots & \sigma_{1N} \\ \vdots & & & \vdots \\ \sigma_{N1} & & \cdots\cdots & \sigma_{NN} \end{pmatrix}$$

Wird die Schätzung mit einer (M-1)-Gewichtung durchgeführt, so ist die Kovarianzmatrix erwartungstreu:

$$\underline{C} = (\sigma_{\mu\nu}) = \frac{1}{M-1} \sum_{q=1}^{M} (\underline{x}_q - \underline{m})(\underline{x}_q - \underline{m})'$$

(4.38)

Die Hauptdiagonale enthält die Varianzen der einzelnen Merkmale; die gemischten
Glieder $\sigma_{\mu\nu}$ geben die Kovarianzen zwischen verschiedenen Merkmalen x_μ und x_ν an.
Die Eigenschaften der Kovarianzmatrix werden in Abschn. 5.2 ausführlich be-
schrieben.

Wird die inverse Kovarianzmatrix $\underline{C}_i^{-1}$ der Klasse i als Gewichtsmatrix verwendet,
ergibt sich der sogenannte **"Mahalanobis-Abstand"** zu dem Mittelpunktsvektor
$\underline{m}_i$:

$$\varrho_i^2(\underline{x}) = (\underline{x} - \underline{m}_i)' \underline{C}_i^{-1} (\underline{x} - \underline{m}_i)$$

(4.39)

Die inverse Kovarianzmatrix $\underline{C}_i^{-1}$ ist wie die Kovarianzmatrix selbst symmetrisch
und positiv definit. Der Mahalanobis-Abstand ist damit translations- und rota-
tions-invariant, skalen-invariant und außerdem unabhängig von Korrelationen

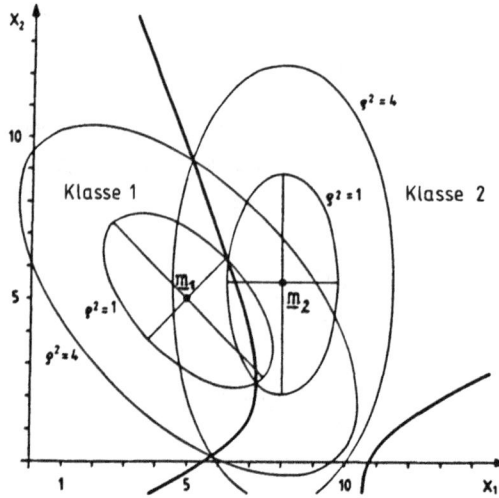

Bild 4.12 Beispiel für Hyperbeläste als Trennfunktionen beim
Mahalanobis-Klssifikator

zwischen den einzelnen Merkmalen. Die Orte gleichen Abstands sind beim Mahalanobis-Abstand **schiefliegende Ellipsen** bzw. Ellipsoide, da die Kovarianzmatrizen
symmetrisch und positiv definit sind.

Die Entscheidungsregel für K Klassen lautet damit:

$$\underline{x} \in i \qquad \text{wenn} \quad \varrho_i^2(\underline{x}) < \varrho_j^2(\underline{x}) \qquad \text{für alle } j=1...K, \ j \neq i \qquad (4.40)$$

Die resultierenden Trennfunktionen sind allgemeine Kegelschnitte. In Bild 4.12
ist ein einfaches Beispiel wiedergegeben; als Trennfunktionen zwischen den beiden Klassen entstehen dort Hyperbeläste.

Abhängig von den jeweiligen klassenweisen Kovarianzmatrizen ergeben sich verschiedene Spezialfälle. Wenn die Kovarianzmatrizen $\underline{C}_i$ und $\underline{C}_j$ gleich sind,
entsteht eine lineare Trennfunktion zwischen den Klassen i und j. Wenn jede
klassenweise Kovarianzmatrix die Einheitsmatrix ist, geht der Mahalanobis-Abstand in den einfachen Euklidischen Abstand über; es liegt dann der Minimum-
Abstands-Klassifikator vor.

4.2.3 Experimentelle Untersuchungen mit Vokalspektren

Die verschiedenen Abstandsklassifikatoren wurden auf die Sprachstichprobe der
Vokale (Abschn. 3.5) angewandt. Beim Minimum-Abstands-Klassifikator wurden
die Klassenmittelpunkte $\underline{m}_1\ldots\underline{m}_9$ anhand der Lernstichprobe bestimmt, für den
Mahalanobis-Klassifikator ist zusätzlich die Berechnung der klassenspezifischen
Kovarianzmatrizen $\underline{C}_1\ldots\underline{C}_9$ notwendig. Die Inversion der Kovarianzmatrizen
muß nur einmal in der Lernphase durchgeführt werden und ist hier unproblema-
tisch. Die anhand der unabhängigen Teststichprobe ermittelten Erkennungsraten
sind in Bild 4.13 wiedergegeben. Der Vergleich zeigt, daß ab etwa 8 Komponenten

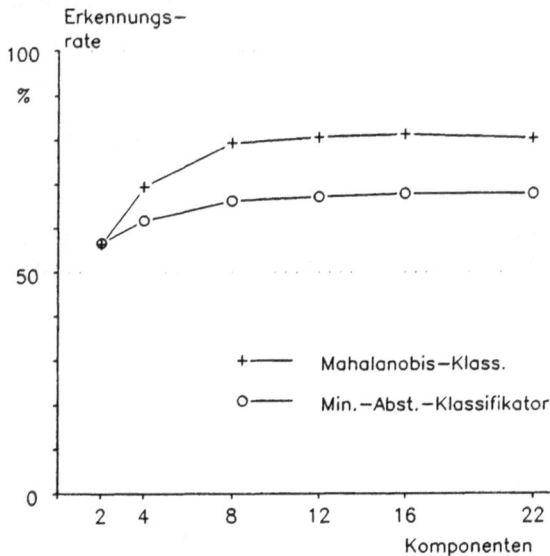

Bild 4.13 Erkennungsrate der Teststichprobe beim Minimum-Abstands-Klassifikator und beim Mahalanobis-Klassifikator in Abhängigkeit von
der Zahl der Komponenten.

der Mahalanobis-Klassifikator eine enorme Verbesserung der Erkennungsrate um
größenordnungsmäßig 13% erreicht hat; die Gewichtung des Abstandes anhand der
inversen Kovarianzmatrizen wirkt sich sehr positiv aus. Dagegen verwendet der
Minimum-Abstands-Klassifikator nur den einfachen Euklidischen Abstand ohne
jede Gewichtung; auch durch eine Erhöhung der Komponentenzahl konnte hier die
Erkennungsrate nicht weiter gesteigert werden. Zu berücksichtigen ist allerdings, daß der Mahalanobis-Klassifikator zur Durchführung der Gewichtung zusätzlich N^2 Multiplikationen und Additionen benötigt, was sich in einem entsprechend erhöhten Rechenaufwand niederschlägt.

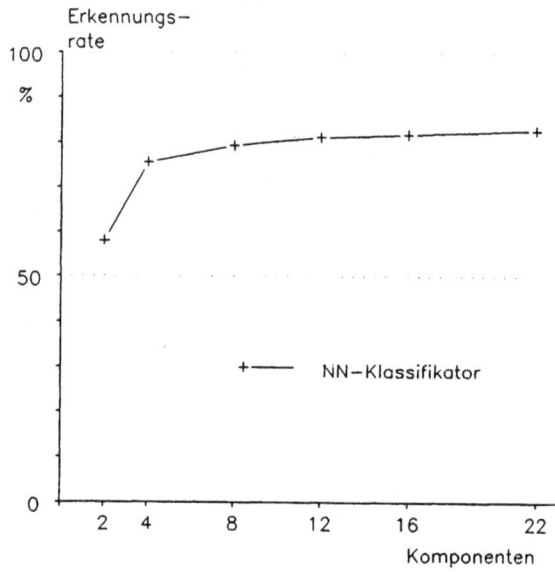

Bild 4.14 Erkennungsrate der Teststichprobe beim Nächster-Nachbar-Klassifikator in Abhängigkeit von der Zahl der Komponenten.

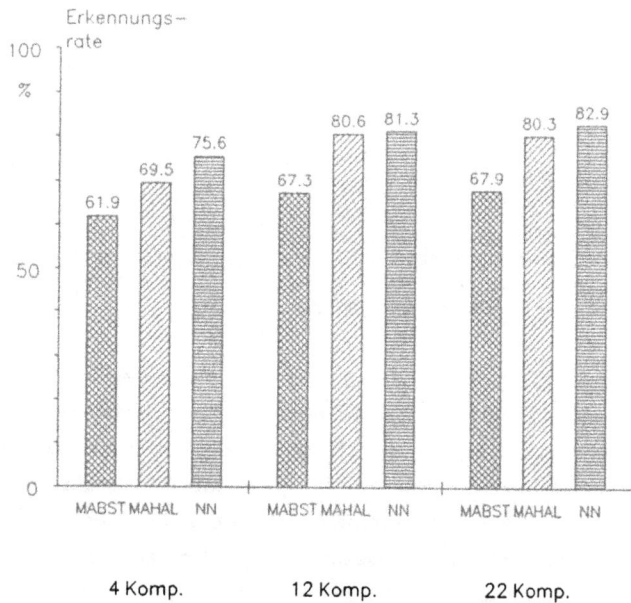

Bild 4.15 Vergleich der Erkennungsraten für den Minimum-Abstands-Klassifikator MABS, Mahalanobis-Klassifikator MAHAL und Nächster-Nachbar-Klassifikator NN.

Die besten Ergebnisse wurden erwartungsgemäß mit dem Nächster-Nachbar-Klassifikator (1-NN-Regel) erzielt, siehe Bild 4.14. Hierbei wurde für jedes Testmuster der kleinste Abstand zu allen Mustern der Referenzstichprobe bestimmt. Damit steigt der Rechenaufwand direkt proportional zur Größe der Referenzstichprobe an. Bereits mit 4 Komponenten wurden hier über 75% Erkennungsrate erreicht.

Ein Vergleich zu den vorgenannten Abstandsklassifikatoren ist in Bild 4.15 für 4, 12 und 22 Komponenten dargestellt. In allen Fällen lieferte der NN-Klassifikator die besten Erkennungsraten. Es wirkt sich offensichtlich vorteilhaft aus, die Musterverteilung der Lernstichprobe durch eine Vielzahl von Prototypen darzustellen. In Abschn. 4.3.2 wird gezeigt, daß der Mahalanobis-Klassifikator dann besonders günstig ist, wenn die Muster im Merkmalsraum Normalverteilungen bilden. Aus den experimentellen Ergebnissen wird aber deutlich, daß die Annahme von Normalverteilungen für eine geringe Komponentenzahl ungünstig ist. Die Erkennungsrate des Minimum-Abstands-Klassifikators ist noch geringer, da dieser Klassifikator letztlich Verteilungen erwartet, die gleiche Streuungen in allen Dimensionen aufweisen. Die Diskussion des Einflusses der Verteilung der Muster auf die Erkennungsrate wird im folgenden Abschnitt 4.3 nochmals aufgegriffen.

4.3 Statistische Klassifikatoren

Bei den Klassifikationsverfahren in den vorigen Abschnitten wurde versucht, die Trennung der Klassen ohne spezielle Verteilungsannahmen unmittelbar im Merkmalsraum vorzunehmen. Für die Konstruktion eines optimalen Klassifikators ist ein funktionaler Zusammenhang nötig, der für jeden möglichen Punkt $\underline{x}$ im Merkmalsraum angibt, wie wahrscheinlich die Zugehörigkeit des Musters zu einer der K Klassen ist. Hierbei soll vorausgesetzt werden, daß die Muster $\underline{x}$ einer Klasse k von einem Zufallsprozeß erzeugt werden, dessen Gesetzmäßigkeiten durch eine Wahrscheinlichkeitsdichtefunktion $p(\underline{x},k)$ beschrieben wird. Diese Verteilungsfunktion ist entweder von vornherein bekannt, oder sie wird durch genügend lange Beobachtung der Muster $\underline{x}$ und der Klassenzugehörigkeit k gewonnen. Im folgenden soll die Kenntnis der Verteilungsfunktion vorausgesetzt werden; in den Abschnitten 4.3.3 und 4.3.4 werden Verfahren vorgestellt, die eine Abschätzung der Verteilungsfunktionen aus einer Stichprobe ermöglichen.

4.3.1 Der optimale Klassifikator

Zur Festlegung der optimalen Entscheidungsregel muß zusätzlich eine Größe definiert werden, die eine Beurteilung der Güte der verwendeten Entscheidungsregel ermöglicht. Zu diesem Zweck wird eine sogenannte "Kostenfunktion" l_{ij} eingeführt, die den Verlust oder die "Kosten" angibt, die entstehen, wenn der Klassifikator sich für die Klasse j entscheidet, obwohl das Muster zur Klasse i gehört. Es kann z.B. sinnvoll sein, eine falsche Entscheidung zu einer bestimmten Klasse mit sehr hohen Kosten zu belasten, wenn diese Fehlentscheidung besonders schwerwiegend ist.

Die Wahrscheinlichkeit, daß $\underline{x}$ zu einer bestimmten Klasse k gehört, wird ausgedrückt durch die bedingte Wahrscheinlichkeit $p(k|\underline{x})$. Gehört ein Muster $\underline{x}$ der Klasse i an, so ist der Erwartungswert der entstehenden Kosten bei einer Entscheidung des Klassifikators zur Klasse j das bedingte Risiko $r_j(\underline{x})$; dieser Erwartungswert berechnet sich als Summe der einzelnene Kosten für alle möglichen "wahren" Klassen i multipliziert mit der Wahrscheinlichkeit ihres Auftretens $p(i|\underline{x})$:

$$(4.41)$$

$$r_j(\underline{x}) = E_j\{l_{ij}\} = \sum_{i=1}^{K} l_{ij}\ p(i|\underline{x}) \qquad j : \text{Klassifikator-Entscheid.}$$

Die optimale Entscheidungsregel im Sinne von Bayes ist diejenige, die im Mittel das kleinste Risiko eingeht. Dies wird erreicht, wenn die Entscheidungen immer so erfolgen, daß das bedingte Risiko $r_j(\underline{x})$ minimal ist:

$$r_j(\underline{x}) \overset{!}{=} \text{Minimum} \quad .$$

Eine wichtige Rolle spielt somit die Festlegung der Kostenfunktion. Weitverbreitet bei praktischen Anwendungen ist eine einfache Kostenfunktion, die für korrekte Entscheidungen (j=i) keine Kosten berechnet und die bei falscher Entscheidung unabhängig von der Klasse konstante Kosten annimmt:

$$l_{ii} = 0 \quad \text{(richtige Entsch.)}; \qquad l_{ij} = c_f \quad \text{(falsche Entsch.)}$$

Die Berechnung des bedingten Risikos reduziert sich in diesem Fall auf:

$$r_j(x) = \sum_{k=1}^{j-1} c_f p(k|\underline{x}) + \sum_{k=j+1}^{K} c_f p(k|\underline{x}) = \sum_{k=1}^{K} c_f p(k|\underline{x}) - c_f p(j|\underline{x})$$

Definitionsgemäß gilt:

$$\sum_{k=1}^{K} p(k|\underline{x}) = 1$$

Damit wird:

$$r_j(x) = c_f(1 - p(j|\underline{x})) \tag{4.42}$$

Das Minimum wird gefunden, wenn in Gl.(4.42) jeweils diejenige Klasse i aus allen Klassen j=1...K gewählt wird, für die die Rückschlußwahrscheinlichkeit $p(j|\underline{x})$ maximal ist. Die kostenoptimale Entscheidungsregel lautet damit:

$$\underline{x} \in i \qquad \text{wenn} \quad p(i|\underline{x}) > p(j|\underline{x}) \qquad \text{für alle } j=1...K,\ j \neq i \tag{4.43}$$

Diese Entscheidungsregel ist als <u>Bayes'scher Klassifikator</u> bekannt, die Gebietseinteilung des Merkmalsraums ist in Bild 4.16 dargestellt. In der Praxis ist es jedoch meist schwierig, die Rückschlußwahrscheinlichkeiten $p(k|\underline{x})$ zu bestimmen. Mit der Umformung

$$p(\underline{x},k) = p(\underline{x}|k)\, p(k) = p(k|\underline{x})\, p(\underline{x})$$

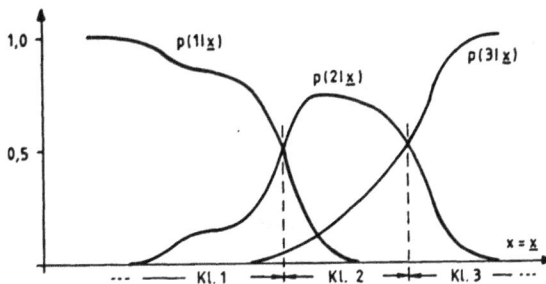

Bild 4.16 Gebietseinteilung des Bayes'schen Klassifikators (N=1).

lassen sich die Rückschlußwahrscheinlichkeiten durch die klassenweisen Vertei-
lungsdichtefunktionen ("Likelihood-Funktionen") $p(\underline{x}|k)$ ausdrücken:

$$p(k|\underline{x}) = p(\underline{x}|k)\, p(k) \,/\, p(\underline{x})$$

Die Größe $p(\underline{x})$ im Nenner kann unberücksichtigt bleiben, da sie unabhängig
von der Klassenzugehörigkeit k ist. Die Entscheidungsregel lautet dann:

$$\underline{x} \in i \quad \text{wenn} \quad p(i)\, p(\underline{x}|i) > p(j)\, p(\underline{x}|j) \quad \text{für alle } j=1...K,\ j \neq i \qquad (4.44)$$

Die Bayes'sche Entscheidungsregel in dieser Form zeigt, daß die Entscheidung
stark von der Auftretenswahrscheinlichkeit einer Klasse $p(k)$ abhängt. Dadurch
werden Muster von häufig auftretenden Klassen sicherer klassifiziert als diejenigen von seltener auftretende Klassen; im Extremfall können nun sehr selten
auftretende Klassen überhaupt nicht mehr erkannt werden. Wird eine Gleichbe-
handlung aller Klassen gefordert, ist es sinnvoll, die Kosten für eine Falsch-
entscheidung umgekehrt proportional zur Auftretenswahrscheinlichkeit anzusetzen:

$$l_{ii} = 0 \quad \text{(richtige Entscheid.)}; \quad l_{ij} = \frac{c_f}{p(i)} \quad \text{(falsche Entscheid.)}$$

Die Ermittlung des minimalen Risikos führt in diesem Fall zu folgender Entscheidungsregel:

$$\underline{x} \in i \quad \text{wenn} \quad p(\underline{x}|i) > p(\underline{x}|j) \quad \text{für alle } j=1...K,\ j \neq i \qquad (4.45)$$

Dieser Klassifikator wird Maximum-Likelihood-Klassifikator genannt, siehe
Bild 4.17.

Der Maximum-Likelihood-Klassifikator wertet unmittelbar die klassenspezifischen
Verteilungsdichtefunktionen ohne Berücksichtigung der Auftretenswahrscheinlichkeiten aus. Wenn der Fall vorliegt, daß die Auftretenswahrscheinlichkeiten der

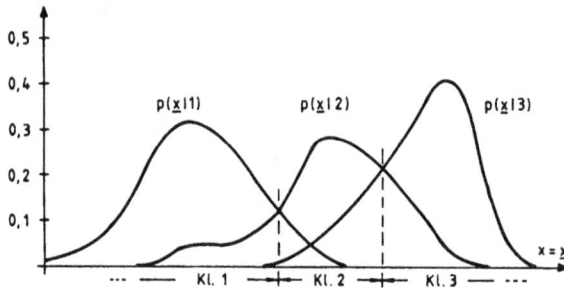

Bild 4.17 Gebietseinteilung des Maximum-Likelihood-Klassifikators (N=1).

einzelnen Klassen gleich sind (bzw. als gleich angenommen werden können), dann sind Bayes'scher Klassifikator und Maximum-Likelihood-Klassifikator identisch. Bei der automatischen Spracherkennung wird praktisch immer der Maximum-Likelihood-Klassifikator eingesetzt, um die Benachteiligung seltener Klassen zu vermeiden. Vom informationstheoretischen Standpunkt aus gesehen sind die seltenen Klassen sogar wichtiger, da sie einen höheren Informationsgehalt besitzen.

Neben der Bayes'schen Entscheidungsregel wurden auch andere Strategien entwickelt, die die genannten Nachteile des Bayes'schen Klassifikators vermeiden. So hat die Strategie nach Neyman und Pearson (in /Fuk72, S.55/) die Minimierung der Fehlerwahrscheinlichkeit einer bestimmten Klasse im 2-Klassen-Fall zum Ziel; dies ist insbesondere für Anwendungen im Bereich der medizinischen Diagnostik sehr sinnvoll. Erwähnt sei auch die Minimax-Strategie, die den kleinsten maximalen Einzelfehler der Klassen anstrebt /Fuk72/. In der automatischen Spracherkennung kommt jedoch praktisch immer die Bayes'sche Strategie zum Einsatz.

4.3.2 Annahme von Normalverteilungen

Bei der automatischen Erkennung von Sprachlauten ist es meist nicht möglich, die Wahrscheinlichkeitsdichtefunktion tatsächlich zu bestimmen. Als Ausweg bietet sich an, einen bestimmten Typ der Verteilung anzunehmen. Eine solche Annahme kann z.B. aus der Kenntnis über den Prozeß, der die Muster erzeugt, begründet sein. Die Aufgabe beschränkt sich dann auf die Bestimmung des Satzes von Parametern, der die Verteilung beschreibt. Am weitesten verbreitet ist die Annahme von Normalverteilungen (Gauß-Verteilungen), da dieser Verteilungstyp die spektralen Eigenschaften eines Sprachlauts gut modelliert. Man faßt hierbei die Erzeugung eines Sprachlauts als stochastischen Prozeß auf, der durch seinen Mittelwert und die quadratische Abweichung (Moment 2. Ordnung) ausreichend charakterisiert werden kann. Die Annahme von Normalverteilungen läßt sich auch in indirekter Weise rechtfertigen, wenn damit letztlich eine hohe Erkennungsrate erzielt werden kann.

Die **multivariate Normalverteilung** einer Klasse k ist eine Funktion der vektoriellen Zufallsgröße $\underline{x}$; ihre Form wird bestimmt durch den Mittelwertsvektor $\underline{m}_k$ und die Kovarianzmatrix $\underline{C}_k$:

$$p(\underline{x}|k) = \frac{1}{\sqrt{(2\pi)^N |\underline{C}_k|}} \exp\left(-\frac{1}{2}(\underline{x}-\underline{m}_k)' \underline{C}_k^{-1}(\underline{x}-\underline{m}_k)\right) \tag{4.46}$$

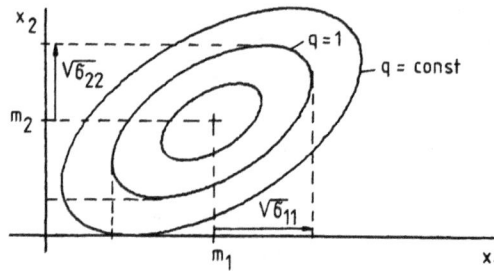

Bild 4.18 Beispiel für eine 2-dimensionale Normalverteilung.

mit: $\underline{m}_k = E\{\underline{x}\}$, $\underline{C}_k = (\sigma_{\mu\nu}) = E\{(\underline{x} - \underline{m}_k)(\underline{x} - \underline{m}_k)'\}$, $|\underline{C}_k| = \det \underline{C}_k$

$\underline{x} \in$ Klasse k , $\mu=1...N$, $\nu=1...N$.

Da die Variable $\underline{x}$ nur im Exponenten vorkommt, gilt für die Orte gleicher be-
dingter Wahrscheinlichkeitsdichte $p(\underline{x}|k)$=const:

$$(\underline{x} - \underline{m}_k)' \; \underline{C}_k^{-1} \; (\underline{x} - \underline{m}_k) \; = \; \text{const} = q \qquad (4.47)$$

Diese Gleichung stellt eine quadratische Form dar. Aufgrund der Eigenschaften
der Kovarianzmatrix (symmetrisch und positiv definit) sind die Orte gleicher
Wahrscheinlichkeitsdichte konzentrische Ellipsen bzw. Ellipsoide. Die Hauptachsen der Ellipsen sind durch die Richtungen der Eigenvektoren der zugehörigen
Kovarianzmatrix $\underline{C}_k$ gegeben.

Beachtenswert ist, daß der Ausdruck für $p(\underline{x}|k)$=const nach Gl.(4.47) unmittel-
bar den Mahalanobis-Abstand wiedergibt. Die Ellipsen sind also Orte mit gleichem
Mahalanobis-Abstand. Im Unterschied zum Mahalanobis-Abstands-Klassifikator ge-
hen hier allerdings zusätzlich noch $|\underline{C}_k|$ und $p(k)$ in die Entscheidung mit ein.

Interessant ist die Frage, welche Trennfunktionen im Merkmalsraum unter der
Annahme von Normalverteilungen entstehen. Zwei normalverteilte Klassen i und j
werden beschrieben durch die Mittelpunkte $\underline{m}_i$ und $\underline{m}_j$ sowie die Kovarianzmatrizen $\underline{C}_i$ und $\underline{C}_j$. Für die Trennfunktion des Bayes-Klassifikators (Gl.4.44)
gilt:

$$p(i) \; p(\underline{x}|i) - p(j) \; p(\underline{x}|j) = 0 \qquad (4.48)$$

Anwendung des natürlichen Logarithmus auf Gl.(4.48) und Einsetzen der klassenweisen Normalverteilungen nach Gl.(4.46) liefert:

$$2 \ln \frac{p(i)}{p(j)} - \ln \frac{|\underline{C}_i|}{|\underline{C}_j|} - (\underline{x} - \underline{m}_i)' \underline{C}_i^{-1} (\underline{x} - \underline{m}_i) + (\underline{x} - \underline{m}_j)' \underline{C}_j^{-1} (\underline{x} - \underline{m}_j) = 0$$

$$(4.49)$$

$$2 \ln \frac{p(i)}{p(j)} - \ln \frac{|\underline{C}_i|}{|\underline{C}_j|} - \underline{m}_i' \underline{C}_i^{-1} \underline{m}_i + \underline{m}_j' \underline{C}_j^{-1} \underline{m}_j + 2(\underline{m}_i' \underline{C}_i^{-1} - \underline{m}_j' \underline{C}_j^{-1}) \underline{x} - \underline{x}' \underline{C}_i^{-1} \underline{x} + \underline{x}' \underline{C}_j^{-1} \underline{x} = 0$$

Die Trennfunktion wird bestimmt durch die Differenz zweier quadratischer Ausdrücke. Gl.(4.49) kann nach längerer Umrechnung wieder auf die Form gebracht werden /Schü77/:

$$c + (\underline{x} - \underline{b})' \underline{D}^{-1} (\underline{x} - \underline{b}) = 0$$

Die Matrix $\underline{D}$ ist nun aufgrund der Differenzbildung nicht mehr unbedingt positiv definit. Die Trennfunktionen sind daher allgemeine Polynome 2.Grades; es können daher sowohl elliptische als auch hyperbolische Trennfunktionen entstehen. Als optimale Lösung verwendet der Bayes'sche Klassifikator bei normalverteilten Mustern offensichtlich **quadratische Trennfunktionen**. Umgekehrt läßt sich sagen, daß bei normalverteilten Mustern Entscheidungsfunktionen 2. Grades bereits optimal sind und eine weitere Erhöhung des Grades (z.B. bei Einsatz von Polynomklassifikatoren) unnötig ist.

In diesen Ansatz lassen sich nun auch verschiedene andere Klassifikatoren als Spezialfälle einordnen. Wenn die Kovarianzmatrizen der Klassen i und j gleich sind, vereinfacht sich Gl.(4.49) für die Trennfunktion zu

$$\underbrace{2 \ln \frac{p(i)}{p(j)} - \underline{m}_i' \underline{C}^{-1} \underline{m}_i + \underline{m}_j' \underline{C}^{-1} \underline{m}_j}_{w_o} + \underbrace{2(\underline{m}_i - \underline{m}_j)' \underline{C}^{-1}}_{\underline{w}'} \underbrace{\underline{x}}_{\underline{x}} = 0$$

und bildet einen <u>linearen</u> Klassifikator. Darüberhinaus besteht eine enge Verwandtschaft zu den Abstands-Klassifikatoren: Bei gleicher Auftretenswahrscheinlichkeit der Klassen und bei gleichen Determinanten der Kovarianzmatrizen erhalten wir den **Mahalanobis-Abstands-Klassifikator**; d.h. dieser Klassifikator ist bei diesen Voraussetzungen ebenfalls optimal. Wenn schließlich die Kovarianzmatrizen gleich der Einheitsmatrix $\underline{I}$ sind und alle Klassen gleich wahrscheinlich auftreten ($p(k) = 1/K$), reduziert sich die Gleichung für die Trennfunktion auf

$$\underline{m}_j' \underline{m}_j - \underline{m}_i' \underline{m}_i + 2(\underline{m}_i - \underline{m}_j)' \underline{x} = 0$$

Dies ist unmittelbar die Gleichung für die lineare Trennfunktion des Minimum-Abstands-Klassifikators nach Abschn. 4.2.

4.3.3 Schätzung von Normalverteilungen

Ausgangspunkt für die Schätzung der klassenspezifischen Normalverteilungen ist eine Lernstichprobe mit Mustern, von denen die wahre Klassenzugehörigkeit bekannt ist. Der empirische Mittelpunktsvektor der Klasse k ist gegeben durch:

$$\underline{m}_k = \frac{1}{M_k} \sum_{q=1}^{M_k} \underline{x}_q \qquad \begin{array}{l} M_k = \text{Zahl der Muster der Klasse k,} \\ \underline{x}_q \in k \ . \end{array}$$

Die empirische Kovarianzmatrix berechnet sich nach Gl.(4.37) durch Ausmultiplizieren zu:

$$\underline{C}_k = \frac{1}{M_k} \sum_{q=1}^{M_k} \underline{x}_q \underline{x}_q' \ - \underline{m}_k \underline{m}_k' \qquad\qquad (4.50)$$

Interessant ist die Frage, wie sich Mittelpunktsvektor und Kovarianzmatrix ändern, wenn ein neues Stichproben-Muster $\underline{x}$ hinzugenommen wird. Die weiteren Ausführungen dieses Abschnitts beschäftigen sich nur mit einer einzigen Klasse k, so daß der Index k weggelassen werden kann; dadurch wird die Schreibweise nicht unnötig kompliziert. Es gilt also die Abkürzung

$$\text{Abkürzung:} \qquad M = M_k \ , \qquad \underline{C} = \underline{C}_k \ , \qquad \underline{m} = \underline{m}_k \quad .$$

Ausgangspunkt ist der bekannte Mittelwertsvektor $\underline{m}_{M-1}$ aus M-1 Mustern, der durch das neue Muster $\underline{x}$ verändert wird; für den neuen Mittelwertsvektor $\underline{m}_M$ gilt:

$$\underline{m}_M = \frac{1}{M} \sum_{q=1}^{M} \underline{x}_q \ = \frac{1}{M} (\sum_{q=1}^{M-1} \underline{x}_q \ + \underline{x})$$

$$\underline{m}_M = (1 - \frac{1}{M}) \ \underline{m}_{M-1} \ + \frac{1}{M} \underline{x} \qquad\qquad (4.51)$$

Diese rekursive Vorschrift läßt sich sehr anschaulich interpretieren: Die letzte Schätzung des Mittelwerts wird mit dem Faktor (1-1/M) abgeschwächt und mit einem Anteil 1/M des neuen Musters korrigiert. Diese Vorschrift kann daher als "Lernvorgang" verstanden und sinnvoll eingesetzt werden, wenn der Klassifikator **adaptiv** nachgeführt werden soll.

Bemerkenswert ist, daß diese Schätzvorschrift die Fähigkeit des Lernens, aber nicht des "Vergessens" hat, denn bei sehr großer Beobachtungsdauer (d.h. für großes M) kann sich der Mittelwert praktisch nicht mehr ändern. Gerade in der

Spracherkennung ist aber häufig der Fall gegeben, daß die Muster einer Klasse zwar um einen bestimmten Mittelwert streuen, daß dieser Mittelwert sich aber im Laufe der Zeit oder abhängig von der Situation langsam verändert. Damit liegt nur ein "quasistationärer" Prozeß vor, für den die Parameter gleitend nachgeführt werden müssen. Gewünscht ist damit die Eigenschaft, daß alte Lernmuster ihren Einfluß nach und nach verlieren.

Die rekursive Parameterbestimmung der Normalverteilung läßt sich in eine Kurzzeitberechnung überführen, indem anstelle der wachsenden Größe M eine konstante Größe T in die Rekursionsformel eingesetzt wird:

$$\underline{m}_M = (1 - \frac{1}{T}) \; \underline{m}_{M-1} \; + \frac{1}{T} \; \underline{x} \qquad\qquad (4.52)$$

Nun ist die Schätzung des Mittelwertes unabhängig von der Stichprobengröße M. Dieses Verhalten kann als ein exponentiell abklingendes Beobachtungszeitfenster interpretiert werden. Der Mittelwert ist jetzt ein **Kurzzeitmittelwert**, der den langsamen Veränderungen der Quelle folgt.

Dieselben Betrachtungen lassen sich auf die Schätzung der Kovarianzmatrix nach Gl.(4.50) anwenden (entspricht der M-Gewichtung). Ausgehend von einer Schätzung $\underline{C}_{M-1}$ aus M-1 Mustern bestimmt sich die neue Schätzung $\underline{C}_M$ unter Hinzunahme eines neuen Musters $\underline{x}$ zu:

$$\underline{C}_M = \frac{1}{M} \sum_{q=1}^{M} \underline{x}_q \underline{x}_q' \quad - \underline{mm}'$$

Durch Einsetzen und Zusammenfassen ergibt sich /Rus85a/:

$$\underline{C}_M = (1 - \frac{1}{M}) \; \underline{C}_{M-1} \; + \frac{M-1}{M^2} (\underline{x} - \underline{m}_{M-1})(\underline{x} - \underline{m}_{M-1})' \qquad (4.53)$$

Damit liegt wieder eine Rekursionsvorschrift vor, wobei die alte Schätzung für die Kovarianzmatrix abgeschwächt und durch einen Anteil aus den Kovarianzen des neuen Musters korrigiert wird. Erwähnenswert ist, daß die inverse Kovarianzmatrix $\underline{C}^{-1}$ ebenfalls schritthaltend geschätzt werden kann /Schü77/. Dadurch kann die Notwendigkeit einer erneuten Matrixinversion vermieden werden.

4.3.4 Schätzung allgemeiner Wahrscheinlichkeitsdichtefunktionen

Wird keinerlei Annahme über den Typ der Wahrscheinlichkeitsdichtefunktion getroffen, so muß diese aus einer Lernstichprobe unmittelbar abgeschätzt werden.

Zu diesem Zweck werden typischerweise Histogrammverfahren eingesetzt. Ausgangspunkt ist eine Stichprobe von M_k Vektoren $\underline{x}_q$, $q=1...M_k$ der Klasse k. Durch Auf-
teilen der N Koordinatenachsen in Intervalle wird der gesamte Merkmalsraum in
einzelne Volumen eingeteilt. Die Wahrscheinlichkeit, daß der Vektor $\underline{x}$ in einem
bestimmten Volumen mit der Nummer i liegt, wird angenähert durch die Anzahl der
Vorkommen S_i in diesem Volumen. Eine Schätzung $\hat{p}(\underline{x}|k)$ für die Wahrscheinlich-
keitsdichte im Punkt $\underline{x}$ ist damit:

$$\hat{p}(\underline{x}|k) = \frac{S_i}{M_k} \frac{1}{V_i} \qquad \underline{x} \in \text{Volumen } V_i \qquad (4.54)$$

Geht die Zahl der Vektoren gegen Unendlich und das Volumen gegen Null, konver-
giert diese Näherung gegen die tatsächliche Wahrscheinlichkeitsdichte. Wenn die
Intervalle alle gleich groß sind, müssen nur die ermittelten Werte und die In-
tervallgrenzen abgespeichert werden, und nicht die ganze Stichprobe. Problematisch ist die Wahl der Intervallgröße. Werden die Intervalle zu groß gewählt,
entsteht eine sehr grobe Quantisierung des Raums. Sind die Intervalle zu klein,
besteht die Gefahr, daß der Schätzwert oft Null sein wird und somit die Verteilungsfunktion sehr unstetig ist. Dieser Nachteil läßt sich durch Einsatz von
Potentialfunktionen vermindern.

Unter der Annahme, daß die Dichtefunktion kontinuierlich ist, kann man davon
ausgehen, daß die Dichte auch in der nächsten Umgebung eines Stichproben-Musters
$\underline{x}_j$ nicht Null sein wird. Je weiter man sich von diesem Punkt $\underline{x}_j$ entfernt, desto
weniger kann über die Dichtefunktion aufgrund dieses einen Punktes gesagt wer-
den. Diese Eigenschaft wird erreicht, wenn jeder Punkt der Stichprobe durch eine geeignete Potentialfunktion (Parzen-Schätzung, z.B. in /Meis72/) ersetzt
wird, die jeweils einen kleinen Bereich um den Punkt beschreibt. Geeignet sind
hierfür z.B. Normalverteilungen $h_0(\underline{x}|k)$, die entsprechend verschoben sind. Bild
4.19 zeigt ein 1-dimensionales Beispiel ($\underline{x} = x$).

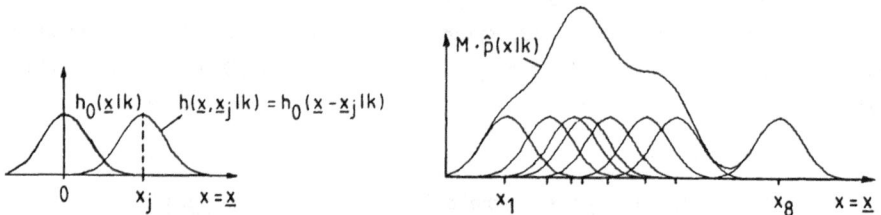

Bild 4.19 Parzen-Schätzung mit Potentialfunktionen.

Der Schätzwert für die Wahrscheinlichkeitsdichte an einer Stelle $\underline{x}$ ist:

$$\hat{p}(\underline{x}|k) = \frac{1}{M} \sum_{j=1}^{M} h(\underline{x}, \underline{x}_j|k) \qquad (4.55)$$

Bedingung für die Potentialfunktion ist unter anderem:

$$\int_{-\infty}^{+\infty} h(\underline{x}, \underline{x}_j|k) d\underline{x} = 1 \qquad \text{und:} \qquad h(\underline{x}, \underline{x}_j|k) \geq 0$$

Diese Bedingungen sind z.B. für Normalverteilungen erfüllt. Die Parzen-Schätzung mit Potentialfunktionen ist allerdings sehr rechenintensiv und erfordert die Speicherung der gesamten Stichprobe. Sie ist jedoch sehr nützlich, wenn eine kontinuierliche Beschreibung der Wahrscheinlichkeitsdichte gefordert wird. Insbesondere kann mit diesem Ansatz die zu erwartende Fehlerrate exakter abgeschätzt werden als mit der NN-Regel, da nun umfassende Gütemaße auf der Basis der Verteilungsdichten anwendbar sind; solche Gütemaße werden in Abschn. 5.4 besprochen.

4.3.5 Experimentelle Untersuchungen mit Vokalspektren

Die klassenweisen Verteilungsdichten der Vokalstichprobe (Lernstichprobe aus Abschn. 3.5) wurden mit Hilfe von Normalverteilungen nachgebildet; der resultierende Klassifikator wird als Gauß-Klassifikator bezeichnet. Die Auftretenswahrscheinlichkeiten $p(k)$ wurden konstant als $p(k)=1/K$ angesetzt. Für den direkten Aufbau der Verteilungsdichten in Form von Histogrammen war die Musteranzahl zu gering. Der Einsatz von Potentialfunktionen brachte praktisch dieselbe Erkennungsleistung wie die des üblichen NN-Klassifikators mit Euklidischer Abstandsmessung; das äußerst intensive Rechenverfahren der Potentialfunktionen wurde daher für den vorliegenden Anwendungsfall nicht weiter verwendet.

Die Erkennungsrate der unabhängigen Teststichprobe ist in Bild 4.20 als Funktion der Komponentenzahl wiedergegeben. Die Erkennungsrate verläuft bis etwa 12 Komponenten ansteigend und erreicht einen Wert von ungefähr 82%. Wird die Komponentenzahl weiter erhöht, tritt bereits eine Überadaption an die Lernstichprobe ein, wodurch die Erkennungsrate der Teststichprobe wieder etwas absinkt.

Interessant ist ein Vergleich mit dem Mahalanobis-Klassifikator, dessen Erkennungsrate ebenfalls in Bild 4.20 eingetragen ist. Aus dem dicht beieinanderlie-

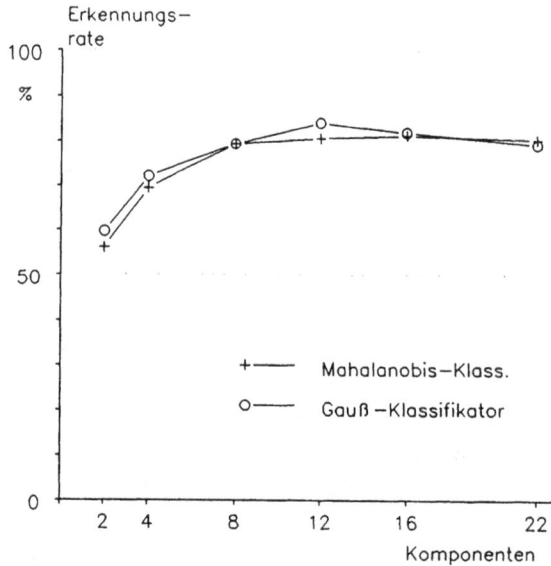

Bild 4.20 Erkennungsrate der Teststichprobe beim Gauß-Klassifikator
und beim Mahalanobis-Klassifikator in Abhängigkeit von der
Zahl der Komponenten.

genden Verlauf beider Kurven wird ersichtlich, daß beide Klassifikatoren hier
praktisch als gleichwertig angesehen werden dürfen. Offensichtlich hat die Verschiebung der Trennfunktionen auf Grund der zusätzlichen Einbeziehung der Determinanten der Kovarianzmatrizen (siehe Abschn. 4.3.2, Gl.4.49) im vorliegenden
Fall keinen wesentlichen Einfluß auf die Erkennungsleistung. Treten die Klassen nicht gleich häufig auf, so läßt sich beim Gauß-Klassifikator allerdings
durch Einbeziehen der Auftretenswahrscheinlichkeiten eine Begünstigung der häu-
figer auftretenden Klassen und damit eine Steigerung der mittleren Erkennungsrate erzielen. Da von dieser Möglichkeit bei den vorliegenden Untersuchungen
kein Gebrauch gemacht werden sollte, wird der Mahalanobis-Klassifikator im weiteren als Stellvertreter für die statistischen Klassifikatoren betrachtet; implizit werden dabei immer Normalverteilungen der Muster einer Klasse vorausgesetzt. Diese Voraussetzung ist tatsächlich gerechtfertigt, wie aus den vergleichenden Betrachtungen im nächsten Abschnitt hervorgeht.

4.3.6 Zusammenfassung der experimentellen Ergebnisse aus Abschn. 4.

In Bild 4.21 sind die Erkennungsergebnisse der wichtigsten Klassifikatoren für
4, 12 und 22 Komponenten zusammengestellt. Der Nächster-Nachbar-Klassifikator

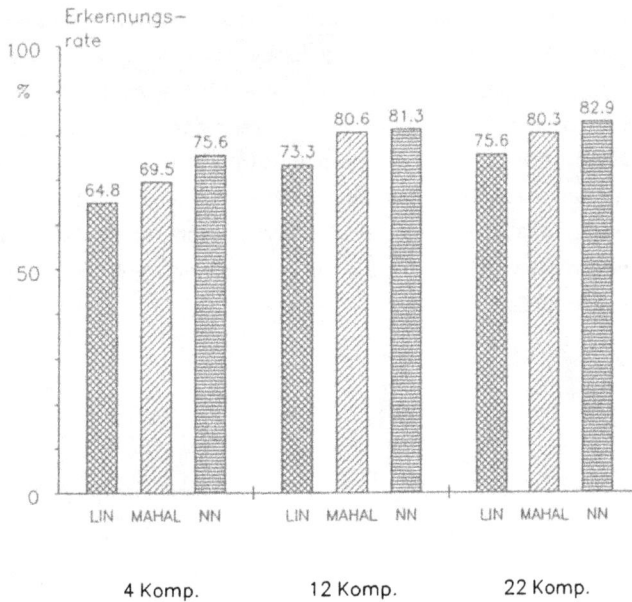

Erkennungs-rate
100 %

64.8 69.5 75.6   73.3 80.6 81.3   75.6 80.3 82.9

LIN MAHAL NN   LIN MAHAL NN   LIN MAHAL NN

4 Komp.   12 Komp.   22 Komp.

Bild 4.21 Vergleich der Erkennungsraten für den linearen Klassifikator LIN, Mahalanobis-Klassifikator MAHAL und Nächster-Nachbar-Klassifikator NN.

erzielte jeweils die beste Erkennungsrate, da auf diese Weise die Verteilung der Muster im Merkmalsraum anhand einer Vielzahl von Prototypen beschrieben wird. Für größere Komponentenzahlen erreicht der Mahalanobis-Klassifikator aber fast dieselbe Erkennungsleistung, so daß die dort vorausgesetzten Normalverteilungen offensichtlich gerechtfertigt sind. Nur eine wesentlich genauere Nachbildung der Verteilungen durch Histogramme (Bayes-Klassifikator) könnte die Erkennungsrate noch weiter steigern. Der Aufbau der erforderlichen multivariaten Histogramme ist in der Praxis aber aus Aufwandsgründen so gut wie undurchführbar; der Mahalanobis-Klassifikator darf daher für den Einsatz in der automatischen Spracherkennung insgesamt als besonders geeignetes und ökonomisches Klassifikationsverfahren angesehen werden.

Die Ergebnisse zeigen darüberhinaus, daß es wenig sinnvoll ist, Polynom-Klassifikatoren mit hohem Grad für den Polynom-Ansatz zu verwenden. Für die Vokalstichprobe sind quadratische Trennfunktionen völlig ausreichend, die letztlich auch der Mahalanobis-Klassifikator für die Klassentrennung einsetzt.

Die Erkennungsraten des linearen Klassifikators sind zwar vergleichsweise geringer (siehe Bild 4.21), dafür ist hier aber auch der Rechenaufwand in der Anwendungsphase am kleinsten. Daher ist dieses Klassifikationsverfahren unter dem Aspekt der Echtzeitverarbeitung durchaus interessant. Eine besonders sinnvolle Lösung ist gegeben, wenn für die Einteilung weniger grober Klassen lineare Klassifikatoren eingesetzt werden, während die anschließende feine Aufteilung mit aufwendigeren Klassifikatoren erfolgt. Dies führt auf ein hierarchisches Konzept, das allerdings nur Stufe für Stufe und nicht geschlossen optimiert werden kann; die Einsparung an Rechenzeit ist aber erheblich. Derartige Konzepte werden sinnvollerweise anhand von a-priori-Wissen und durch heuristisches Vorgehen entworfen.

5. Methoden der Merkmalsextraktion

Die Gewinnung geeigneter Merkmale (Merkmalsextraktion) ist eines der wichtigsten
Teilprobleme bei der automatischen Mustererkennung. Relevante Merkmale erleichtern den Entwurf des nachfolgenden Klassifikators, dadurch daß

- weniger Merkmale verarbeitet werden müssen,
- nur die für die Klassentrennung relevante Information angeboten wird.

Die Merkmale sollen also mit möglichst geringer Dimensionalität die für die
Klassen charakteristischen Eigenschaften der Muster enthalten. In Frage kommen
Transformationen, die eine Beschreibung der Musterverteilung mit möglichst wenigen Komponenten gestatten, wie das z.B. bei der klassischen Hauptkomponenten-
analyse der Fall ist. Besonders geeignet sind aber Verfahren, die solche Merkmale liefern, die für die Trennbarkeit der einzelnen Klassen wichtig sind. Hier
besteht ein enger Zusammenhang zur Diskriminanzanalyse, die letztlich zum Ziel
hat, die Trennbarkeit zu testen. Insbesondere die Gütekriterien, die bei der
Optimierung der Merkmalsextraktion zur Anwendung kommen, werden auch im Bereich
der Diskriminanzanalyse eingesetzt.

Es soll nun die Merkmalsextraktion als selbständige Verarbeitungsstufe zwischen
Vorverarbeitung und Klassifikation eingeschoben werden, siehe Bild 5.1. Zu diesem Zweck muß die Bezeichnung der Vektoren neu festgelegt werden. Die von der
Vorverarbeitung gelieferten Daten sollen nun als **Datenvektor** $\underline{x}$ bezeichnet
werden:

$$\underline{x} = (x_1, x_2, \ldots, x_N)'$$

Am Ausgang der Merkmalsextraktions-Stufe erscheint der **Merkmalsvektor** $\underline{y}$, der

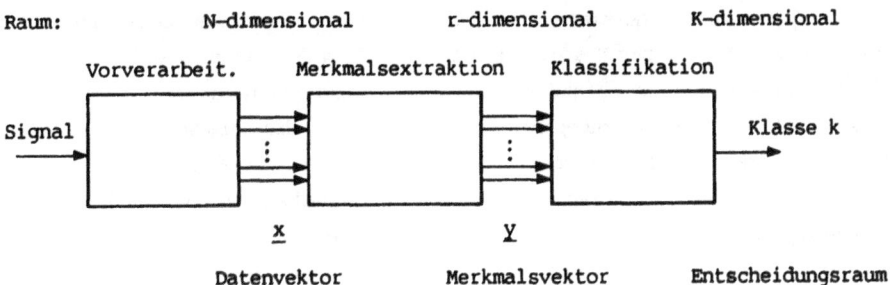

Bild 5.1 Datenreduktion durch Vorverarbeitung und Merkmalsextraktion.

jetzt auch weniger Komponenten r < N enthalten kann:

$$\underline{y} = (y_1, y_2, \dots, y_r)'$$

In Bild 5.1 sind die einzelnen Verarbeitungsstufen skizziert. Diese Festlegungen gelten für den ganzen Abschnitt 5.; sie wurden mit Rücksicht auf die gängige Darstellung in der Literatur getroffen. Die Verfahren der Klassifikation von Abschn. 4. können ohne Einschränkung auf den "neuen" Merkmalsvektor $\underline{y}$ angewandt werden; in den Gleichungen ist lediglich die Variable $\underline{x}$ durch $\underline{y}$ zu ersetzen.

5.1 Grundprobleme

Da bei der Optimierung der Merkmalsextraktion im allgemeinen nicht das gesamte Erkennungssystem berücksichtigt werden kann, werden geeignete Gütekriterien festgelegt, die eine Beurteilung der ausgewählten Merkmale ermöglichen. Das Gütekriterium soll eine Abschätzung der zu erwartenden Fehlerrate des Gesamtsystems erlauben. Die Merkmalsextraktion wird dann unabhängig vom Gesamtsystem nur unter Betrachtung dieses Gütekriteriums optimiert. Gesucht ist der funktionale Zusammenhang:

$$\underline{y} = f(\underline{x}), \quad \text{bzw. die Abbildung} \quad \underline{x} \rightarrow \underline{y}$$

Für die folgenden Betrachtungen soll vorausgesetzt werden, daß die Quelle stationär ist und Zufallsgrößen liefert (stochastischer Prozeß), d.h. die Eigenschaften der Quelle sollen zeitlich invariant sein. Bei der Festlegung der Verfahren für die Merkmalsextraktion müssen verschiedene Fälle unterschieden werden:

a) Die signifikanten Merkmale sind von vornherein bekannt. Wenn bekannt ist, welche Eigenschaften der Muster die Unterscheidung der Klassen bewirken, läuft die Merkmalsextraktion darauf hinaus, das Vorhandensein dieser Merkmale zu "messen". Hierfür werden angepaßte Filter verwendet, die beim Vorhandensein des gesuchten Merkmals einen maximalen Ausgangswert liefern (z.B. ein Korrelationsmaximum). Ein typisches Beispiel sind in der Spracherkennung Formantfilter bzw. Formantdetektoren, die die Frequenzlage der relativen Maxima im Spektrum von Vokalen anzeigen. Diese Formantfrequenzen bilden besonders geeignete Merkmale für Vokale und Diphthonge /Klein70/. Für Konsonanten müssen meist komplexere Merkmalsfilter eingesetzt werden, die sowohl spektrale Charakteristika anzeigen

als auch deren zeitliche Verläufe erfassen; in Abschn. 7.2.2 wird näher auf diesen Ansatz eingegangen.

b) Die signifikanten Merkmale sind nicht bekannt. In vielen Fällen sind die
charakteristischen Merkmale aber nicht von vornherein bekannt. Diese Problematik soll im Vordergrund des vorliegenden Abschnitts stehen. Wenn eine Datenquelle mit unbekannten Eigenschaften vorliegt, ist es sicher sinnvoll, vorerst
so viel wie möglich an Information zu erfassen, also möglichst viele Komponenten für den Datenvektor vorzusehen. Damit wird zwangsläufig auch eine große
Menge irrelevanter Information gemessen. Es besteht nun die Aufgabe, aus dieser
Fülle von Daten genau diejenigen Merkmale zu extrahieren, die im Sinne der Gütekriterien am besten geeignet sind. Es wird also auch eine möglichst große Reduktion der Dimensionalität angestrebt.

Die Merkmalsauswahl (Merkmalsselektion) soll in diesem Zusammenhang als eigene
Aufgabe angesehen werden. Hierunter wird verstanden, daß aus den extrahierten
Merkmalen y_i eine Untermenge ausgewählt und zu einem Vektor $\underline{z}$ zusammengefaßt
wird. Es stellt sich die Aufgabe, die r besten Merkmale aus der Gesamtmenge von
N Merkmalen zu bestimmen. Notwendig ist damit zusätzlich eine Rangfolge der
Merkmale nach ihrer Wichtigkeit. Zur Lösung dieser Aufgabe kommen im allgemei-
nen Suchverfahren zum Einsatz (s. Abschn. 5.5), wobei wieder das Gütekriterium
eine entscheidende Rolle spielt.

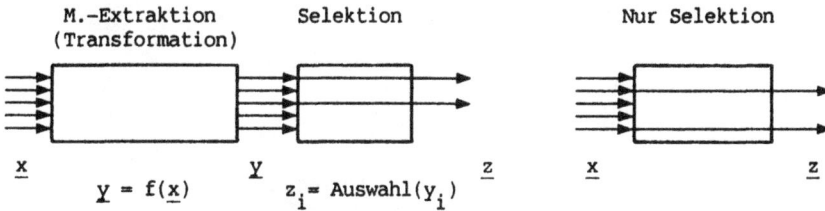

Bild 5.2   Prinzip der und Merkmalsextraktion und Selektion.

Die Merkmalsauswahl kann auch direkt auf die Originaldaten angewandt werden;
in diesem Fall entfällt die Extraktionsstufe, siehe Bild 5.2 rechts. Diese
Verarbeitungsstufe arbeitet dann sehr effektiv hinsichtlich der notwendigen
Rechenzeit. Von Nachteil ist aber, daß die Abhängigkeiten der einzelnen Merkmale
nicht beseitigt werden können und daß somit die Repräsentation nicht optimal
ist. Eine Beseitigung der Abhängigkeiten ist nur durch geeignete Transformationen möglich (z.B. Dekorrelation), was aber einen entsprechenden Rechenaufwand

bedeutet. Werden beide Verfahren kombiniert, muß die Transformation nur für die Erzeugung der selektierten Merkmale durchgeführt werden, siehe Bild 5.2 links.

5.2 Diskrete Karhunen-Loève-Reihenentwicklung

Besonders geeignet für die Gewinnung unkorrelierter Merkmale sind Reihenentwicklungen nach einem orthogonalen Funktionensystem; es entstehen Merkmale, die frei von linearen Abhängigkeiten sind. Im folgenden wird das Funktionensystem selbst aus Beobachtungen des stochastischen Prozesses gewonnen, der die Muster erzeugt; die Reihenentwicklung ist damit an das Problem **angepaßt** (im Sinne der verwendeten Gütekriterien).

In der vektoriellen (diskreten) Darstellung wird ein System von orthonormalen Basisvektoren $\underline{f}_i$ angesetzt, deren Anzahl vorerst als unendlich angenommen werden soll. Der Datenvektor $\underline{x}$ läßt sich damit darstellen als

$$\underline{x} = \sum_{i=1}^{\infty} y_i \, \underline{f}_i \qquad\qquad (5.1)$$

Die skalaren Größen y_i sind die entsprechenden **Koeffizienten.** Im Sinne der Merkmalsextraktion und Datenreduktion soll nur eine begrenzte Zahl von r Basisvektoren verwendet werden; der Vektor $\underline{x}$ wird bei Abbruch der Reihenentwicklung nur durch eine Schätzung $\underline{\hat{x}}$ angenähert:

$$\underline{\hat{x}} = \sum_{i=1}^{r} y_i \, \underline{f}_i \qquad\qquad (5.2)$$

Wenn die Basisvektoren $\underline{f}_i$ orthonormal sein sollen, muß gelten:

$$\underline{f}_i' \, \underline{f}_i = 1; \qquad\qquad \text{und:} \qquad \underline{f}_i' \, \underline{f}_j = 0 \quad \text{für } j=1\ldots N, \; j \neq i$$

Der Abbruchfehler E_r^2 zum wahren Wert $\underline{x}$ soll als Erwartungswert der quadratischen Abweichung angesetzt werden:

$$E_r^2 = E \{\|\underline{x} - \underline{\hat{x}}\|^2\} = E \{\|\underline{x} - \sum_{i=1}^{r} y_i \underline{f}_i\|^2\} \qquad\qquad (5.3)$$

Gefordert wird, daß der quadratische Fehler bei Abbruch nach r Basisfunktionen minimal wird. Bei Verwendung unendlich vieler Basisvektoren entsteht kein Fehler; durch Einsetzen von Gl.(5.1) erhält man:

$$E_r^2 = E\{\|\sum_{j=1}^{\infty} y_j \underline{f}_j - \sum_{j=1}^{r} y_j \underline{f}_j\|^2\} = E\{\|\sum_{j=1}^{r} y_j \underline{f}_j + \sum_{i=r+1}^{\infty} y_i \underline{f}_i - \sum_{j=1}^{r} y_j \underline{f}_j\|^2\}$$

$$E_r^2 = E\{\|\sum_{i=r+1}^{\infty} y_i \underline{f}_i\|^2\} \tag{5.4}$$

Der Abbruchfehler besteht unmittelbar aus der Summe der Restfehler aus den weggelassenen Komponenten. Die Quadrierung kann als Skalarprodukt ausgedrückt werden:

$$E_r^2 = E\{(\sum_{i=r+1}^{\infty} y_i \underline{f}_i)' (\sum_{i=r+1}^{\infty} y_i \underline{f}_i)\}$$

Da aufgrund der Orthonormalbedingung

$$(y_i \underline{f}_i)'(y_j \underline{f}_j) = y_i y_j \underline{f}_i' \underline{f}_j = 0$$

ist, bleiben nur die rein quadratischen Glieder übrig:

$$E_r^2 = E\{\sum_{i=r+1}^{\infty} y_i^2 \underline{f}_i' \underline{f}_i\} = E\{\sum_{i=r+1}^{\infty} y_i^2\} \tag{5.5}$$

Einen Ausdruck zur Berechnung der Koeffizienten erhält man, wenn die unendliche Reihe für $\underline{x}$ mit einer beliebigen Basisfunktion $\underline{f}_j'$ von links multipliziert wird (Ausnutzung der Orthonormalbedingung):

$$\underline{f}_j' \underline{x} = \sum_{i=1}^{\infty} y_i \underline{f}_j' \underline{f}_i$$

Da in der Summe alle Werte für $i \neq j$ Null werden, bleibt nur der Term mit $i=j$ übrig; damit ergibt sich für die Bestimmung des <u>Koeffizienten</u> y_j:

$$y_j = \underline{f}_j' \underline{x} = \underline{x}' \underline{f}_j \tag{5.6}$$

Der Abbruchfehler bestimmt sich damit aus Gl.(5.5) und Gl.(5.6) zu:

$$E_r^2 = E\{\sum_{i=r+1}^{\infty} (\underline{x}' \underline{f}_i)' \underline{x}' \underline{f}_i\} \tag{5.7}$$

Der Erwartungswert der Summe ist gleich der Summe der Erwartungswerte:

$$E_r^2 = E\{\sum_{i=r+1}^{\infty} \underline{f}_i' \underline{x} \underline{x}' \underline{f}_i\} = \sum_{i=r+1}^{\infty} \underline{f}_i' E\{\underline{x} \underline{x}'\} \underline{f}_i$$

$$E_r^2 = \sum_{i=r+1}^{\infty} \underline{f}_i' \, \underline{S} \, \underline{f}_i \qquad \text{mit: } \underline{S} = \text{Scattermatrix von } \underline{x} \qquad (5.8)$$
$$= E \{\underline{x}\underline{x}'\}$$

Die Matrix $\underline{S}$ wird Scattermatrix oder Autokorrelationsmatrix genannt. Der Ausdruck für E_r^2 läßt sich minimieren, indem jeder Summand minimiert wird. Die Orthonormalbedingung für jeden Basisvektor wird als Nebenbedingung jeweils mit Hilfe eines Lagrange-Multiplikators λ_i mit eingebracht. Ein gleichwertiger Ausdruck, der die Nebenbedingung enthält, ist:

$$E_r^2 = \sum_{i=r+1}^{\infty} [\underline{f}_i' \, \underline{S} \, \underline{f}_i - \lambda_i (\underline{f}_i'\underline{f}_i - 1)] \qquad (5.9)$$

Die Ableitung nach $\underline{f}_i$ ist jeweils ein Vektor, der nur von $\underline{f}_i$ abhängt:

$$d \, (E_r^2) \, / \, d\underline{f}_i = 2 \, (\underline{S} \, \underline{f}_i - \lambda_i \underline{f}_i) = \underline{0}$$

Für die Bestimmung des Basisvektors $\underline{f}_i$ gilt:

$$\underline{S} \, \underline{f}_i = \lambda_i \, \underline{f}_i \qquad \text{bzw.} \qquad (\underline{S} - \lambda_i \, \underline{I}) \, \underline{f}_i = \underline{0} \qquad (5.10)$$

Dies ist die Formulierung der bekannten **Eigenwertaufgabe**. Gesucht ist ein Vektor, der nach der Multiplikation mit $\underline{S}$ bis auf einen Faktor λ in sich selbst übergeht. Da die Scattermatrix eine symmetrische, positiv definite NxN-Matrix ist, besitzt das homogene Gleichungssystem in Gl.(5.10) maximal N Eigenwerte, die nicht Null sind, und N zugehörige Eigenvektoren. Das bedeutet, daß für eine exakte Repräsentation von $\underline{x}$ (mit einem Abbruchfehler = 0) die Summe nicht bis Unendlich, sondern nur bis r=N geführt werden muß.

Ist r < N, so wird der Abbruchfehler minimal, wenn diejenigen Eigenvektoren (r+1)...N weggelassen werden, die zu den kleinsten Eigenwerten gehören. Zu diesem Zweck werden die Eigenwerte nach fallender Größe sortiert:

$$\lambda_1 > \lambda_2 > \lambda_3 > \ldots > \lambda_N$$

Mit

$$\underline{f}_i' \, \underline{S} \, \underline{f}_i = \underline{f}_i' \, \lambda_i \, \underline{f}_i = \lambda_i \qquad (5.11)$$

ergibt sich aus Gl.(5.8) für den minimalen Abbruchfehler:

$$E_r^2 = \sum_{i=r+1}^{N} \lambda_i \qquad \lambda_i: \text{ kleinste Eigenwerte} \qquad (5.12)$$

Die Reihenentwicklung nach diesem System von Basisvektoren wird diskrete
Karhunen–Loève–Reihenentwicklung genannt. Da die KL–Reihenentwicklung nur den
mittleren quadratischen Approximationsfehler minimiert, ist sie nur dann optimal, wenn der vorliegende Prozeß tatsächlich durch die Momente 2. Ordnung vollständig beschrieben werden kann, wie dies z.B. bei Normalverteilungen der Fall
ist (s. Abschn. 4.3.2).

Der Datenreduktions–Faktor d_r bei Beschränkung auf r Komponenten ist:

$$d_r = \sum_{i=1}^{r} \lambda_i \Big/ \sum_{j=1}^{N} \lambda_j \qquad\qquad 0 \le d_r \le 1 \qquad\qquad (5.13)$$

Der Datenreduktions–Faktor gibt das Verhältnis der durch die Transformation er-
klärten Varianz zur Gesamtvarianz an. Die Einführung der KL–Reihenentwicklung
in die Mustererkennung geht auf /Wat65/ zurück; eine ausführliche Darstellung
ihrer Eigenschaften findet man z.B. in /Dev82/.

5.2.1 Zusammenhang mit der Hauptachsen–Transformation

Anstelle der Scattermatrix $\underline{S}$ kann auch die Kovarianzmatrix $\underline{C}$ verwendet werden; beide Matrizen sind identisch, wenn die Muster vom Mittelwert befreit sind.
Werden die Eigenvektoren der Kovarianzmatrix $\underline{C}$ als Spaltenvektoren für eine
orthonormale Transformationsmatrix $\underline{A}$ eingeführt, ergibt sich die bekannte
Hauptachsentransformation:

$$\underline{y} = \underline{A}' \underline{x} \quad , \qquad\qquad (5.14)$$

wobei $\qquad\qquad \underline{A} = (\underline{a}_1, \underline{a}_2, \underline{a}_3, \dots, \underline{a}_N)$

die Matrix der Eigenvektoren $\underline{a}_i$ von $\underline{C}$ ist. Hierbei wird der Vektor $\underline{x}$ als Punkt
im Musterraum aufgefaßt; die Matrix $\underline{A}$ bildet ein neues Koordinatensystem, die
Koeffizienten y_i sind die Koordinatenwerte im neuen System. Diese "Hauptachsen"
werden nach fallendem λ_i geordnet, wobei gilt:

$$\mathrm{Var}(y_i) = \lambda_i$$

Die erste Achse nimmt die größte Varianz auf, die folgenden Achsen jeweils ein
Maximum der Restvarianz. Die Kovarianzmatrix $\underline{\Lambda}$ der transformierten Vektoren $\underline{y}$
ist eine Diagonalmatrix, da die Komponenten von $\underline{y}$ unkorreliert sind:

$$\underline{\Lambda} = \underline{A}' \ \underline{C} \ \underline{A} = \begin{pmatrix} \lambda_1 & & 0 \\ & \ddots & \\ 0 & & \lambda_N \end{pmatrix} \qquad (5.15)$$

Damit wird der Zusammenhang zwischen der KL-Reihenentwicklung und Hauptachsen-Transformation deutlich. Die diskrete KL-Reihenentwicklung entspricht praktisch einer Hauptachsen-Transformation, wobei allerdings nur die ersten r Achsen mit den größten Eigenwerten verwendet werden. Die Aufabe, den Abbruchfehler zu minimieren (bei der KL-Reihenentwicklung) ist gleichwertig mit der Aufgabe, die Varianz zu maximieren (bei der Hauptachsen-Transformation). Sowohl bei der diskreten KL-Reihenentwicklung als auch bei der Hauptachsen-Transformation wird das Koordinatensystem so gedreht, daß die Muster im Unterraum mit r Komponenten im Mittel die geringste quadratische Abweichung haben bzw. die maximale Varianz enthalten.

Kovarianzmatrix $\underline{C}$ und Scattermatrix $\underline{S}$ unterscheiden sich nur dadurch, daß bei letzterer die Muster nicht auf ihren Mittelwert bezogen sind; es besteht der Zusammenhang:

$$
\begin{aligned}
\underline{C} &= E\{(\underline{x} - \underline{m})(\underline{x} - \underline{m})'\} = E\{\underline{x} \ \underline{x}'\} - \underline{m} \ \underline{m}' \\
&= \underline{S} - \underline{m} \ \underline{m}' \qquad (5.16)
\end{aligned}
$$

Da die Transformation jeweils nur eine Drehung vornehmen kann, ergeben sich in den beiden Fällen verschiedene Koordinatensysteme; in Bild 5.3 ist ein Beispiel skizziert. Es hängt vom Anwendungsfall ab, welche Transformation besser geeignet ist.

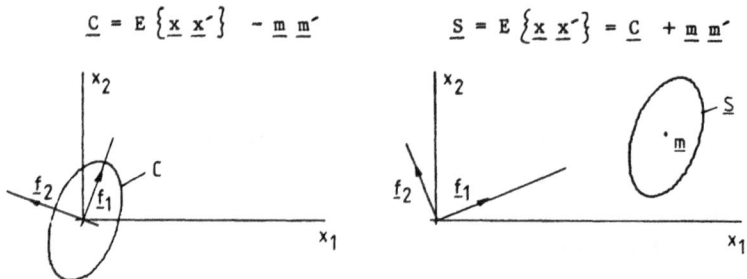

Bild 5.3 Hauptachsen-Transformation anhand der Kovarianzmatrix $\underline{C}$ und anhand der Scattermatrix $\underline{S}$.

Aufgrund der **problemabhängigen** Optimierung übertrifft das KL-System jedes andere orthonormale Basissystem. So erreicht das KL-System z.B. eine bessere

Approximation als die Fourier-Reihenentwicklung, deren Basisfunktionen definitionsgemäß problemunabhängig sind.

In der Sprachverarbeitung wird die oben beschriebene KL-Reihenentwicklung sinnvoll auf die einzelnen **Spektren** angewandt, die als Vektoren $\underline{x}$ dargestellt werden. Umfassende Untersuchungen zur Hauptachsentransformation von Vokalspektren sind in /Klein70/ zu finden. Dort wird berichtet, daß etwa 4 Hauptkomponenten zur Beschreibung der Vokale ausreichend waren. Im Rahmen des vorliegenden Buchs wurde die Hauptachsentransformation auf die einzelnen Spektren der Vokalstichprobe aus Abschn. 3.5 angewandt. Hierbei wurde die Kovarianzmatrix $\underline{C}$ aus der Lernstichprobe bestimmt; mit der resultierenden Transformationsmatrix wurden anschließend die Spektren der Teststichprobe transformiert. Diese primäre Transformation ist notwendig, um bei der Reduktion der Merkmalszahl eine sinnvolle Reihenfolge für die Auswahl der Merkmale festzulegen. Die Anordnung anhand fallender Eigenwerte ist allerdings hinsichtlich der Klassentrennung nicht optimal. Das Kriterium der Klassentrennbarkeit kommt erst bei der generalisierten KL-Reihenentwicklung in Abschn. 5.3 zur Anwendung.

Die KL-Reihenentwicklung kann auch unmittelbar auf das digitalisierte **Zeitsignal** $s(n\Delta t)$ angewandt werden. Entsprechend den Forderungen nach einer Kurzzeitanalyse werden hier kurze Signalabschnitte von 10-20 ms Dauer als Datenvektoren verwendet. Ausgangspunkt ist auch hier die Kovarianzmatrix bzw. Scattermatrix der Datenvektoren. Diese Matrizen sind im Zeitbereich aber nur dann sinnvoll, wenn die Signalabschnitte grundperiodensynchron festgelegt werden. In diesem Fall beschreiben die Kovarianzen die starken linearen Abhängigkeiten, die zwischen den einzelnen Zeitsignalabtastwerten innerhalb einer Sprachgrundperiode bestehen. Die Berechnung der Kovarianzmatrix $\underline{C}$ muß phasenstarr zur Sprachgrundperiode erfolgen; hierfür ist im Prinzip die Kenntnis der Anregungszeitpunkte im Sprachsignal notwendig. Da die automatische Bestimmung dieser Zeitpunkte in der Praxis sehr schwierig ist, werden meist Näherungsverfahren eingesetzt. So kann z.B. die Impulsantwort des Vokaltrakts mit Hilfe der linearen Prädiktion (s. Abschn. 3.3) nachgebildet werden, ohne die Anregungszeitpunkte genau zu kennen. Als Schätzungen für das Zeitsignal selbst werden nun die Impulsantworten bei der Berechnung der Kovarianzmatrix verwendet /Läng77/. Die Zahl der Pole für das Prädiktionsfilter sollte sehr hoch angesetzt werden (etwa p=16), um den Prädiktionsfehler möglichst klein zu halten. Darüberhinaus müssen stimmhafte und stimmlose Abschnitte getrennt behandelt werden. In der Spracherkennung wird die KL-Reihenentwicklung im Zeitbereich aufgrund dieser Schwierigkeiten nur selten eingesetzt. Anwendungen sind vor allem für die optimale Codierung bei der Übertragung von Sprache bekannt geworden /Pau73,Läng77/.

5.2.2 Informationstheoretische Betrachtung der KL-Reihenentwicklung

Es wurde gezeigt, daß für die Basisvektoren der KL-Reihenentwicklung diejenigen Eigenvektoren der Kovarianz- oder Scattermatrix genommen werden müssen, zu denen die größten Eigenwerte gehören. Da die Eigenwerte gleichzeitig die Varianz angeben, ist offensichtlich desto mehr Information über $\underline{x}$ im i-ten Koeffizienten der Reihenentwicklung enthalten, je größer die Varianz von y_i ist. Im Idealfall ist der größte Teil der Information über $\underline{x}$ in sehr wenigen Koeffizienten komprimiert, so daß die Information der restlichen Koeffizienten tatsächlich vernachlässigt werden kann. Die erzielte Informationsreduktion wird am größten sein, wenn die Matrix $\underline{S}$ oder $\underline{C}$ sehr wenige große Eigenwerte hat und wenn gleichzeitig alle anderen Eigenwerte sehr klein sind, siehe Bild 5.4

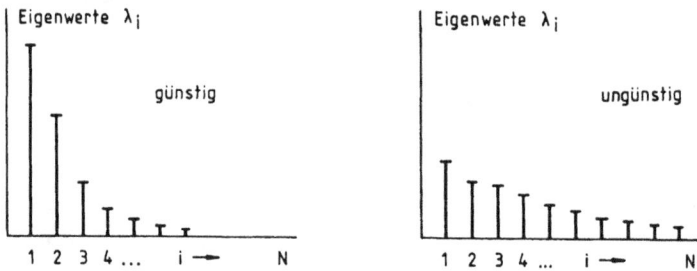

Bild 5.4 Günstige und ungünstige Verteilung der Eigenwerte.

Ein geeignetes Maß, um die Aufteilung der Information über die verschiedenen Achsen des KL-Koordinatensystems zu messen, ist die Entropie, die als mittlerer Informationsgehalt einer Quelle definiert ist. Allgemein ist die Informationseinheit festgelegt als:

$$I = ld\ 1/p$$

$$\text{Entropie:} \quad H = E\ \{I\}$$

(5.17)

Die Verwendung des Logarithmus dualis bestimmt die Maßeinheit [bit]. Bekanntlich ist die Entropie ein Maß für die Unsicherheit. Sind die Ereignisse gleichverteilt, so herrscht bei Beobachtung eines einzelnen Ereignisses die größte Unsicherheit; in diesem Fall wird die Entropie maximal.

Das Entropie-Konzept läßt sich in analoger Weise auf das vorliegende Problem der Auswahl der geeigneten Merkmale anwenden; beurteilt werden soll jetzt die **Verteilung der Eigenwerte.** Die formale Ersetzung der Wahrscheinlichkeiten durch die Eigenwerte ist aber nur erlaubt, wenn die Eigenwerte λ_i entsprechend normiert werden. Eine geeignete Größe für die Normierung ist die Energie (bzw. die Gesamtvarianz) R der Datenvektoren:

$$R = E\{\underline{x}'\,\underline{x}\}$$

Ausgedrückt durch die Reihenentwicklung erhält man:

$$R = \sum_{i=1}^{N} E\{y_i^2\} = \sum_{i=1}^{N} \lambda_i \qquad (5.18)$$

Die normierten Größen $\tilde{\lambda}_i$ ergeben sich zu

$$\tilde{\lambda}_i = \lambda_i \,/\, R \qquad (5.19)$$

Dann gilt:

$$0 \leq \tilde{\lambda}_i \leq 1 \quad, \quad \text{und:} \quad \sum_{i=1}^{N} \tilde{\lambda}_i = 1$$

Die sogenannte **Pseudo-Entropie** H berechnet sich mit Gl.(5.15) zu

$$H = -\sum_{i=1}^{N} \tilde{\lambda}_i \; \mathrm{ld} \; \tilde{\lambda}_i \qquad (5.20)$$

Das bedeutet, daß bei identischen Werten $\tilde{\lambda}_i$, i=1...N, die größte Unsicherheit über den wahren Vektor $\underline{x}$ bzw. der größte Rekonstruktionsfehler besteht, wenn nach r Koeffizienten abgebrochen wird. Der entgegengesetzte Extremfall liegt vor, wenn die Entropie Null ist; dann ist die Information über $\underline{x}$ in einem einzigen Reihenkoeffizienten enthalten:

$$\tilde{\lambda}_1 = 1 \quad \rightarrow \quad H = 0 \qquad \text{und:} \qquad \tilde{\lambda}_2, \tilde{\lambda}_3, \ldots, \tilde{\lambda}_N = 0$$

Es ist wichtig, festzuhalten, daß sowohl die Festlegung des KL-Koordinatensystems als auch die Bestimmung der Entropie Funktionen des vorliegenden Datenmaterials sind. Generell kann für jeden Datensatz ein bestimmtes KL-Koordinatensystem und die zugehörige Entropie berechnet werden. Auch wenn zwei verschiedene Datensätze identische KL-Koordinatensysteme besitzen, können die Werte für die Pseudo-Entropie verschieden sein, denn die Entropie ist ein zusätzliches Maß für die "Informations-Reduzierbarkeit".

Die Pseudo-Entropie läßt sich allgemein für jede beliebige Orthogonal-Transformation bestimmen. Hierfür sind die Eigenwerte durch die normierten Varianzen in den Achsen des Koordinatensystems zu ersetzen. Da die Summe der Varianzen (bzw. die Gesamtenergie) invariant gegen orthonormale Transformationen ist, ergibt sich dieselbe Normierungskonstante R:

$$R = \sum_{i=1}^{N} \sigma_i^2 = \sum_{i=1}^{N} \lambda_i \qquad (5.21)$$

Normiert:

$$\tilde{\sigma}_i^2 = \sigma_i^2 / R$$

Für ein beliebiges Koordinatensystem berechnet sich die Pseudo-Entropie zu:

$$H = - \sum_{i=1}^{N} \tilde{\sigma}_i^2 \; \mathrm{ld} \; \tilde{\sigma}_i^2 \qquad (5.22)$$

Es läßt sich zeigen, daß die Entropie des KL-Koordinatensystems ein Minimum ist verglichen mit allen anderen Systemen von orthonormalen Basisfunktionen. Dies ist leicht einsichtig, da die KL-Entwicklung ja diejenige Transformation ist, die die Varianzen in eine möglichst ungleich verteilte, fallende Reihenfolge bringt. Damit ist die Pseudo-Entropie ein ideales Maß für die Informationsreduktion; dieses Maß hat folgende wichtige Eigenschaften:

- Der Wert der Pseudo-Entropie wird ein absolutes Minimum, wenn das KL-System als Basisvektoren für das Koordinatensystem gewählt wird.

- Der Zahlenwert dieses Minimums charakterisiert die "Informations-Reduzierbarkeit" des vorliegenden Datensatzes überhaupt.

Berücksichtigt werden muß jedoch, daß diese Eigenschaften ebenfalls nur auf der Basis von statistischen Momenten 2. Ordnung abgeleitet wurden.

Anwendung auf die Vokalstichprobe

Der Verlauf der normierten Varianzen $\tilde{\sigma}_i^2$ der Vokalstichprobe (Lernstichprobe aus Abschn. 3.5) ist in Bild 5.5 a) dargestellt; als Normierungskonstante diente die Gesamtvarianz. Das Bild zeigt deutlich, daß die Varianzen der einzelnen Komponenten x_i in den Original-Lautheitsspektren nur langsam abfallen. Dies wird auch aus dem Wert für die Pseudo-Entropie ersichtlich: Sie liegt mit 3.90 bit nur wenig unter dem maximal möglichen Wert von 4.46 bit, der bei einer Gleichverteilung der Varianzen erreicht würde.

Die normierten Eigenwerte $\tilde{\lambda}_i$ sind in Bild 5.5 b) eingetragen; die einzelnen Komponenten beziehen sich hier auf die Hauptachsen des neuen Koordinatensystems

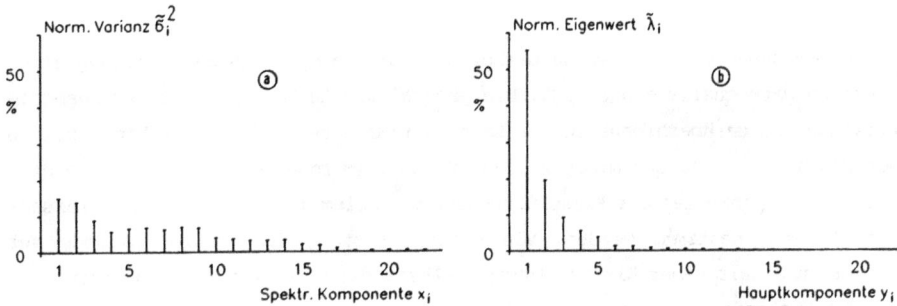

Bild 5.5   Verteilung a) der normierten Varianzen der Vokalstichprobe
als Funktion der spektralen Komponenten x_i, b) der normierten Eigenwerte als Funktion der Hauptkomponenten y_i.

der KL-Reihenentwicklung. Die Pseudo-Entropie ist mit 2.14 bit nun um 45% gegenüber den Originalspektren abgesunken und stellt das Minimum für orthonormale
Transformationen dar. Aus Bild 5.5 b) kann unmittelbar der Reduktionsfaktor d_r
bzw. der Restfehler bei Begrenzung der Reihenentwicklung auf r Komponenten ab-
gelesen werden. Der Restfehler ist im Diagramm in Bild 5.6 als prozentualer
Wert aufgetragen.

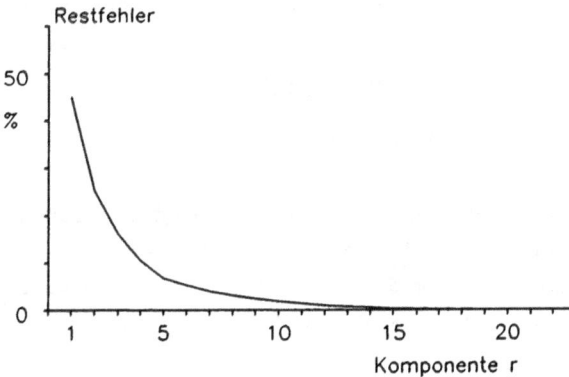

Bild 5.6   Restfehler bei Abbruch der Reihenentwicklung nach r Hauptkomponenten (in Prozent).

Allein die erste Hauptkomponente nimmt 55% Varianz auf, so daß der Restfehler
45% beträgt. Wird die Reihenentwicklung z.B. nach 4 Komponenten abgebrochen,
liegt der Restfehler bei etwa 10%. Der Verlauf des Restfehlers klingt schnell
ab, so daß etwa 12 Hauptkomponenten als ausreichend für die vollständige Beschreibung der Vokalspektren angesehen werden können.

5.3 Generalisierte Karhunen-Loève-Reihenentwicklung

Die KL-Reihenentwicklung wurde bisher nur für die optimale Beschreibung einer einzigen Datenquelle eingesetzt. Die **generalisierte** Karhunen-Loève-Reihenentwicklung ist darüberhinaus in der Lage, Merkmale zu liefern, die hinsichtlich der Klassentrennung optimiert wurden. Es soll im folgenden angenommen werden, daß die Möglichkeiten der Klassentrennung vor allem durch die Lage der Klassenmittelpunkte bestimmt werden. Die Aufgabe besteht darin, die Abstände der Muster innerhalb einer Klasse (Intraset-Abstände) zu vermindern und gleichzeitig die Abstände zwischen verschiedenen Klassen (Interset-Abstände) beizubehalten oder gar zu vergrößern. Bei einer Datenreduktion soll die Trennbarkeit erhalten bleiben oder zumindest nur unwesentlich abnehmen. Hierbei muß unterschieden werden, ob mehrere Transformationen zum Einsatz kommen, oder ob eine gemeinsame Transformation verwendet wird.

5.3.1 Verwendung mehrerer Transformationen

Als erste Möglichkeit bietet sich an, für jede Klasse eine **eigene Transformation** vorzusehen. In der Lernphase wird für jede Klasse $k=1...K$ getrennt eine eigene Kovarianzmatrix $\underline{C}_k$ berechnet. Gegeben seien für jede Klasse k eine Stichprobe mit M_k Mustervektoren sowie die Mittelpunktsvektoren $\underline{m}_k$; dann gilt für die klassenweisen Kovarianzmatrizen $\underline{C}_k$:

$$\underline{C}_k = E\{(\underline{x} - \underline{m}_k)(\underline{x} - \underline{m}_k)'\} \qquad \underline{x} \in k$$

Aus jeder Kovarianzmatrix wird ein eigenes KL-System bestimmt. Eine eventuelle Reduktion der Dimensonalität wird ebenfalls für jede Klasse getrennt vorgenommen. Das bedeutet aber, daß die Muster verschiedener Klassen nach der Transformation in verschiedenen Merkmalsräumen liegen können.

In der Anwendungsphase wird das unbekannte Muster probeweise in alle K Merkmalsräume abgebildet und dort weiterverarbeitet. Wenn ein einfacher Minimum-Abstands-Klassifikator verwendet wird, müssen die Abstände des unbekannten Musters $\underline{x}$ zu den einzelnen Klassenmittelpunkten gemessen werden; das Muster $\underline{x}$ wird dann derjenigen Klasse k zugeordnet, zu der es den kleinsten Abstand aufweist (s. Abschn. 4.2). Um in diesem Fall auch ungleichmäßig verteilte Musterkonfigurationen durch eine einfache Abstandsmessung (Euklidischer Abstand) zum Mittelpunktsvektor $\underline{m}_k$ beschreiben zu können, ist es sinnvoll, nach der Transformation zusätzlich eine Skalierung der Achsen auf gleiche Streuung vorzunehmen; eine derartige Skalierung minimiert den Intraset-Abstand /Rus85a/. Wird die Transformation der Klasse k auf $\underline{x}$ angewandt, ergibt sich der transformierte Vektor $\underline{y}_k$:

$$\underline{y}_k = \underline{A}'_k (\underline{x} - \underline{m}_k) \qquad \underline{A}_k: \text{ Matrix d. Eigenvektoren d.}$$

$\underline{A}_k$: Matrix d. Eigenvektoren d. Kovarianzmatrix $\underline{C}_k$

(5.23)

Skaliert:

$$\tilde{\underline{y}}_k = \underline{\Lambda}_k^{-1/2} \underline{A}'_k (\underline{x} - \underline{m}_k) \qquad \text{mit:.} \quad \underline{\Lambda}_k^{-1/2} = \begin{pmatrix} 1/\lambda_1 & & 0 \\ & \ddots & \\ 0 & & 1/\lambda_N \end{pmatrix}$$

Die Skalierung kann auch mit in die Transformationsmatrix eingebracht werden:

$$\tilde{\underline{A}}'_k = \underline{\Lambda}_k^{-1/2} \underline{A}'_k$$

(5.24)

$$\tilde{\underline{y}}_k = \tilde{\underline{A}}'_k (\underline{x} - \underline{m}_k)$$

Aufgrund der Skalierung ist $\tilde{\underline{A}}_k$ jetzt nicht mehr orthonormal, sondern nur noch orthogonal. Wird in diesem transformierten Raum der Abstand zum Mittelpunkt gemessen, so gilt für den quadratischen Abstand $\varrho^2(\underline{x})$ zum Mittelpunkt $\underline{m}_k$:

$$\varrho^2(\underline{x}) = \tilde{\underline{y}}'_k \tilde{\underline{y}}_k = (\tilde{\underline{A}}'_k(\underline{x} - \underline{m}_k))'(\tilde{\underline{A}}'_k(\underline{x} - \underline{m}_k))$$

(5.25)

$$= (\underline{x} - \underline{m}_k)' \tilde{\underline{A}}_k \tilde{\underline{A}}'_k (\underline{x} - \underline{m}_k) = (\underline{x} - \underline{m}_k)' \underline{A}_k \underline{\Lambda}_k^{-1/2} \underline{\Lambda}_k^{-1/2} \underline{A}'_k (\underline{x} - \underline{m}_k)$$

$$= (\underline{x} - \underline{m}_k)' \underline{A}_k \underline{\Lambda}_k^{-1} \underline{A}' (\underline{x} - \underline{m}_k)$$

Mit $\qquad \underline{\Lambda}_k = \underline{A}'_k \underline{C}_k \underline{A}_k \qquad$ folgt:

$$\varrho^2(\underline{x}) = (\underline{x} - \underline{m}_k)' \underline{A}_k \underline{A}_k^{-1} \underline{C}_k^{-1} (\underline{A}'_k)^{-1} \underline{A}'_k (\underline{x} - \underline{m}_k)$$

$$= (\underline{x} - \underline{m}_k)' \underline{C}_k^{-1} (\underline{x} - \underline{m}_k)$$

(5.26)

Dies ist unmittelbar der **Mahalanobis-Abstand** nach Abschn. 4.2.2! Ein gewisser Unterschied zum Mahalanobis-Klassifikator besteht lediglich darin, daß im Falle der generalisierten KL-Reihenentwicklung mit zusätzlicher Skalierung für die einzelnen Klassen eine unterschiedliche Anzahl von Merkmalen $y_1 \ldots y_r$ verwendet werden kann. Auswahlkriterium hierfür sind jeweils die Eigenwerte der klassenspezifischen Kovarianzmatrizen $\underline{C}_k$.

5.3.2 Verwendung einer gemeinsamen Transformation

Für die praktische Anwendung ist es günstiger, wenn alle Klassen einer gemeinsamen Transformation unterworfen werden können; dann sind auch alle transformierten Merkmalsvektoren in einem gemeinsamen Raum darstellbar. Die gemeinsame
Berücksichtigung aller Klassen wird erreicht, wenn aus den klassenspezifischen
Kovarianzmatrizen eine mittlere Kovarianzmatrix $\underline{S}_w$ gebildet wird, die nun keine
echte Kovarianzmatrix mehr ist, sondern eine Scattermatrix (der Buchstabe "w"
steht für "within class"):

$$\underline{S}_w = \sum_{k=1}^{K} p(k) \, \underline{C}_k \quad , \qquad \text{mittlere Intraklassen-Scattermatrix} \qquad (5.27)$$

wobei $p(k)$ die Auftretenswahrscheinlichkeit der Klasse k ist. Unter Verwendung
der Scattermatrix $\underline{S}_w$ ergibt sich das optimale Koordinatensystem $\underline{U}$ zu:

$$\underline{U} = (\ \underline{u}_1,\ \underline{u}_2,\ \underline{u}_3,\ \dots\ ,\ \underline{u}_N\ )' \qquad ,$$

wobei $\underline{u}_1$, $\underline{u}_2$, ..., $\underline{u}_N$ die geordneten Eigenvektoren der Matrix $\underline{S}_w$ sind und Λ
die Matrix der Eigenwerte. Für die Komponente y_i, $i=1...N$ im transformierten
Raum gilt:

$$y_i = \underline{u}_i' \, \underline{x} \qquad (5.28)$$

Dieses Achsensystem liegt vor allem dann günstig, wenn alle Klassen gleiche
Kovarianzmatrizen besitzen; in diesem Fall liegt das Koordinatensystem parallel
zu den Hauptachsen der klassenspezifischen Kovarianzmatrizen $\underline{C}_k$. Das wäre nicht
der Fall, wenn anstelle von $\underline{S}_w$ die Kovarianzmatrix $\underline{C}$ des Gesamtprozesses verwendet worden wäre, siehe die Skizze in Bild 5.7 rechts.

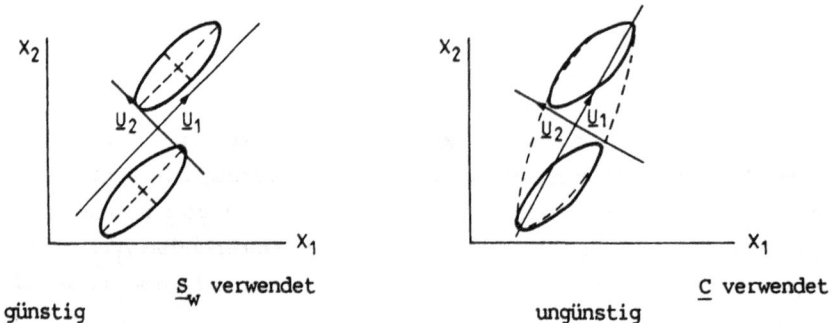

$\underline{S}_w$ verwendet
günstig

$\underline{C}$ verwendet
ungünstig

Bild 5.7 Lage des KL-Achsensystems bei Verwendung von $\underline{S}_w$ und bei Verwendung
der gemeinsamen Kovarianzmatrix $\underline{C}$.

5.3.2.1 Auswahl der Achsen

Für die Frage, welche Koordinatenachsen ausgewählt werden sollen, muß ein Maß für den Interklassen-Abstand eingeführt werden. Dieses Maß soll vom Euklidischen Abstand abgeleitet werden:

$$\underline{m}_k \;=\; \frac{1}{M_k} \sum_{i=1}^{M_k} \underline{x}_{ki} \quad ; \qquad \text{Gesamt-Mittelp.:} \quad \underline{m} \;=\; \sum_{k=1}^{K} p(k)\, \underline{m}_k$$

Die Klassen werden dann gut trennbar sein, wenn die Klassenmittelpunkte weit auseinander liegen. Der mittlere Abstand der Klassenzentren kann durch die Interklassen-Scattermatrix $\underline{S}_b$ ausgedrückt werden. $\underline{S}_b$ ("b" von "between class") ist definiert als:

$$\underline{S}_b \;=\; \sum_{k=1}^{K} p(k)\,(\underline{m}_k - \underline{m})(\underline{m}_k - \underline{m})' \qquad\qquad (5.29)$$

Als geeignetes Kriterium für die Trennbarkeit kann das Verhältnis des gesamten Interklassen-Abstands zum gesamten Intraklassen-Abstand verwendet werden. Dieses Kriterium $J(\underline{x})$ läßt sich aus der Spur von $\underline{S}_b$ bzw. $\underline{S}_w$ berechnen /Dev82/:

$$J(\underline{x}) \;=\; \frac{\mathrm{sp}\,(\underline{S}_b)}{\mathrm{sp}\,(\underline{S}_w)} \qquad\qquad (5.30)$$

Das Kriterium $J(\underline{x})$ ist auch unter dem Namen Fisher-Kriterium (bzw. "Fisher discriminant ratio") bekannt /Dev82/. $J(\underline{x})$ läßt sich für die Auswahl der einzelnen Achsen verwenden. Im transformierten Raum müssen die transformierten Scattermatrizen $\tilde{\underline{S}}_w$ und $\tilde{\underline{S}}_b$ eingesetzt werden:

$$J(\underline{y}) \;=\; \frac{\mathrm{sp}\,(\tilde{\underline{S}}_b)}{\mathrm{sp}\,(\tilde{\underline{S}}_w)} \qquad\qquad (5.31)$$

Mit: $\qquad \tilde{\underline{S}}_b \;=\; \underline{U}'\,\underline{S}_b\,\underline{U} \qquad$ und $\qquad \tilde{\underline{S}}_w \;=\; \underline{\Lambda}$

Ausgewählt werden soll diejenige Achse (oder Achsen), für die das Gütekriterium $J(y_i)$ maximal wird. Das Gütekriterium wird daher für jede Komponente y_i berechnet; die Spur ist in diesem Fall nur jeweils 1 Element. Damit ergibt sich:

$$J(y_i) \;=\; \frac{\underline{u}_i'\,\tilde{\underline{S}}_b\,\underline{u}_i}{\lambda_i} \qquad\qquad (5.32)$$

Zusammenfassend bedeutet dies folgendes: Die Transformation wird mit dem System der Eigenvektoren $\underline{u}_i$ der Intraklassen-Scattermatrix $\underline{S}_w$ durchgeführt. Um maximale Trennbarkeit zu behalten, müssen die Achsen so ausgewählt werden, daß sie eine fallende Folge hinsichtlich des Kriteriums $J(y_i)$ bilden, also:

$$J(y_1) > J(y_2) > \ldots > J(y_r) > \ldots > J(y_N)$$

Soll diese Vorschrift weiter vereinfacht werden (z.B. um Rechenzeit zu sparen), so wird der Zähler in Gl.(5.32) nicht ausgewertet bzw. für alle Achsen $\underline{u}_i$ als konstant angenommen. In diesem Fall müssen diejenigen Achsen mit dem **kleinsten** Eigenwert λ_i von $\underline{S}_w$ genommen werden! Diese Vorschrift bewirkt interessanterweise genau die gegenteilige Auswahl verglichen mit dem Vorgehen bei der klassischen Hauptachsentransformation. Dies deckt sich mit der intuitiven Vorstellung, daß in den Achsen mit geringer Varianz tatsächlich oft mehr Information über die Klassentrennung enthalten ist als in den Achsen mit großer Varianz.

5.3.2.2 Optimale Transformation bezüglich der Klassenmittelpunkte

Ein Nachteil des eben beschriebenen einfachen Verfahrens besteht darin, daß bei der Festlegung des KL-Systems die Mittelpunkte selbst nicht berücksichtigt wurden. Im folgenden wird eine Transformation verwendet, die speziell die Mittelpunkte berücksichtigt /Kitt73,Dev82/. Allerdings muß verhindert werden, daß während der Transformation die Ballung der Klassen selbst verschlechtert wird, wodurch letzlich das Verhältnis von Inter- zu Intraklassen-Abständen vermindert würde. Dieser Effekt tritt nicht ein, wenn dafür gesorgt wird, daß die Scatter-Matrix $\underline{S}_w$ die Einheitsmatrix $\underline{I}$ wird, denn in diesem Fall ist die Scatter-Matrix $\underline{S}_w$ invariant gegen jede orthonormale Transformation. Da durch die Matrix $\underline{S}_w$ die Daten dekorreliert werden, bleiben sie auch im neuen Raum unkorreliert. Zu diesem Zweck muß die Matrix $\underline{S}_w$ durch eine Transformation $\underline{B}$ zur Einheitsmatrix gemacht werden; es wird gefordert:

$$\underline{B}' \, \underline{S}_w \, \underline{B} = \underline{I} \tag{5.33}$$

Diese Vorschrift kann durch 2 hintereinander geschaltete Transformationen verwirklicht werden, von denen die erste die Dekorrelation und die zweite die Normierung auf gleiche Varianz vornimmt. Die Dekorrelation wird durch die Transformation mit der Matrix $\underline{U}$ vorgenommen, die aus den Eigenvektoren von $\underline{S}_w$ besteht, siehe Abschn. 5.3.2, Gl.(5.27); die **Eigenwertaufgabe** liefert $\underline{U}$ und $\underline{\Lambda}_w$:

$$\underline{S}_w \underline{U} = \underline{U} \underline{\Lambda}_w$$
$$\underline{\Lambda}_w = \underline{U}' \underline{S}_w \underline{U} \qquad (5.34)$$

Zur Normierung muß jede Komponente durch λ_{iw} dividiert werden. Dies wird durch Normierung der Eigenvektoren erreicht. Die gesuchte Transformation $\underline{B}$ ist damit:

$$\underline{B} = \underline{U} \underline{\Lambda}_w^{-1/2} \qquad (5.35)$$

Die Transformation $\underline{B}$ verändert aber auch die Lage der Klassenmittelpunkte; daher muß nach der Transformation die Scatter-Matrix $\underline{S}_b$ neu bestimmt werden:

$$\underline{\tilde{S}}_b = \underline{B}' \underline{S}_b \underline{B} \qquad (5.36)$$

Nun kann eine Transformation vorgenommen werden, die bezüglich der Klassenmittelpunkte optimal liegt, indem die Eigenwertaufgabe für die Matrix $\underline{\tilde{S}}_b$ gelöst wird. Das optimale Koordinatensystem $\underline{V}$ wird gefunden durch Lösen der zweiten **Eigenwertaufgabe**:

$$\underline{\tilde{S}}_b \underline{V} - \underline{V} \underline{\Lambda}_b = \underline{0} \quad ,$$

wobei $\underline{\Lambda}_b$ die Diagonalmatrix der Eigenwerte λ_{ib}, i=1...N, der Matrix $\underline{\tilde{S}}_b$ ist und $\underline{V}$ die Matrix der zugehörigen Eigenvektoren. Die Transformation $\underline{V}$ bezieht sich natürlich auf die Repräsentation der Vektoren im Koordinatensystem $\underline{U}$. Da der Rang der Matrix $\underline{\tilde{S}}_b$ höchstens (K-1) ist, können maximal (K-1) von Null verschiedene Eigenwerte vorhanden sein. Damit wird die relevante Information der Klassenmittelpunkte in (K-1) Eigenvektoren komprimiert:

$$\underline{V} = (\underline{v}_1, \underline{v}_2, \underline{v}_3, \ldots, \underline{v}_{K-1})$$

Alle Transformationen lassen sich zu einer **einzigen Transformation** $\underline{D}$ im ursprünglichen Koordinatensystem $\underline{x}$ zusammenfassen:

$$\underline{D} = \underline{B} \underline{V} = \underline{U} \underline{\Lambda}_w^{-1/2} \underline{V} \qquad (5.37)$$

mit: $\underline{U}$: besteht aus den Eigenvektoren von $\underline{S}_w$
$\underline{\Lambda}_w$: Diagonalmatrix der Eigenwerte von $\underline{S}_w$
$\underline{\tilde{S}}_b$: aus $\underline{S}_b$ nach Transformation mit $\underline{U}$ und Normierung mit $\underline{\Lambda}_w$
$\underline{V}$: Eigenvektoren von $\underline{\tilde{S}}_b$

Die gesamte Transformationsvorschrift für die Abbildung der Datenvektoren $\underline{x}$ ins Koordinatensystem $\underline{V}$ lautet:

$$\underline{y} = \underline{D}' \, (\underline{x} - \underline{m}) \qquad\qquad (5.38)$$

Diese Transformationsvorschrift wird in Abschn. 5.3.2.3 auf Vokalspektren angewandt; experimentelle Ergebnisse werden dort besprochen.

Andere Verfahren. Auf dem Gebiet der Merkmalsextraktion mit Hilfe linearer
Transformationen ist eine Vielzahl weiterer Verfahren entwickelt worden, die
anders definierte Gütekriterien optimieren; hierzu sei auf die umfangreiche
Literatur verwiesen /Fuk72,Nie83,Dev82/. Auf eine ausführliche Darstellung wird
hier verzichtet, denn im Vordergrund soll die praktische Anwendbarkeit in der
automatischen Spracherkennung stehen. Gemeinsame Grundlage dieser Methoden ist
das Bestreben, die Vektoren einer Klasse dicht zueinander zu bringen und gleichzeitig die Abstände der Vektoren verschiedener Klassen groß zu halten. Diese
Kriterien sind vor allem aus der **Diskriminanzanalyse** bekannt; sie werden
dort primär zum Testen der Trennbarkeit eingesetzt /Fuk72/.

Eines dieser Verfahren soll abschließend kurz vorgestellt werden, ohne auf alle
Einzelheiten einzugehen. Der mittlere quadratische Abstand $J_1(\underline{x})$ aller Vektoren
der Lernstichprobe läßt sich durch die Spur der Scattermatrizen $\underline{S}_w$ und $\underline{S}_b$ ausdrücken:

$$J_1(\underline{x}) = sp \, (\underline{S}_b + \underline{S}_w) \qquad\qquad (5.39)$$

Dieses Kriterium kann ebenfalls zur Optimierung der Merkmalsextraktion herangezogen werden. Gesucht wird im transformierten Raum das Maximum von $J_1(\underline{y})$,
allerdings unter der Nebenbedingung, daß der mittlere Abstand innerhalb der
Klassen - ausgedrückt durch $\underline{S}_w$ - konstant bleibt; damit wird zwangsläufig auch
das Verhältnis von Interklassen- zu Intraklassenabständen möglichst groß. Die
Optimierungsaufgabe hinsichtlich der Transformationsmatrix $\underline{D}$ lautet:

$$J_1(\underline{y}) = sp \, (\underline{D}'(\underline{S}_w + \underline{S}_b)\underline{D}) \overset{!}{=} \text{Maximum} \qquad\qquad (5.40)$$

Die Nebenbedingung kann bei der Optimierung mit Hilfe von Lagrange-Multiplikatoren
λ_i mitberücksichtigt werden. Als Nebenbedingung ist

$$\underline{S}_w = \text{const}$$

geeignet. Die Bestimmung des bedingten Maximums führt zu folgendem Ausdruck für
das optimale Achsensystem $\underline{D}$ /Dev82/:

$$\underline{S}_w^{-1}(\underline{S}_w + \underline{S}_b)\underline{D} - \underline{D}\,\underline{\Lambda} = 0 \qquad (5.41)$$

Ausmultipliziert und umgeformt:

$$\underline{S}_w^{-1}\underline{S}_b\,\underline{D} - \underline{D}(\underline{\Lambda} - \underline{I}) = 0$$

$$\underline{S}_w^{-1}\underline{S}_b\,\underline{D} - \underline{D}\,\tilde{\underline{\Lambda}} = 0 \qquad (5.42)$$

mit $\tilde{\underline{\Lambda}} = \underline{\Lambda} - \underline{I}$. Zu lösen ist die Eigenwertaufgabe für die Produktmatrix $\underline{S}_w^{-1}\underline{S}_b$; für die Eigenwerte gilt:

$$\lambda_i = \tilde{\lambda}_i + 1$$

Es müssen diejenigen Achsen mit den größten Eigenwerten λ_i ausgewählt werden. Da der Rang der Produktmatrix $\underline{S}_w^{-1}\underline{S}_b$ maximal K-1 ist, existieren höchsten K-1 Achsen, deren Eigenwerte nicht Null sind. Interessanterweise liefert dieses Verfahren dasselbe Achsensystem $\underline{D}$, das auch mit der 2-stufigen Transformation (Gl. 5.37) erzielt wurde; der Beweis ist in /Dev82 S.330/ zu finden. Beide Verfahren sind also gleichwertig. In der Praxis können jedoch bei der Inversion der Matrix $\underline{S}_w$ im zweiten Verfahren numerische Schwierigkeiten auftreten, insbesondere wenn die Dimensionalität N groß ist. Daher wurde in den durchgeführten Untersuchungen das erste Verfahren mit 2-stufiger Transformation bevorzugt, das bei der Anwendung auf Sprachspektren numerisch unproblematisch ist.

Ein vergleichbares Verfahren zur Bestimmung eines Achsensystems, welches das Verhältnis von Interklassenabstand zu Intraklassenabstand optimiert, wird in neueren Arbeiten erfolgreich für japanische Sprachlaute eingesetzt /Mak85/; das resultierende Achsensystem wird dort auch als "Fisher space" bezeichnet.

Abschließend sei angemerkt, daß neben den hier vorgestellten Orthogonaltransformationen auch Verfahren existieren, die nicht-orthogonale Basisvektoren verwenden; solche Transformationen sind z.B. aus der Faktorenanalyse bekannt /Übe68/. Da diese Verfahren jedoch im Bereich der Spracherkennung bisher keine breitere Anwendung gefunden haben, sollen sie hier nicht weiter behandelt werden.

5.3.2.3 Experimentelle Untersuchungen mit Vokalspektren

Die Parameter der optimalen Transformation nach Gl.(5.37) wurden aus der vorliegenden Lernstichprobe der Vokale (siehe Abschn. 3.5) bestimmt. In Bild 5.8

ist die Erkennungsrate für die unabhängige Teststichprobe wiedergegeben, wenn der Minimum-Abstands-Klassifikator auf die transformierten Vokalspektren angewandt wird.

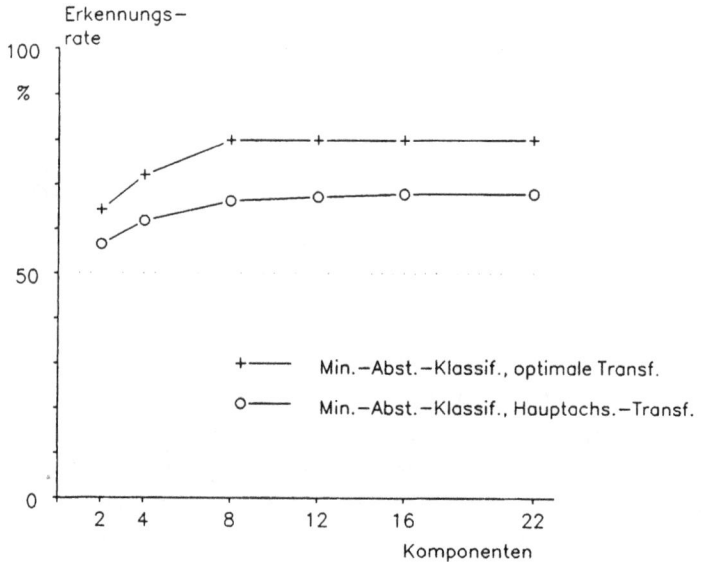

Erkennungs-
rate

```
100  ┤
  %  │
     │              +────────+────────+────────+
     │        +
     │      +           o────────o────────o────────o
     │    +       o
     │  o
  50 ┤
     │
     │        +────  Min.-Abst.-Klassif., optimale Transf.
     │
     │        o────  Min.-Abst.-Klassif., Hauptachs.-Transf.
     │
   0 ┤
     └──┬────┬────────┬────────┬────────┬────────┬──
        2    4        8       12       16       22
                                            Komponenten
```

Bild 5.8 Erzielte Erkennungsrate des Minimum-Abstands-Klassifikators (Teststichprobe 315 Muster, K=9) mit optimaler Transformation und mit Hauptachsentransformation.

Da die Transformation optimal bezüglich der Klassenmittelpunkte erfolgt, erreicht dieser einfache Klassifikator nun sehr hohe Erkennungsraten. Aus dem Kurvenverlauf wird auch deutlich, daß tatsächlich (K-1) Komponenten ausreichend sind; das sind im vorliegenden Fall 8 Komponenten. Wird die Komponentenzahl weiter erhöht, so bleibt die Erkennungsrate gleich.

Besonders deutlich wird der Vorteil der gewählten Transformation, wenn ein Vergleich zur Hauptachsentransformation gezogen wird. In Bild 5.8 ist hierfür zusätzlich die Erkennungsrate des Minimum-Abstands-Klassifikators eingetragen, wenn die Merkmalsextraktion anhand der Hauptachsentransformation erfolgt. Die erreichte Erkennungsrate ist jetzt ab 8 Komponenten um größenordnungsmäßig 11% schlechter.

Die Vorteile der optimalen Transformation werden auch aus Bild 5.9 ersichtlich. Hier ist die Erkennungsrate für 3 verschiedene Klassifikatoren aufgetragen: Nächster-Nachbar-Klassifikator, Mahalanobis-Klassifikator und Minimum-Abstands-

- 89 -

Klassifikator. Der Vergleich zeigt, daß nun diese Klassifikatoren praktisch
gleichwertig sind.

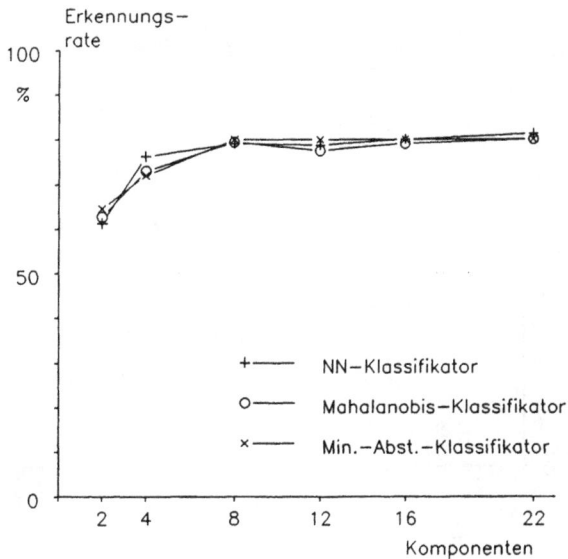

Bild 5.9 Vergleich der Erkennungsraten verschiedener Abstands-
Klassifikatoren bei optimaler Transformation.

Es bietet sich also an, den einfachen Minimum-Abstands-Klassifikator einzusetzen, denn auf diese Weise kann der Rechenaufwand drastisch gesenkt werden.
Der Rechenaufwand ist beim NN-Klassifikator am größten, da hier der Euklidische Abstand zu vielen Prototypen berechnet werden muß. Beim Mahalanobis-
Klassifikator werden nur K Abstände zu den Klassenmittelpunkten berechnet,
zusätzlich sind $K \cdot N^2$ Multiplikationen und Additionen für die Gewichtung anhand der Kovarianzmatrizen notwendig. Dagegen kommt der Mimimum-Abstands-
Klassifikator mit K Abstandsmessungen aus. Der Rechenaufwand für die Durchführung der optimalen Transformation ist im Prinzip genauso groß wie derjenige
für die Hauptachsentransformation. Wird die Zahl der Komponenten auf r beschränkt, so besteht in beiden Fällen die Transformation aus einer Multiplikation des Merkmalsvektors mit einer Matrix der Größe $N \cdot r$.

Aus Bild 5.10 wird ersichtlich, daß der Minimum-Abstands-Klassifikator bei optimaler Transformation nun sogar besser ist als der Mahalanobis-Klassifikator
bei Einsatz der Hauptachsentransformation, insbesondere bei geringer Komponentenzahl. Dieselbe Erkennungsleistung erreicht jetzt auch der lineare Klassifikator, siehe Bild 5.11. Dies war zu erwarten, da der Minimum-Abstands-Klassi-

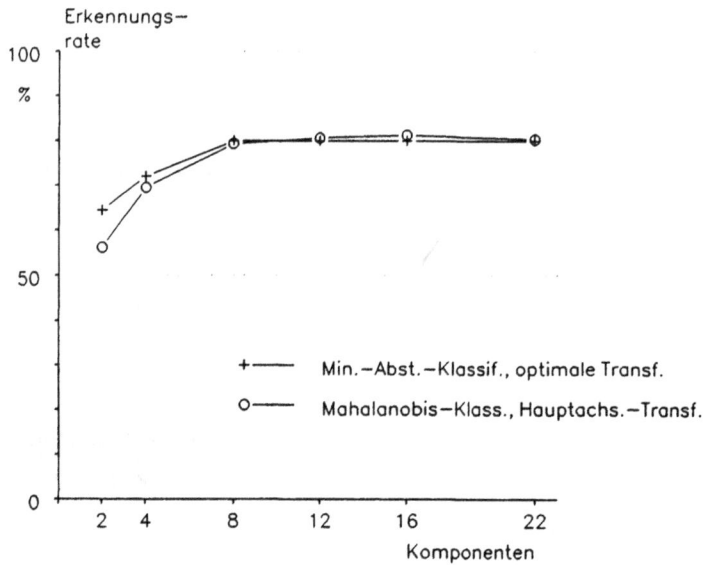

Bild 5.10 Vergleich der Erkennungsraten des Minimimum-Abstands-Klassifikators bei optimaler Transformation und des Mahalanobis-Klassifikators bei Hauptachsentransformation.

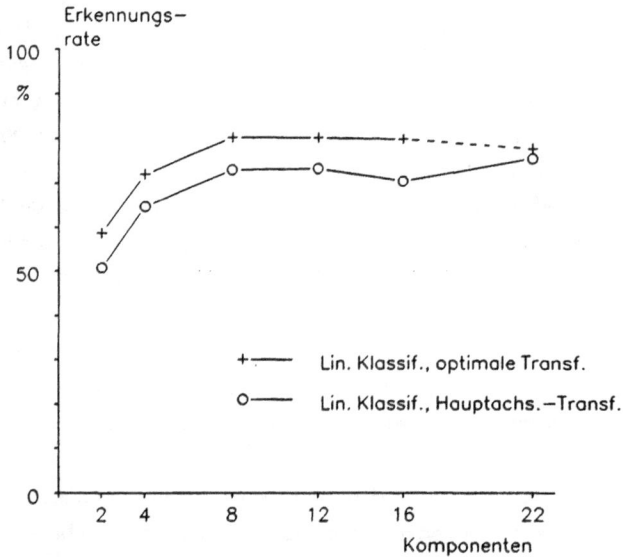

Bild 5.11 Erkennungsrate des linearen Klassifikators bei optimaler Transformation und bei Hauptachsentransformation.

fikator ebenfalls lineare Trennfunktionen verwendet. Daher kann jetzt auch der lineare Klassifikator sehr günstig eingesetzt werden. Allerdings ist hier die Gefahr der Überadaption sehr groß, so daß bereits ein Absinken der Erkennungsrate der Teststichprobe bei 22 Komponenten beobachtet wurde.

Insgesamt konnte somit auch experimentell bestätigt werden, daß die optimale Transformation bezüglich der Klassenmittelpunkte für die Merkmalsextraktion von Vokalspektren besonders gut geeignet ist. Insbesondere können dann einfache Klassifikatoren wie der Mimimum-Abstands-Klassifikator und der lineare Klassifikator eingesetzt werden, die nun praktisch dieselbe Erkennungsleistung erreichen wie kompliziertere Klassifikationsverfahren bei Verwendung der üblichen Hauptachsentransformation.

5.4 Gütemaße für Merkmale zur Bewertung der Trennbarkeit

In den vorausgegangenen Abschnitten wurde deutlich, daß die Festlegung geeigneter Gütemaße zur Bewertung der Trennbarkeit eine wichtige Voraussetzung
für eine sinnvolle Merkmalsextraktion ist. Wenn die besten Merkmale ausgewählt
werden sollen, muß es möglich sein, ihre Güte mit geringem Aufwand zu testen;
auf diese Weise kann auch eine größere Zahl von Merkmalskombinationen überprüft werden, ohne daß die Rechenzeiten untragbar groß werden (s. Abschn. 5.5).
Bei den Verfahren in Abschn. 5.3 wurden als Gütekriterium praktisch nur die
Abstände der Klassenmittelpunkte ausgewertet; dies setzt letztlich voraus, daß
die Muster im Merkmalsraum Cluster bilden und durch ihre Klassenmittelpunkte
gut repräsentiert werden. Als Vorteil ist zu sehen, daß sich hier analytische
Lösungen zur Berechnung der optimalen Transformation angeben lassen. Im allgemeinen Fall wird aber gefordert, daß ein Bewertungskriterium bei beliebigen
Verteilungen der Muster im Merkmalsraum anwendbar ist. Im Idealfall soll das
Gütemaß eine Abschätzung der zu erwartenden Fehlerrate bei der Klassifikation
ermöglichen. Andererseits soll die Berechnung des Gütemaßes aber auch mit vertretbarem Aufwand durchführbar sein. Da diese Forderungen meist nicht verein-
bar sind, muß jeweils ein brauchbarer Kompromiß gefunden werden.

Voraussetzung für die folgenden Betrachtungen ist die Kenntnis der N–dimen-
sionalen Verteilungsdichten $p(x|k)$ jeder Klasse. In der Praxis müssen diese
Funktionen entweder parametrisch abgeschätzt werden (z.B. durch Normalverteilungen), oder die Merkmale werden einzeln und unabhängig voneinander betrachtet. Im letzteren Fall sind nur 1–dimensionale Dichtefunktionen notwendig,
die z.B. mit Histogrammverfahren (s. Abschn. 4.3.4) approximiert werden können;
die so erzielten Lösungen sind allerdings nur suboptimal, da die Merkmale im
allgemeinen nicht unabhängig voneinander sind und daher nicht einzeln betrachtet werden dürften.

5.4.1 Fehlerrate des optimalen Klassifikators

Das ideale Gütemaß ist gegeben, wenn unmittelbar die zu erwartende Fehlerrate
bei der Klassifikation angezeigt wird. Da die Trennbarkeit aber vom verwendeten Klassifikator abhängt, müßte im Prinzip das gesamte Klassifikationssystem
mit einbezogen werden. Zur Abschätzung der Fehlerrate wird daher der optimale
Klassifikator (Bayes'scher Klassifikator) herangezogen, der die kleinstmögliche
Fehlerrate erreicht. Die Bayes'sche Entscheidungsregel (s. Abschn. 4.3.1) wählt
für ein unbekanntes Muster $\underline{x}$ diejenige Klasse i aus, für die die Rückschluß-

wahrscheinlichkeit am größten ist:

$$\underline{x} \in i \qquad \text{wenn} \quad p(i|\underline{x}) > p(j|\underline{x}) \qquad \text{für alle } j=1...K, \; j\neq i$$

Ein Fehler tritt dann auf, wenn das Muster zu einer Klasse gehört, die in diesem Fall aber nicht durch den größten Wert der Rückschlußwahrscheinlichkeit gekennzeichnet ist. Diese Wahrscheinlichkeit ist die bedingte Bayes'sche Fehlerwahrscheinlichkeit $e^*(\underline{x})$:

$$e^*(\underline{x}) = 1 - \max_k p(k|\underline{x}) \qquad k=1...K \qquad (5.43)$$

Die gesamte zu erwartende Bayes'sche Fehlerrate E^* ist der Erwartungswert von $e^*(\underline{x})$:

$$E^* = E_{\underline{x}} \{e^*(\underline{x})\} = \int p(\underline{x}) \, (1 - \max_k p(k|\underline{x})) \, d\underline{x} \qquad (5.44)$$

Mit der bekannten Umrechnung

$$p(k|\underline{x}) \, p(\underline{x}) = p(\underline{x}|k) \, p(k)$$

folgt:

$$E^* = 1 - \int_{\underline{x}} \max_k (p(\underline{x}|k) \, p(k)) \, d\underline{x} \qquad (5.45)$$

In dieser Gleichung wird die Fehlerrate anhand der klassenspezifischen Verteilungsdichten $p(\underline{x}|k)$ (Likelihood-Funktionen) dargestellt. Der Gesamtfehler setzt sich jetzt genau aus den Überlappungsflächen zusammen, siehe Bild 5.12; wenn sich die Verteilungen nicht überlappen, entsteht kein Fehler.

Problematisch ist, daß die Bayes'sche Fehlerrate schwer zu berechnen ist. Aus diesem Grunde werden einfachere Gütemaße bevorzugt, die leichter zu bestimmen

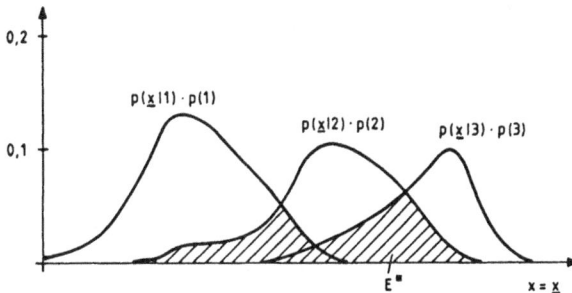

Bild 5.12 Fehlerrate E^* des Bayes'schen Klassifikators.

sind. Grundsätzlich wird von der Vorstellung ausgegangen, daß die Klassen dann gut trennbar sein werden, wenn sich die klassenspezifischen Verteilungsdichten im Merkmalsraum stark voneinander unterscheiden. Daher werden die Gütemaße vielfach auch als "Abstandsmaße" für Verteilungsdichten bezeichnet. Alle diese Maße erfordern mehrdimensionale Integrationen im Merkmalsraum, die aber teilweise analytisch gelöst werden können.

5.4.2 Abstandsmaße für Verteilungsdichten bei 2 Klassen

Vereinfachungen ergeben sich, wenn nur 2 Klassen vorliegen. Später kann dann zusätzlich eine Erweiterung auf das Mehrklassen-Problem vorgenommen werden. Bei 2 Klassen läßt sich der Ausdruck für die Bayes'sche Fehlerrate so umformen, daß der Absolutwert der Differenz der beiden Verteilungsdichten $p(x|1)$ und $p(x|2)$ zur Auswertung herangezogen wird:

$$E^* = \frac{1}{2} \left(1 - \int_x |p(\underline{x}|1)\, p(1) - p(\underline{x}|2)\, p(2)|\, d\underline{x} \right) \qquad (5.46)$$

Das Integral wird der Kolmogorov-Abstand J_K genannt:

$$J_K = \int_x |p(\underline{x}|1)\, p(1) - p(\underline{x}|2)\, p(2)|\, d\underline{x}$$

Ist keine Überlappung vorhanden, wird der Abstand $J_K = 1$, bei totaler Überlappung ist $J_K = 0$. Für die Fehlerrate gilt:

$$E^* = 1/2\,(1 - J_K)$$

Damit steht der Kolmogorov-Abstand in direkter Beziehung zur minimalen Fehlerrate E^*. Ein schwerwiegender Nachteil ist allerdings, daß keine einfachen Lösungen für bestimmte Verteilungen angegeben werden können, auch nicht im Fall (multivariater) Normalverteilungen. Damit ist dieses Maß in der Praxis kaum verwendbar.

Ein brauchbares Gütemaß, das zumindest eine Abschätzung der minimalen Fehlerrate zuläßt, ist der Bhattacharyya-Abstand. Bei 2 Klassen ist die bedingte Bayes'sche Fehlerwahrscheinlichkeit das Minimum der beiden Rückschlußwahrscheinlichkeiten, das durch das geometrische Mittel abgeschätzt werden kann:

$$e^*(\underline{x}) \leq (p(1|\underline{x})\, p(2|\underline{x}))^{1/2} \qquad (5.48)$$

Der Erwartungswert liefert die insgesamte Fehlerrate E^*:

$$E^* \leq \int_{\underline{x}} (p(1|\underline{x})\, p(2|\underline{x}))^{1/2}\, p(\underline{x})\, d\underline{x}$$

$$E^* \leq (p(1)p(2))^{1/2} \int_{\underline{x}} (p(\underline{x}|1)\, p(\underline{x}|2))^{1/2}\, d\underline{x} \qquad (5.49)$$

Als Maß für die Überlappung der Verteilungsdichten dient damit das Produkt der beiden Funktionen. Der __Bhattacharyya-Abstand__ J_B ist definiert als:

$$J_B = - \ln \int_{\underline{x}} (p(\underline{x}|1)\, p(\underline{x}|2))^{1/2}\, d\underline{x} \qquad (5.50)$$

Der Bhattacharyya-Abstand berücksichtigt nicht die Auftretenswahrscheinlichkeiten; dies ist aber beim Vergleich der Abstandsmaße für verschiedene Merkmale während der Merkmalsauswahl auch nicht notwendig. Eine obere Grenze für die Bayes'sche Fehlerrate ist gegeben durch:

$$E^* \leq (p(1)p(2))^{1/2} \exp(-J_B) \qquad (5.51)$$

Zusätzlich läßt sich nach /Dev82/ auch eine untere Grenze für die Bayes'sche Fehlerrate angeben:

$$E^* \geq 1/2\, (1 - (1 - 4p(1)p(2)\, \exp(-2J_B))^{1/2}) \qquad (5.52)$$

Damit kann die minimale Fehlerrate mit Hilfe des Bhattacharyya-Abstands nach oben und nach unten abgegrenzt werden. In Bild 5.13 ist der Verlauf der beiden Grenzen für den Fall $p(1)=p(2)=0.5$ wiedergegeben.

Der Verlauf zeigt deutlich, daß die Eingrenzung des Bayes'schen Fehlers für große Abstände J_B immer besser wird; schlecht ist die Eingrenzung dagegen für kleine Abstände J_B. Die Eingrenzung wird erst bei sehr kleinen Abständen wieder besser, jedoch ist hier der verwendete Klassifikator nicht mehr sinnvoll, da er letztlich die maximale Fehlerrate von 50% erreicht. Für Fehlerraten in der Größenordnung von 5%, wie sie bei der Erkennung von Sprachlauten (zwischen 2 Klassen) typisch sind, liegt die Eingrenzung bei etwa $\pm$ 4 %; für Fehlerraten von 2% liegt die Eingrenzung bei $\pm$ 2%. Die Begrenzungskurven in Bild 5.13 sind zusätzlich abhängig von den Auftretenswahrscheinlichkeiten $p(i)$; dies wirkt sich aber nur für kleinere Abstände J_B ungünstig aus. Insgesamt ist diese Abschätzung als grobe Faustformel in der Praxis durchaus brauchbar, zumal sich bei bestimmten Verteilungen geschlossene Lösungen für die Integration angeben lassen.

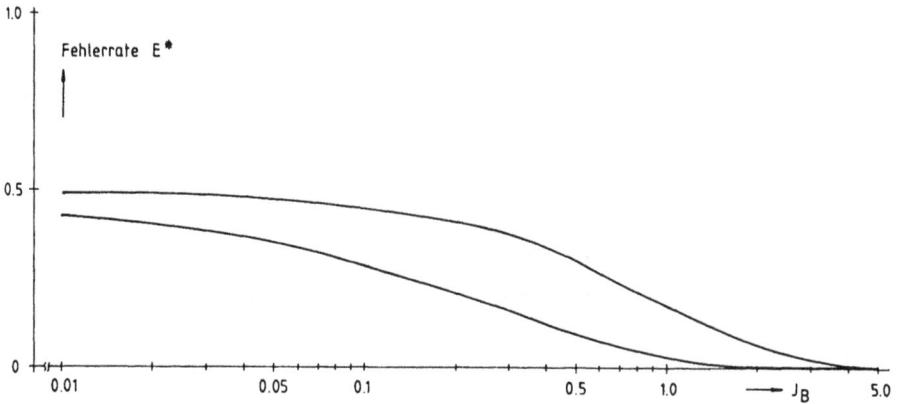

Bild 5.13 Obere und untere Begrenzung von E^* durch den Bhattacharyya-
Abstand J_B mit $p(1)=p(2)=0.5$.

So berechnet sich der Bhattacharyya-Abstand <u>für Normalverteilungen</u>, die durch
die Mittelpunktsvektoren $\underline{m}_1$ und $\underline{m}_2$ sowie die Kovarianzmatrizen $\underline{C}_1$ und $\underline{C}_2$
beschrieben sind, zu

$$J_B = \frac{1}{8} (\underline{m}_1 - \underline{m}_2)' (\frac{\underline{C}_1 + \underline{C}_2}{2})^{-1} (\underline{m}_1 - \underline{m}_2) + \frac{1}{2} \ln (|\frac{\underline{C}_1 + \underline{C}_2}{2}| |\underline{C}_1|^{-1/2} |\underline{C}_2|^{-1/2})$$

Eingehende Untersuchungen zur Frage der Abschätzung der Fehlergrenzen bei Normalverteilungen sind in /Fuk69/ durchgeführt worden. Für den Fall **gleicher**
Kovarianzmatrizen ergibt sich die Vereinfachung ($\underline{C}_1 = \underline{C}_2 = \underline{C}$):

$$8 J_B = (\underline{m}_1 - \underline{m}_2)' \underline{C}^{-1} (\underline{m}_1 - \underline{m}_2) \tag{5.53}$$

Dies ist der bekannte **Mahalanobis-Abstand**, angewandt auf die Mittelpunkte der
Verteilungen. Da diese Formel verhältnismäßig einfach auszuwerten ist, wird sie
oft zur Berechnung herangezogen, auch wenn die Kovarianzmatrizen nicht unbedingt gleich sind; man erhält dann natürlich nur eine Näherung. Für die "mittlere" Kovarianzmatrix $\underline{C}$ wird dann angesetzt:

$$\underline{C} = p(1) \underline{C}_1 + p(2) \underline{C}_2$$

Eine weitere Spezialisierung ist gegeben, wenn nur ein einziges Merkmal x_ν ausgewertet werden soll und $p(1)=p(2)=0.5$ ist. Dann gilt:

$$J_{\text{Mahalanobis}} = 2(m_{1\nu} - m_{2\nu})^2 / (\sigma_{1\nu}^2 + \sigma_{2\nu}^2) \tag{5.54}$$

Zu berücksichtigen ist, daß diese spezialisierten Gütemaße natürlich nur zulässig sind, wenn die Muster der beiden Klassen annähernd normalverteilt sind;
durch die Annahme von Normalverteilungen werden darüberhinaus nur die statistischen Momente 2.Ordnung betrachtet.

Der Bhattacharyya-Abstand besitzt alle wichtigen Eigenschaften eines Abstandsmaßes; insbesondere kann durch das Hinzufügen einer neuen Merkmalskomponente
x_{i+1} zu den bereits betrachteten Komponenten $x_1...x_i$ das Abstandsmaß nur an-
wachsen oder höchstens gleich bleiben. Dieses monotone Verhalten ist für die
optimale Merkmalsselektion im folgenden Abschnitt 5.52 eine wichtige Voraussetzung.

Neben den oben genannten Abstandsmaßen ist in der Literatur eine Vielzahl anderer Maße vorgeschlagen worden. Ähnliche Eigenschaften wie der Bhattacharyya-
Abstand hat die sogenannte **Divergenz**, für die ebenfalls Grenzen zur Abschätzung des minimalen Fehlers angegeben werden können; sehr umfassende Untersuchungen dieser Maße sind in /Pöp80,Pöp82,Che76/ durchgeführt worden. Dort
wird gezeigt, daß die Divergenz eine schärfere untere Fehlergrenze liefert als
der Bhattacharyya-Abstand. Die Divergenz ist allerdings schwierig zu berechnen,
Vereinfachungen ergeben sich wiederum nur für Normalverteilungen.

Erweiterung auf mehrere Klassen. Ein Schätzwert für die Fehlerrate E_K bei
K Klassen läßt sich aus den einzelnen Fehlerraten E_{ij} des 2-Klassen-Problems
zwischen den Klassen i und j folgendermaßen angeben /Nie83/:

$$E_K \leq \sum_{i=2}^{K} \sum_{j=1}^{i-1} E_{ij} \qquad (5.55)$$

Diese Formel liefert eine verhältnismäßig grobe Abschätzung für die obere Fehlergrenze, sie wird aber trotzdem für die Merkmalsselektion in der Praxis verwendet. Untere Fehlergrenzen für den Mehr-Klassen-Fall werden auch in /Gal65/
angegeben; über praktische Erfahrungen bei einem größeren Datensatz unter Annahme von Normalverteilungen wird in /Pöp80/ berichtet.

5.4.3 Transinformation als Gütemaß

Als sinnvolles Gütemaß für die Trennbarkeit kann auch die Information gemessen
werden, die durch Beobachtung des Merkmalsvektors über seine Klassenzugehörig-

keit geliefert wird. Gesucht ist ein Maß für die Sicherheit des Rückschlusses von dem gemessenen Merkmalsvektor $\underline{x}$ auf die Klasse k. Je kleiner die Unsicherheit des Rückschlusses im Mittel ist, desto besser sind die Merkmale zur Klassentrennung geeignet. Ohne Messung des Merkmalsvektors $\underline{x}$ besteht die Unsicherheit bzw. Entropie H darüber, welche Klasse k auftreten wird:

$$H = E\{ld\ 1/p(k)\} = -\sum_{k=1}^{K} p(k)\ ld\ p(k) \tag{5.56}$$

Wenn der Merkmalsvektor $\underline{x}$ gemessen wird, so wird die Unsicherheit über die Klassenzugehörigkeit vermindert. Der mittlere Informationsgehalt ist die bedingte Entropie (Äquivokation) $H_{\underline{x}}$, die sich aus $p(k|\underline{x})$ berechnet:

$$H_{\underline{x}} = -\sum_{k=1}^{K} \int_{\underline{x}} p(\underline{x},k)\ ld\ p(k|\underline{x})\ d\underline{x} \tag{5.57}$$

$H_{\underline{x}}$ ist jetzt kleiner als die Gesamtentropie H, wenn durch die Beobachtung von $\underline{x}$ Information über die Klasse k gewonnen wurde. Als Gütemaß ist daher die Differenz geeignet, die als **Transinformation** J_T bezeichnet wird /Nie83/:

$$J_T = H - H_{\underline{x}} \tag{5.58}$$

Unter Berücksichtigung der Beziehung

$$p(k) = \int_{\underline{x}} p(\underline{x},k)\ d\underline{x}$$

ergibt sich nach Einsetzen und Umformen:

$$J_T = \sum_{k=1}^{K} \int_{\underline{x}} p(k|\underline{x})\ p(\underline{x})\ ld\ \frac{p(k|\underline{x})}{p(k)}\ d\underline{x} \tag{5.59}$$

$$J_T = \sum_{k=1}^{K} \int_{\underline{x}} p(k)\ p(\underline{x}|k)\ ld\ \frac{p(\underline{x}|k)}{p(\underline{x})}\ d\underline{x} \tag{5.60}$$

Gl.(5.60) ist für die Auswertung besser geeignet, da hier die klassenspezifischen Verteilungsdichten vorkommen. Die Transinformation kann in diesem Zusammenhang folgendermaßen gedeutet werden: Sie gibt den Erwartungswert für die Wahrscheinlichkeit des gemeinsamen Auftretens von $\underline{x}$ und k an; dies kann ausgedrückt werden als:

$$J_T = E\{ld\ \frac{p(\underline{x},k)}{p(\underline{x})\ p(k)}\} = \sum_{k=1}^{K} \int_{\underline{x}} p(\underline{x},k)\ ld\ \frac{p(\underline{x},k)}{p(\underline{x})\ p(k)}\ d\underline{x} \tag{5.61}$$

Gl.(5.61) ist identisch mit Gl.(5.60). Das Gütemaß J_T ist Null, wenn $\underline{x}$ und k statistisch **unabhängig** und damit die Klassen nicht trennbar sind; dann gilt:

$$p(\underline{x},k) = p(\underline{x})\ p(k) \qquad \longrightarrow \quad J_T = 0$$

Ein großer Wert für J_T besagt, daß eine Abhängigkeit zwischen den Vektoren $\underline{x}$ und der Klasse k besteht. Der Maximalwert ist gegeben, wenn $\underline{x}$ die Klasse eindeutig bestimmt:

$$J_{T\ max} = - \sum_{k=1}^{K} p(k)\ \mathrm{ld}\ p(k) \tag{5.62}$$

Von Vorteil ist, daß die Transinformation gleich alle Klassen berücksichtigt und nicht auf das 2-Klassen-Problem beschränkt ist. Als Nachteil für die praktische Anwendung aber ist zu werten, daß die Transinformation nur schwierig berechnet werden kann; selbst für Normalverteilungen ergeben sich keine einfachen Lösungen, da die Randverteilung $p(\underline{x})$ in diesem Fall nicht normalverteilt ist. Darüberhinaus liefert die Transinformation keine geeigneten Abschätzungen für die zu erwartende Fehlerrate.

5.5 Merkmalsselektion

Die Merkmalsselektion (Merkmalsauswahl) hat die Aufgabe, aus einem Satz von N
Merkmalen die beste Untermenge mit r Merkmalen auszuwählen. Wie in Abschn. 5.1
bereits ausgeführt, kann die Merkmalsselektion entweder nach einer vorausgegangenen Merkmalsextraktion durchgeführt oder auch unmittelbar auf die Originaldaten
angewandt werden. Werden die Merkmale z.B. mit Hilfe der Karhunen-Loève-Reihenentwicklung bestimmt, so erfolgt die Auswahl einfach anhand der Eigenwerte
(s. Abschn. 5.2)

In vielen Fällen besteht aber die Forderung, auf eine aufwendige Transformation
zu verzichten, da diese Transformation z.B. aufgrund der großen Dimensionalität
N nicht durchführbar oder für die Echtzeitverarbeitung zu rechenintensiv ist.
In diesem Fall genügt es nicht, diejenigen Merkmale $x_1 \ldots x_N$ zu verwenden, die
einzeln betrachtet am besten sind; da die Merkmale nicht unabhängig sind, muß
im Prinzip jede Untermenge für sich überprüft werden:

$$\text{Zahl der Untermengen} \;=\; \binom{N}{r}$$

Das "Durchprobieren" aller dieser Möglichkeiten, ist selbst mit großen Rechen-
anlagen nicht mehr praktikabel. Anstelle der gesamten Überprüfung aller Kombinationen werden daher auch einfachere, heuristische Verfahren eingesetzt, die
die Merkmale einzeln auswählen.

5.5.1 Schrittweise Merkmalsauswahl

Besonders geeignet sind Suchverfahren, die die Merkmale schrittweise bestimmen.
Hierzu sind Gütemaße notwendig, die sowohl die Bewertung eines einzelnen Merkmals als auch eines ganzen Merkmalssatzes (also einer Untermenge) erlauben; die
in Abschn. 5.4 besprochenen Maße sind hierfür grundsätzlich geeignet. Da die
folgenden Algorithmen zur Merkmalsauswahl im Prinzip unabhängig von der Wahl des
Gütemaßes sind, wird im folgenden nur von einem allgemeinen Gütemaß J(.) gesprochen; es bedeutet:

$J(x_i)$:   Gütemaß für ein einzelnes Merkmal x_i ;

$J(x_1, \ldots, x_i)$:   Gütemaß für eine Untermenge $(x_1, \ldots, x_i)$.

Die schrittweise Merkmalsauswahl kann entweder durch Hinzufügen oder durch Weg-
nehmen einzelner Merkmale getroffen werden, solange bis die gesuchte Anzahl r

erreicht ist. Ein einfaches, suboptimales Verfahren soll im folgenden kurz vorgestellt werden. In Abschn. 5.5.2 wird anschließend ein optimales Baumsuchverfahren besprochen.

Der erste Schritt besteht aus einer Bewertung jedes einzelnen Merkmals; das Merkmal mit der besten Güte wird ausgewählt. Im nächsten Schritt wird zu diesem ersten Merkmal probeweise jedes übrige Merkmal einzeln hinzugenommen und diese Untermenge aus 2 Merkmalen bewertet; die beste Untermenge wird ausgewählt etc. Nach dem Schritt i seien bereits die Merkmale

$$x_1, x_2, \ldots, x_i$$

ausgewählt. Für das neue Merkmal i+1 muß gelten:

$$J(x_{i+1}) = \max_{j} (J(x_1, \ldots, x_i, x_j)) \qquad j = i+1 \ldots N \qquad (5.63)$$

Die Teilmenge wird schrittweise solange erweitert, bis sie aus r Komponenten besteht. Bei diesem Verfahren müssen insgesamt

$$r(N - (r-1)/2)$$

Untermengen mit einer von 1 bis r wachsenden Zahl von Merkmalen untersucht werden.

Eine sinnvolle Variante ist gegeben, wenn ein neues Merkmal nur dann hinzugenommen wird, wenn es mit den bereits ausgewählten Merkmalen **nicht** stark korreliert ist; denn mit einem korrelierten Merkmal wird keine neue Information über die Musterverteilung gewonnen. Die Auswahl erfolgt nur, wenn eine große Güte und gleichzeitig eine geringe Korrelation besteht. Üblich ist hierbei, den maximalen Korrelationskoeffizienten des betrachteten Merkmals zu den bestehenden (mit einem Faktor gewichtet) vom Gütemaß zu subtrahieren /Nie83/; dies ergibt das insgesamte Gütemaß des Merkmals.

5.5.2 Optimale Merkmalsauswahl mit Hilfe eines Baumsuchverfahrens

Das einzige Verfahren, mit dem die optimale Untermenge systematisch bestimmt werden kann, ohne daß alle Kombinationen getestet werden müssen, ist ein Baumsuchverfahren. Dieser Algorithmus ist unter dem Begriff "Verzweige und Begrenze" (Branch and bound) bekannt. Ausgangspunkt ist die gesamten Menge der Merkmale, von der schrittweise einzelne Merkmale weggelassen werden. Die Merkmalssuche nach den wegzulassenden Merkmalen wird in Form einer Baumstruktur organisiert.

Eine wichtige Vorraussetzung des Verfahrens ist, daß das Gütemaß **monoton ab-nimmt**, wenn die Merkmalszahl durch Aussortieren einzelner Merkmale erniedrigt wird. Es muß also gelten:

$$J(x_1, \ldots, x_N) \geq J(x_1, \ldots, x_{N-1}) \geq \ldots \geq J(x_1, x_2) \geq J(x_1)$$

Diese Eigenschaft ist z.B. für Abstandsmaße erfüllt. Die Knoten des Baumes stellen die jeweilige Untermenge dar, die Kanten sind die einzelnen Merkmale, die weggelassen werden. Jedes Blatt des Baumes ist eine Untermenge mit r Merk-malen und damit eine Lösung; es gibt so viele Blätter wie Kombinationen von r Merkmalen aus der Gesamtheit von N.

Die Baumsuche wird erheblich beschleunigt, wenn der Suchbaum **asymmetrisch** an-geordnet wird. Diese Asymmetrie sollte so aufgebaut werden, daß Knoten mit ge-ringer Güte die meisten Verzweigungen aufweisen, denn für sie ist die Wahr-scheinlichkeit, eliminiert zu werden, am größten.

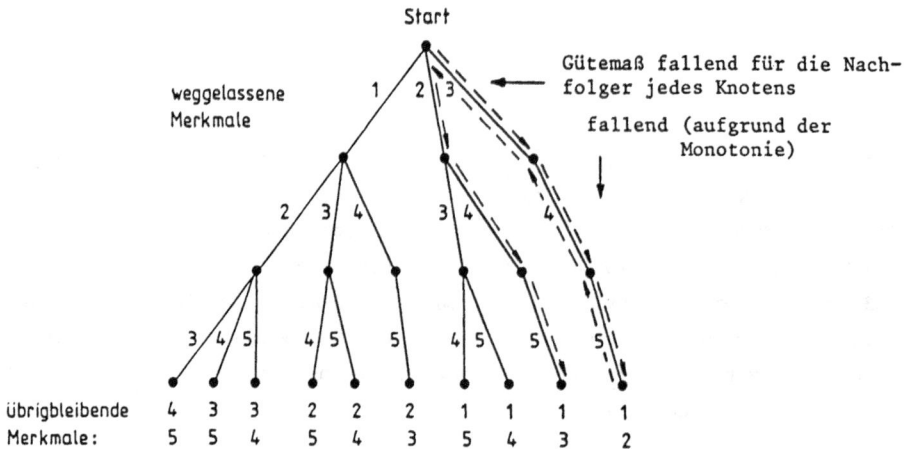

Bild 5.14 Suchbaum für die optimale Auswahl von r=2 Merkmalen aus insgesamt N=5 Merkmalen.

Das Grundprinzip besteht darin, daß auf dem schnellsten Wege ("Depth first") eine erste Lösung bestimmt wird; ihre Güte wird B genannt (Begrenzung). Diese erste Lösung wird gefunden, wenn der am weitesten rechts liegende Ast bis zu seinem Blatt ausgewertet wird, siehe Bild 5.14.

Aufgrund des monotonen Abfallens der Gütewerte können in einem Knoten, dessen Güte bereits unter den Wert B gesunken ist, alle seine Nachfolger (Äste und Knoten) unberücksichtigt bleiben, da sie die bereits gefundene vorläufige Lösung B nie mehr überbieten können. Wird ein Blatt des Baums erreicht, so ist dies eine neue Lösung; ist deren Güte größer als B, so wird B auf den neuen Wert gesetzt und als neue untere Grenze verwendet. Der Algorithmus endet, wenn aufgrund der Begrenzungsregel kein Knoten mehr bearbeitet werden muß, oder wenn der ganze Baum abgearbeitet ist. In den vorliegenden Untersuchungen wurde der "Verzweige und Begrenze"-Algorithmus in einem Programm realisiert /Rus85a/, das sich mit kleinen Modifikationen an die Darstellung in /Nie83/ anlehnt.

Die Abarbeitung der Baumstruktur ist in Bild 5.14 mit gestrichelten Pfeilen eingezeichnet. Das Verfahren findet in jedem Fall die optimale Lösung. Eine enorme Einsparung gegenüber der vollständigen Suche wird vor allem für den Fall $r = N/2$ erreicht, denn dann gibt es die meisten Kombinationsmöglichkeiten. Allerdings ist bei der Aufwandsabschätzung zu berücksichtigen, daß außer den Untermengen, die zu einem Blatt des Suchbaums gehören, auch alle diejenigen Teilmengen geprüft werden müssen, die zu den bearbeiteten Knoten innerhalb des Baums gehören. Wenn also r sehr klein ist oder die Differenz N-r sehr klein ist, so kann durchaus die vollständige Überprüfung aller Kombinationen günstiger sein als das Baumsuchverfahren. Eine Anwendung des Verfahrens auf Vokalspektren wird im nächsten Abschnitt beschrieben.

5.5.3 Experimentelle Untersuchungen mit Vokalspektren

Die optimale Merkmalsauswahl mit Hilfe des Baumsuchverfahrens wurde auf die Vokalstichprobe (Lernstichprobe aus Abschn. 3.5) angewandt. Die Merkmalsvektoren wurden in diesem Fall keiner Transformation unterworfen, da definitionsgemäß die besten Komponenten unmittelbar in den Original-Lautheitsspektren bestimmt werden sollten. Als Gütekriterium zur Beurteilung der jeweiligen Untermengen während des Baumsuchverfahrens kam der NN-Klassifikator zum Einsatz, der für die diskrete Stichprobe die beste Abschätzung der zu erwartenden Fehlerrate ermöglicht. Das aufwendige Verfahren wurde nur für die Auswahl von 2, 4, und 8 Komponenten (Kanäle) durchgeführt; als beste Komponenten ergaben sich:

für 2 Komponenten: Komponente 9, 12,
für 4 Komponenten: Komponente 9, 12, 13, 14
für 8 Komponenten: Komponente 2, 5, 8, 11, 12, 13, 14, 22

In der Anwendungsphase bedeutet dies, daß nur die ausgewählten Komponenten
(=Kanäle der Lautheitsspektren) verwendet werden. An der Auswahl der Komponenten
wird ersichtlich, daß der mittlere Frequenzbereich von 9-12 Bark (etwa 1.0-1.6
kHz) für die Unterscheidung der Vokale sehr wichtig ist; damit wird hauptsächlich der Bereich für den 2.Formanten erfaßt. Bild 5.15 zeigt die Erkennungsraten
der unabhängigen Teststichprobe bei Einsatz des Minimum-Abstands-Klassifikators
im Vergleich der unterschiedlichen Merkmalsextraktionsverfahren. Wie aus den
Betrachtungen in Abschn. 5.3.2.2 zu erwarten war, ist die optimale Transformation bezüglich der Klassenmittelpunkte in allen Fällen überlegen, da sie für
diesen Klassifikatortyp besonders geeignet ist. Bemerkenswert ist allerdings,
daß die Merkmalsselektion nur um etwa 3% schlechtere Erkennungsraten liefert
als die Hauptachsentransformation. Für die praktische Anwendung bedeutet dies,
daß für den Minimum-Abstands-Klassifikator die Hauptachsentransformation keinen
großen Vorteil bringt, sondern daß dann ebenso gut auch gezielt ausgewählte Komponenten der Original-Lautheitsspektren verwendet werden können.

Für den NN-Klassifikator liegen die Verhältnisse allerdings etwas anders, siehe
Bild 5.16. Bei Verwendung von 2 oder 8 Komponenten sind alle 3 Verfahren letzt-

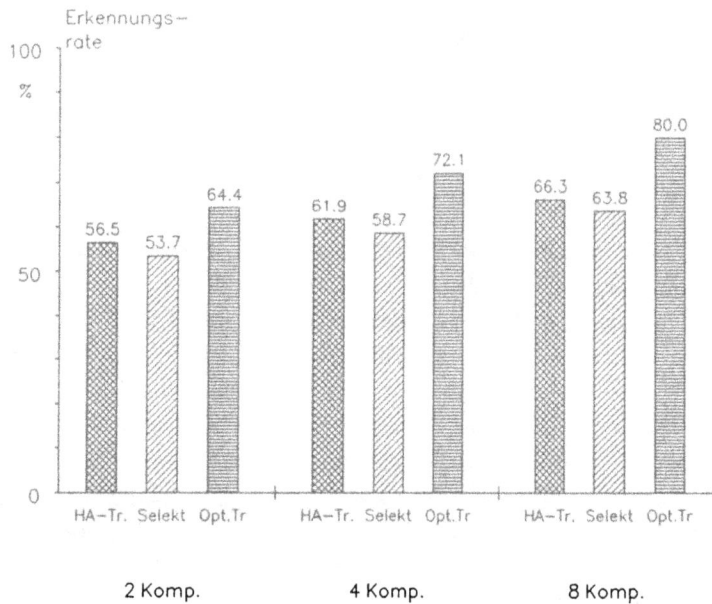

Bild 5.15 Vergleich der Erkennungsraten des Minimum-Abstands-Klassifikators
bei Hauptachsentransformation, bei Merkmalsselektion und
bei optimaler Transformation.

Erkennungs-
rate
%

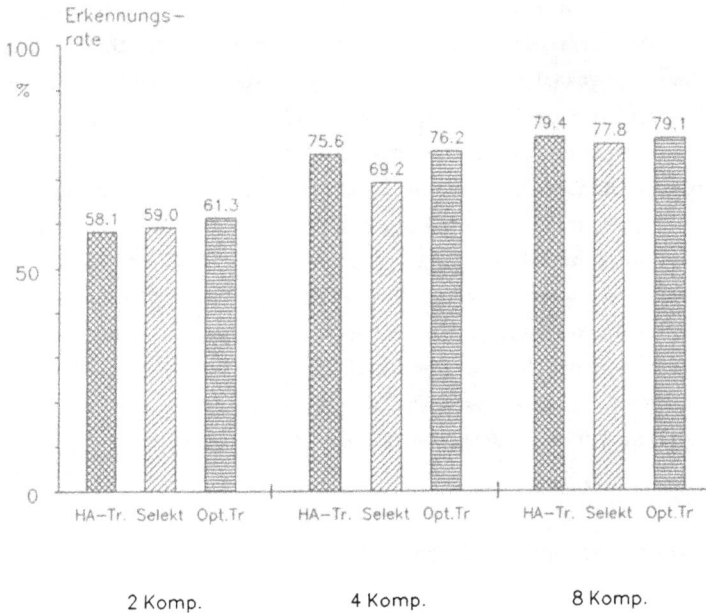

Bild 5.16 Vergleich der Erkennungsraten des Nächster-Nachbar-Klassifikators
bei Hauptachsentransformation, bei Merkmalsselektion und
bei optimaler Transformation.

lich gleichwertig. Die Beschreibung der Musterverteilung anhand vieler Prototypen läßt sich hier im Hauptachsensystem offensichtlich genauso gut vornehmen
wie im Achsensystem der optimalen Transformation oder auch anhand ausgewählter
Komponenten der Originalmuster; der Unterschied wird immer geringer, je höher
die Komponentenzahl gewählt wird. Der NN-Klassifikator ist offenbar verhältnismäßig unempfindlich gegenüber derartigen Transformationen, so daß in diesem
Fall eine Transformation auch ganz wegfallen kann. Die Unempfindlichkeit läßt
sich auch dadurch erklären, daß der NN-Klassifikator sich ähnlich verhält wie
der Bayes-Klassifikator (s. Abschn. 4.3.1), dessen Erkennungsleistung invariant
gegenüber Transformationen des Merkmalsraums ist. Es muß natürlich gewährleistet sein, daß durch das Weglassen der Komponenten keine für die Klassentrennung notwendige Information verloren geht. Allerdings ist der Rechenaufwand
beim NN-Klassifikator auch am größten, da sehr viele Abstandsmessungen durchgeführt werden müssen.

6. Automatische Spracherkennung auf der Basis silbenorientierter Einheiten

Die bisherigen Betrachtungen zur Klassifikation und Merkmalsextraktion bezogen sich auf die Verabeitung einzelner Kurzzeitspektren, die in dieser Form unmittelbar zur Vokalerkennung herangezogen werden können. Für die Erkennung der Konsonanten (und auch der Diphthonge) müssen jedoch weitergehende Verfahren konzipiert werden, die insbesondere auch die zeitlichen Charakteristika der Sprachlaute einbeziehen. Eine wichtige Einflußgröße ist darüberhinaus der sprachliche Kontext, da die Sprachlaute durch Koartikulation während des Sprechvorgangs in ihren Eigenschaften stark verändert werden können; dies trifft in besonderen Maße für Konsonanten zu. Hier sind Verfahren notwendig, die eine Berücksichtigung der starken Koartikulationseffekte gestatten. Im folgenden soll ein kurzer Überblick über die wichtigsten bekannt gewordenen Lösungsansätze gegeben werden; anschließend wird ein eigener Ansatz zur silbenorientierten Spracherkennung ausführlich behandelt.

6.1 Grundkonzepte für Spracherkennungssysteme

Die Entwicklung auf dem Gebiet der automatischen Spracherkennung und Sprachinterpretation hat zu verschiedenen Ansätzen geführt, die eine Aufgliederung der komplexen Gesamtaufgabe in einzelne Teilaufgaben ermöglichen. Diese Teilaufgaben umfassen die parametrische Vorverarbeitung des Sprachsignals, die Segmentierung in geeignete Verarbeitungseinheiten, die Klassifikation in phonetisch orientierte Kategorien, die Nutzung von lexikalischem Wissen sowie die syntaktische, semantische und pragmatische Analyse. Die verschiedenen Vorgehensweisen unterscheiden sich darin, auf welche Weise die einzelnen Teilaufgaben berarbeitet werden. Auch die Festlegung der Teilaufgaben selbst ist unterschiedlich; wie in Abschn. 2 ausgeführt wurde, kann z.B. die Segmentierung in kleinere Einheiten auch während der Klassifikation "implizit" erfolgen, so daß dann zwei Teilaufgaben zusammengefaßt sind.

Besonders bekannt geworden sind die Systeme HARPY und HEARSAY-II, die beide im Rahmen der ARPA-Projekte entwickelt wurden /Kla77/. Im HARPY-System wurde versucht, das gesamte phonetische, phonologische, lexikalische und syntaktische Wissen explizit in einem einzigen Netzwerk darzustellen; die Erkennung eines gesprochenen Satzes läßt sich damit auf eine Suche nach dem besten Weg durch dieses Netzwerk zurückführen /Low80/. Die Organisation von HARPY ist extrem nicht-modular, was die Formulierung der einzelnen Wissensquellen und deren Gesetzmäßigkeiten erschwert. Das System HEARSAY-II dagegen ist streng modular aufgebaut; hier arbeiten mehrere Programm-Moduln parallel zusammen, die das Wissen auf den verschiedenen Ebenen verkörpern. Von einem übergeordneten Kontrollprogramm werden die einzelnen Aktivitäten gesteuert und die von den einzelnen Programm-Moduln aufgestellten Hypothesen koordiniert. Die Überlegenheit dieses Konzepts zeigt sich insbesonders, wenn die Aufgabenstellung die Berücksichtigung der semantischen und pragmatischen Zusammenhänge erfordert. Eine ähnliche Strategie verfolgt das deutsche System EVAR /Nie84,Nie85,Hei82/. Typische Anwendungen sind Auskunftsysteme, die in Frage und Antwort einen gesprochenen Dialog mit dem Benutzer führen können.

Akustisch-phonetische Analyse. Ein wichtiger Ausgangspunkt für die Spracherkennung und Sprachinterpretation ist die akustisch-phonetische Analyse, die den weiteren Verarbeitungsstufen die phonetisch relevante Information zur Verfügung stellt. Zur Erfassung und Behandlung der Koartikulationseffekte sind verschiedene Ansätze bekannt geworden. Ein erster Schritt ist im allgemeinen eine spektrale Kurzzeitanalyse, die in Abständen von etwa 10 ms vorgenommen wird. In vielen Fällen wird die spektrale Verarbeitungsweise des menschlichen Gehörs berücksichtigt, indem die Frequenzzerlegung auf einer Bark-Skale erfolgt. Als vorteilhaft hat sich weiterhin die Berechnung des Cepstrums über der Bark-Skale erwiesen /Dav80/, s. Abschn. 3.

In der Weiterverarbeitung der 10-ms-Spektren unterscheiden sich die verschiedenen Ansätze beträchtlich. Als Beispiel seien hier drei "klassische" Systeme genannt. Im IBM-System /Bah80/ werden die klassifizierten 10-ms-Spektren einem Markov-Modell zugeführt, das eine Zuordnung dieser Sequenz zu einzelnen Phonen vornimmt; ein weiteres Markov-Modell beschreibt die mögliche Aufeinanderfolge einzelner Phone für ein bestimmtes Wort des Wortschatzes. Diese Darstellung eines Wortes läßt sich damit als Netzwerk interpretieren, das die möglichen Aussprachevarianten wiedergibt. Die Wahrscheinlichkeiten für die Übergänge zwischen den einzelnen Knoten des Netzwerkes müssen in einem Lernvorgang bestimmt werden. Eine wichtige Vereinfachung wurde durch Zusammenfassung derjenigen Teile des Phon-Graphen erreicht, die zwischen solchen Knoten liegen, die in jedem Fall durchlaufen werden müssen (sogenannte "confluent node links" bzw. "Clinks"). Segmente von der Größe eines Clinks sind damit die kleinsten Einheiten, in denen ein Satz als lineare Sequenz beschrieben werden kann. Die Clinks können ein einzelnes Phon, Phonübergänge oder auch mehrere Phone umfassen. Bedeutsam erscheint hier, daß damit ein Übergang auf größere Bereiche vorgenommen wird, die als unabhängige Einheiten betrachtet werden können.

Vergleichbar mit diesem Vorgehen ist vor allem der Ansatz in /Kla79/. Dort
werden Diphone zur Beschreibung der akustisch-phonetischen Eigenschaften benutzt (ca. 2000 für das Englische). Im Gegensatz zum IBM-System werden hier
die kontextabhängigen Variationen der einzelnen Phone durch Gesamtmuster der
Diphone beschrieben, die jeweils aus einer Aufeinanderfolge einzelner Spektren
bestehen. Da vor allem in der englischen Sprache Konsonant-Vokal-Übergänge
elementare Bestandteile von Silben sind, kann man diesen Ansatz auch als
ersten Schritt zur Verwendung von silbenorientierten Einheiten bezeichnen. Im
Deutschen treten allerdings kompliziertere Konsonantenverbindungen im Silben-
an- und Auslaut auf.

Als drittes klassisches Beispiel sei das System HWIM erwähnt, in dem akusti-
sche Parameter wie z.B. Formantfrequenzen, Nulldurchgangshäufigkeiten und der
Grundfrequenzverlauf ausgewertet wurden; eine Zusammenfassung ist ebenfalls in
/Kla77/ enthalten. Kennzeichnend ist die Bereitstellung von alternativen Ent-
scheidungen bei der phonetischen Klassifikation in Form einer sogenannten
Lattice-Struktur. Bei der Suche im Wortlexikon werden auch die alternativen
Entscheidungen unter Berücksichtigung der bei der Klassifikation erreichten Güte
überprüft. Indirekt werden dadurch für jede lexikalische Repräsentation eines
Wortes auch alternative sprachliche Realisierungen zugelassen.

Silbenorientierte Segmentierung. Die Schwierigkeiten einer phonemorientierten
Verarbeitung haben dazu geführt, eine Segmentierung in größere Einheiten vorzunehmen. Insbesondere wird angestrebt, bereits im Signalbereich Abschnitte
abzugrenzen, die sich an der Silbenstruktur orientieren. Diese Abschnitte können ganze Silben, Teile von Silben oder auch Bereiche zwischen aufeinanderfolgenden Silbenkerne umfassen.

In /Hun80/ wird das Sprachsignal in einzelne Silben aufgeteilt; die Grenzen
zwischen aufeinanderfolgenden Silben werden durch lokale Minima einer Funktion
angezeigt, die eine Näherung an den zeitlichen Verlauf der Lautheit ist. In
einem Experimentiersystem wurde gezeigt, daß die Verwendung von Silben als
Einheiten wesentliche Vereinfachungen und Vorteile bringt. Problematisch ist
die große Anzahl verschiedener Silben. Daher wurde bereits in /Fuj75/ ein
erster Schritt in Richtung zu einer Aufteilung der Silben in Silbenanlaut und
Silbenauslaut vorgenommen. Es wurde gezeigt, daß diese Silbenteile hinsichtlich der Kontextabhängigkeit weitgehend invariante und selbständige Einheiten
darstellen.

In einem anderen Ansatz /DeMo83/ wird versucht, die Lokalisierung der Silbenkerne (Vokale und Diphthonge) und die anschschließende Verarbeitung der da-
zwischenliegenden Konsonanten mit Hilfe syntaktischer Methoden durchzuführen.
Diese Segmentierung in sogenannte "Pseudo-Silben-Segmente" (PSS) bietet den
Vorteil, daß auch die Koartikulationseffekte zwischen Silbenauslaut und nach-
folgendem Silbenanlaut erfaßt werden. Im Gegensatz zur Halbsilben-Segmentierung, die in Abschn. 7.1 vorgestellt wird, ist hier jedoch das Inventar an verschiedenen Segmenten erheblich größer. Eine explizite Segmentierung wird auch
im System SPICOS durchgeführt /Schmi87/. Die Aussprachevarianten der Wörter
werden dort in einem phonologischen Netzwerk dargestellt, das auch die Koartikulation zwischen aufeinanderfolgenden Wörtern erfaßt /Mar87/.

6.2 Die Rolle der Silbe in der Sprachverarbeitung

Eine wichtige Stufe in jedem Sprachinterpretationssystem ist die Wortebene, da
die Wörter sowohl eine grammatikalische Funktion besitzen als auch Bedeutungs-
träger sind. Auch in fließender Sprache wird daher angestrebt, in einer
Zwischenstufe die einzelnen Wörter zu erkennen bzw. Worthypothesen aufzu-
stellen. Die zuverlässige Abgrenzung der Wörter ist in diesem Fall jedoch
praktisch nicht möglich, da keine verläßliche Unterscheidung zwischen Wortgrenzen und Silbengrenzen getroffen werden kann. Dies wird unmittelbar am Beispiel derjenigen Wörter deutlich, die bereits aus einzelnen Wörtern zusammengesetzt sind ("Eisen-bahn", "Bahn-hof", etc.). Die Wortgrenzen innerhalb der
zusammengesetzten Wörter werden genauso behandelt und denselben phonologischen
Regeln unterworfen wie Silbengrenzen; in gleicher Weise werden in fließender
Sprache die Wörter wie Silben miteinander verbunden und koartikuliert. Als
unmittelbare Konsequenz bietet sich daher an, nicht Wörter sondern Silben als
diejenigen Grundelemente mit der größten zeitlichen Ausdehnung zu betrachten,
aus denen sich jede sprachliche Äußerung "bausteinartig" aufbauen läßt.

Tatsächlich sprechen mehrere Gründe dafür, die Silbe als "Einheit" für die
Sprachverarbeitung zu betrachten. Begründungen finden sich aus der Sicht

    a) der Spracherzeugung (Artikulation),
    b) der Sprachwahrnehmung (Perzeption),
    c) der praktischen Durchführbarkeit in einem technischen System.

Auf diese drei Argumente soll im folgenden kurz eingegangen werden.

Zu a) Die Grundgeste beim Sprechen besteht in einem wiederholten Öffnen und Schließen bzw. Verengen des Vokaltrakts. Obwohl diese Beschreibung des Ablaufs nicht für alle Einzelfälle exakt zutreffend ist, können die Lautkomplexe, die in den so entstehenden Intervallen erzeugt werden, mit guter Übereinstimmung den einzelnen Silben zugeordnet werden. Daraus leitet sich die Definition der sogenannten "Sprechsilbe" ab; eine ausführiche Darstellung ist in /Ham66/ zu finden, die verschiedenen Silbendefinitionen werden auch in /Scho80/ diskutiert.

Diese Grundgeste beim Sprechen bewirkt unter anderem einen Anstieg der Lautstärke innerhalb des Silbenzentrums, einen typischen Tonhöhenverlauf mit einem Maximum im Silbenzentrum und einem Qualitätsverlauf der Phone, der besonders ausgeprägt in der Silbenmitte ist (genauer gesagt im "silbischen Phon", siehe /Ham66/). Diese Effekte lassen sich auch in einem automatischen System auswerten und erfolgreich für die Segmentierung nutzen. Der Produktionsmechanismus der Sprechsilbe ist dafür mitverantwortlich, daß durch Koartikulation innerhalb des silbenanlautenden und des silbenauslautenden Teils die akustischen Merkmale voneinander stark abhängen und nicht isoliert voneinander ausgewertet werden können. Daher sollten auch bei der automatischen Analyse diese Lautkomplexe gemeinsam betrachtet werden.

Zu b) Die Frage nach den sprachlichen Einheiten stellt sich auch in der Sprachwahrnehmung; eine Übersicht ist in /Rus82/ zu finden. Verschiedene experimentelle Ergebnisse deuten darauf hin, daß Konsonanten und Vokale nicht unabhängig voneinander wahrgenommen werden. Experimente mit Konsonant-Vokal-Konsonant-Komplexen (CVC) zeigten, daß die Information über die Konsonanten und den Vokal einer Silbe bei der Vokalidentifikation zusammenwirken. Wurden in diesen Experimenten die Vokale einzeln präsentiert, so war die Erkennungsrate für die Vokale geringer, als wenn die Vokale in der konsonantischen Umgebung dargeboten wurden /Stra76/. In einem anderen Experiment wurde nachgewiesen, daß ein bestimmtes Merkmal gleichzeitig für den Konsonanten wie auch für den benachbarten Vokal wirksam sein kann /Mer78/. Dort wurde die Vokaldauer verändert - ein Merkmal, das sowohl für die Vokalqualität als auch für die Stimmhaftigkeit eines Plosivlauts im Silbenauslaut bestimmend ist, so z.B. für die "Auslautverhärtung" von /d/ zu /t/. Aufgrund der experimentellen Ergebnisse haben die Hörer offensichtlich nicht etwa einen Teil der Silbenlänge dem Vokal zugeordnet und einen anderen Teil dem Konsonanten. Vielmehr wurde die gesamte Dauer benutzt, um die Vokale zu identifizieren, und dieselbe Gesamtdauer trug zur Unterscheidung zwischen dem stimmhaften /d/ oder dem stimmlosen /t/ bei; d.h. der akustische Parameter "Gesamtdauer" wurde für Vokal und Konsonant gleichermaßen verwendet.

Derartige Ergebnisse deuten darauf hin, daß die Analyse von Vokal und Konsonant nicht getrennt erfolgt, sondern daß Einheiten betrachtet werden, die mindestens die Ausdehnung einer Silbe umfassen. In /Stu79/ wird die Vorstellung entwickelt, daß eine Silben-Segmentierung eher in einer peripheren Stufe der Wahrnehmung erfolgt, während die Segmentierung in einzelne Phoneme den höheren Verarbeitungsprozessen des Gehirns zuzuschreiben ist und damit letztlich ein Ergebnis der Klassifizierung ist.

Zu c) Ein entscheidender Gesichtspunkt ist die praktische Realisierbarkeit der Segmentierung in einem automatischen Erkennungssystem. Zwei Eigenschaften erleichtern die Lokalisierung der Silbenzentren ganz erheblich: zum einen kann mit einem Maximum der Lautstärke oder besser der psychoakustischen Empfindungsgröße "Lautheit" gerechnet werden, zum anderen läßt sich der Bereich des Vokals im Silbenkern anhand der spektralen Verteilung verhältnismäßig leicht feststellen. Beide Auswertungen können zusammengefaßt werden und ergeben einen einfachen Silbendetektor, der in Abschn. 7.1 ausführlich dargestellt wird.

Problematischer ist demgegenüber die genaue Abgrenzung aufeinanderfolgender Silben. Relative Minima im Lautheitsverlauf können als Kandidaten für Silbengrenzen betrachtet werden /Mer75,Hun80,Rus78/. Dieses Problem ist jedoch nicht allzu schwerwiegend, da die endgültige Festlegung der Silbengrenze unter Einbezug der Klassifikation der Segmente später noch genauer getroffen und korrigiert werden kann (siehe Abschn. 7.1). Im übrigen muß von dem Silben-Segmentierungs-Algorithmus auch nicht verlangt werden, unbedingt die "wahre" Silbengrenze zu finden; vielmehr genügt es, das Signal in solche silbenartigen Abschnitte aufzuteilen, die reproduzierbar sind und die vom automatischen System leicht verarbeitet werden können. Das bedeutet, daß innere Konsonanten zwischen zwei aufeinanderfolgenden Silben in manchen Fällen durchaus in 2 Hälften aufgeteilt werden können, die zum einen Teil der vorhergehenden Silbe und zum anderen Teil der nachfolgenden Silbe zugeordnet werden. So kann z.B. das Wort "kamen" in /ka:m/ und /mən/ zelegt werden, wobei die Silbengrenze jetzt mitten durch den Konsonanten /m/ verläuft.

6.3 Halbsilben als Verarbeitungseinheiten

Die Segmentierung in Silben bietet den Vorteil, daß die wesentlichsten Koartikulationseffekte in den Segmenten enthalten sind und sich benachbarte Segmente
verhältnismäßig wenig beeinflußen; dies ist eine wichtige Voraussetzung, um
ein Segment als "Einheit" betrachten zu dürfen. Problematisch ist allerdings
die große Zahl verschiedener Silben, die im Deutschen wohl über 5000 beträgt.
Eine wesentliche Reduktion dieses Inventars läßt sich erreichen, wenn jede
Silbe in 2 "Halbsilben" aufgeteilt wird, die sich von der Silbengrenze bis zur
Silbenmitte (Anfangshalbsilbe) und von der Silbenmitte bis zur nächsten
Silbengrenze (Endhalbsilbe) erstrecken. Im Deutschen muß man mit größenordnungsmäßig jeweils etwa 1000 verschiedenen Anfangs- und Endhalbsilben
rechnen. Die Halbsilben-Segmente besitzen praktisch noch alle Vorteile ganzer
Silben: sie sind leicht zu lokalisieren und sie beinhalten die stärksten Koartikulationseffekte; die Koartikulation zwischen zwei aufeinanderfolgenden
Halbsilben ist demgegenüber verhältnismäßig schwach. Diese Tatsache wird
überzeugend durch Sprachsynthese-Experimente belegt, die von einer Anein-
anderreihung einzelner Halbsilben-Prototypen ausgehen, wobei an den Schnitt-
stellen relativ einfache Interpolationsregeln angewandt werden /Det84,Det85/.
Die auf diese Weise synthetisierte Sprache ist von besonders guter Qualität
und Natürlichkeit. Die Halbsilbe kann damit als sehr sinnvolle und praktische
Verarbeitungseinheit angesehen werden.

Die Definition der Halbsilbe wird allerdings in der Literatur nicht ganz eindeutig gehandhabt. In den eigenen Arbeiten ist die Halbsilbe grundsätzlich als
anlautende und auslautende Silbenhälfte definiert, wobei die Trennlinie im
Silbenzentrum (dem Punkt größter Lautheit) liegt. Demgegenüber sind in der
anglo-amerikanischen Literatur abweichende Festlegungen für die Abgrenzung der
Halbsilben vorgeschlagen worden, die insbesondere auf den Arbeiten von /Fuj75/
basieren. In /Ros81/ wird die Aufteilung der beiden Halbsilben "asymmetrisch"
vorgenommen: die Anfangshalbsilbe wird verkürzt, indem die Grenze im Silben-
vokal unmittelbar hinter den Konsonant-Vokal-Übergang gelegt wird; auf diese
Weise enthält die Endhalbsilbe den größten Teil des Silbenvokals. Damit wird
vor allem der Einfluß postvokalischer Konsonanten (z.B. Nasale) ganz auf den
Bereich der Endhalbsilbe begrenzt. Zusätzlich werden bei den Endhalbsilben
sogenannte "phonetische Affixe" abgetrennt (/s,z,t,d,θ/), die als unabhängige
Einzelkonsonanten behandelt werden; dadurch läßt sich das benötigte Inventar
noch weiter reduzieren.

In den obengenannten Arbeiten zur Halbsilben-Synthese deutscher Sprache
/Det84, Det85/ wird ebenfalls bereits eine leicht asymmetrische Aufteilung
vorgenommen; darüberhinaus werden ebenfalls sogenannte "Suffixe" (im wesentlichen /s, t, st, ts, f und ∫/) abgetrennt. Die erzielte Sprachqualität läßt
diese Modifikationen in der Halbsilbenaufteilung als durchaus sinnvoll erscheinen; eine Übertragung des Konzepts auf die automatische Erkennung
deutscher Sprache wurde allerdings noch nicht vorgenommen.

6.4 Vokale und Konsonantenfolgen als Entscheidungseinheiten

Werden die Halbsilben-Segmente unmittelbar zur Klassifikation herangezogen,
stellt sich das Problem, eine entsprechend große Zahl von Klassen unterscheiden zu müssen; hierbei ist allein die Gewinnung einer genügend großen und
repräsentativen Stichprobe problematisch. Die Klassenzahl läßt sich jedoch
drastisch reduzieren, wenn der innere Aufbau einer Halbsilbe berücksichtigt
wird: jede Halbsilbe enthält einen Teil des Vokals vom Silbenkern und eine
sogenannte "Konsonantenfolge", die aus allen Konsonantenkombinationen im
Silbenanlaut bzw. -auslaut bestehen kann. Es ist daher sinnvoll, verschiedene
Klassifikatoren vorzusehen, nämlich jeweils einen für den vokalischen Bereich im
Silbenkern (Vokalklassifikator), für den konsonantischen Bereich im Silbenanlaut
(Klassifikator für Anfangskonsonantenfolgen) und für den konsonantischen Bereich
im Silbenauslaut (Klassifikator für Endkonsonantenfolgen). Damit werden Vokale
und Konsonantenfolgen als Entscheidungseinheiten (Klassen) festgelegt. Eine
exakte Abgrenzung zwischen vokalischem und konsonantischem Bereich ist hierbei
nicht unbedingt nötig. Es genügt, wenn der interessierende Bereich grob angezeigt und dem entsprechenden Klassifikator zugeführt wird; nähere Einzelheiten
sind in Abschn. 7.2.1.1 beschrieben.

Die silbenorientierte Segmentierung und Klassifizierung läßt sich formal in den
entscheidungstheoretischen Ansatz nach Abschn. 2.2 folgendermaßen einordnen.
Die Datenvektoren $\underline{x}_1, \ldots, \underline{x}_M$ der unbekannten Äußerung werden zu Segmenten zusammengefaßt; die Segmentierung liefert damit eine Folge:

$$(\underline{x}_1, \ldots, \underline{x}_p), \ (\underline{x}_{p+1}, \ldots, \underline{x}_q), \ \ldots\ldots, \ (\underline{x}_{v+1}, \ldots, \underline{x}_M)$$

Die Klassifizierung ordnet jedem Segment phonetische Symbole zu:

$$(\underline{x}_1, \ldots, \underline{x}_p) \quad \rightarrow \text{ Symbole für A}$$

$$(\underline{x}_{p+1}, \ldots, \underline{x}_q) \quad \rightarrow \text{ Symbole für V}$$

$$(\underline{x}_{r+1}, \ldots, \underline{x}_s) \quad \rightarrow \text{ Symbole für E}$$

$$(\underline{x}_{s+1}, \ldots, \underline{x}_t) \quad \rightarrow \text{ Symbole für A}$$

$$\ldots\ldots \qquad \ldots\ldots$$

$$(\underline{x}_{v+1}, \ldots, \underline{x}_M) \quad \rightarrow \text{ Symbole für E .}$$

Als phonetische Symbole werden Konsonantenfolgen und Vokale eingesetzt, siehe Bild 6.1 bis 6.3. Die Klassifikation liefert damit die Symbole k_i in der festen Reihenfolge A (Anfangskonsonantenfolge, vor dem Vokal), V (Vokal) und E (End-konsonantenfolge, hinter dem Vokal) für je eine Silbe. Jede sprachliche Äuße-rung wird demgemäß durch die akustisch-phonetische Verarbeitung hier als Folge von A-V-E-A-V-E-....-A-V-E dargestellt.

Aufgrund der phonologischen Beschränkungen ist nur eine bemerkenswert geringe Anzahl von Konsonantenfolgen im Silbenanlaut bzw. -auslaut möglich. Die Bau-gesetze der Sprache schreiben vor, daß im Deutschen (wie auch im Englischen und in anderen Sprachen) gewisse Konsonanten näher beim Vokal stehen müssen als andere Konsonanten. So haben z.B. /l/,/r/,/m/,/n/,/ŋ/,/v/ im Deutschen eine höhere "Vokalaffinität" als die Plosiv- und Frikativlaute. Dadurch wird die Zahl möglicher Konsonantenkombinationen grundsätzlich eingeschränkt; aber auch die verbleibenden möglichen Kombinationen werden bei weitem nicht alle benutzt. Eine formale Darstellung dieser Gesetzmäßigkeiten wurde in Form eines Graphen angegeben /Seck86/). Im Deutschen kommen nur die in Bild 6.1 dargestellten 47 Anfangskonsonantenfolgen vor. Werden auch äußerst seltene Verbindungen (z.B. /dv/) sowie Fremdwörter zugelassen, vergrößert sich dieses Inventar ent-sprechend, bleibt aber trotzdem stark limitiert.

Die Zahl der Endkonsonantenfolgen ist bedeutend größer, da infolge grammati-kalischer Flexionen verschiedene Beugungsendungen angehängt werden können, siehe Bild 6.2. Nach neueren Auszählungen ergibt sich damit ein maximales Inventar von 159 Endkonsonantenfolgen, wobei jedoch viele nur äußerst selten vorkommen. Wird der Wortschatz auf 8000 Wörter begrenzt, so sind bereits 103 Endkonsonantenfolgen ausreichend, bei einem Wortschatz der 1001 häufigsten Wörter des Deutschen sind es nur noch 50 Endkonsonantenfolgen (/Scho84/).

Das Inventar der Vokale und Diphthonge ist in Bild 6.3 wiedergegeben. Die Unterscheidung in lange und kurze Vokale ist für die praktische Anwendung in

```
' p  t   k   b   d   g   h   f   z   ʃ   m   n   l   r   v   j
ʃpr pr  ʃtr tr  kr  br  dr  gr  pfr fr  ʃr
ʃpl pl  kl  bl  gl  pfl fl  ʃl  ʃm  ʃn  kn  gn
tsv ʃv  kv          ʃp  ʃt  pf  ts
```

Bild 6.1 Inventar der Anfangskonsonantenfolgen im Deutschen.

```
r   l   m   n   ŋ   p   t   k   f   s   ʃ   ç   x   -  ⎫
rl  rm  rn  rp  rf  rt  rʃ  rk  rç                     ⎪  in der Regel auch
lm  ln  lp  lf  lt  lʃ  lk  lç                         ⎬  mit den Suffixen
ŋk  nf  nʃ  nç  mp  mpf mʃ                              ⎪  -s  -t  -st  -ts
pf  pʃ  ft  tʃ                                         ⎭
```

Bild 6.2 Inventar der Endkonsonantenfolgen im Deutschen.

```
a:  a   e:  e   i:  i   o:  o   u:  u
ɛ:  ɛ   ø:  ø   y:  y   ə
ai  au  oi
```

Bild 6.3 Inventar der Vokale und Diphthonge im Deutschen.

der automatischen Spracherkennung vielfach nicht notwendig, da es bei Beschränkung auf kleinere Wortschätze nur selten vorkommt, daß sich Wörter ausschließlich in der Vokaldauer unterscheiden. Werden die vollständigen Inventare für Konsonantenfolgen und Vokale benutzt, läßt sich mit diesen Einheiten praktisch ein unbeschränkter deutscher Wortschatz sowohl bei Einzelwörtern als auch bei fließender Sprache repräsentieren.

7. Experimentelle Untersuchungen zur silbenorientierten Spracherkennung

Im folgenden wird eine Reihe grundlegender Experimente mit verschiedenen Verfahren zur silbenorientierten automatischen Spracherkennung beschrieben. Im wesentlichen handelt es sich hierbei um 2 Systeme:

- ein System zur Erkennung einzelner Wörter (**System A**),

- sowie ein System zur Erkennung fließend gesprochener Sätze (**System B**).

Ein Blockdiagramm ist in Bild 7.1 wiedergegeben. Beide Systeme gehen von derselben akustisch-phonetischen Analyse aus; daher soll dieser Teil gemeinsam

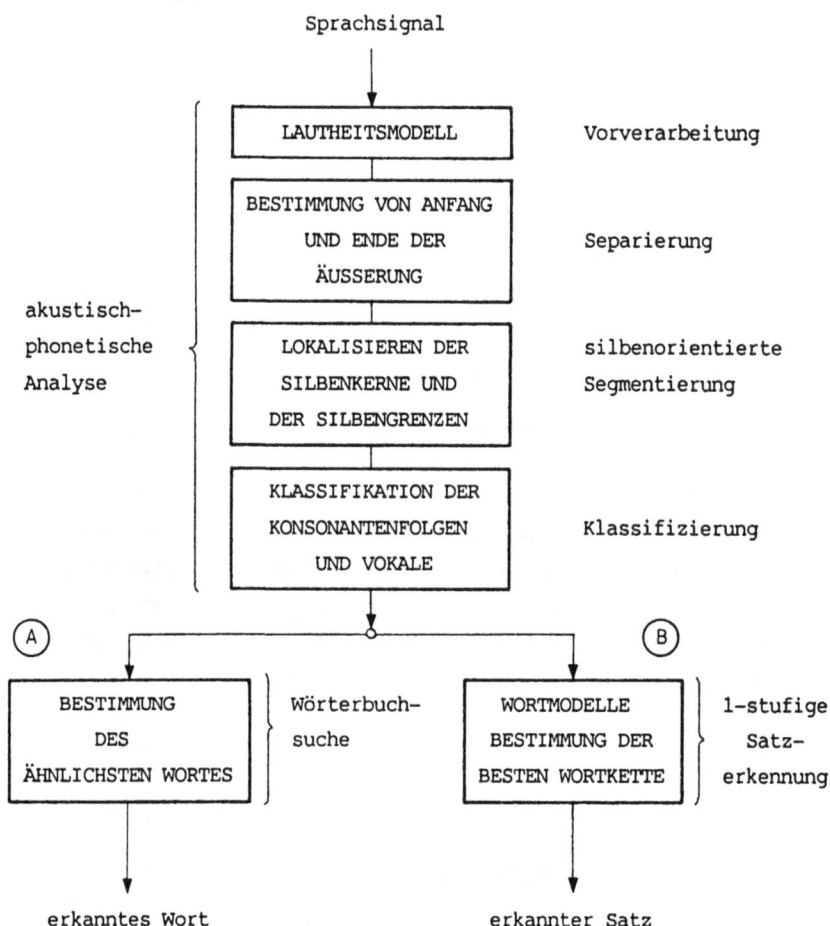

Sprachsignal

LAUTHEITSMODELL	Vorverarbeitung
BESTIMMUNG VON ANFANG UND ENDE DER ÄUSSERUNG	Separierung
LOKALISIEREN DER SILBENKERNE UND DER SILBENGRENZEN	silbenorientierte Segmentierung
KLASSIFIKATION DER KONSONANTENFOLGEN UND VOKALE	Klassifizierung

akustisch-phonetische Analyse

(A) BESTIMMUNG DES ÄHNLICHSTEN WORTES	Wörterbuch-suche
(B) WORTMODELLE BESTIMMUNG DER BESTEN WORTKETTE	1-stufige Satz-erkennung

erkanntes Wort   erkannter Satz

Bild 7.1 Blockdiagramm der Systeme zur silbenorientierten Erkennung von Wörtern (A) und Sätzen (B)

und zuerst behandelt werden. In dieser Stufe wird die Separierung (Bestimmung von Anfang und Ende der Äußerung), die Segmentierung (Lokalisierung der Silbenkerne und Silbengrenzen), sowie die Klassifikation in Konsonantenfolgen und Vokale durchgeführt.

Daran schließt sich im Worterkennungssystem A die Suche in einem lautsprachlichen Lexikon an. In dieser Verarbeitungsstufe wird das insgesamte Klassifikationsergebnis mit allen Einträgen des Lexikons (Wortliste) verglichen und das ähnlichste Wort als Erkennungsergebnis ausgegeben. Die Methoden, die hier zum Einsatz kommen, werden in Abschn. 7.3 beschrieben.

Das Satzerkennungssystem B bestimmt diejenige Folge von Wörtern, die zu dem Ergebnis der akustisch-phonetischen Analyse insgesamt am besten paßt. Dies kann mit und ohne Berücksichtigung einer vorgegebenen Syntax geschehen. In Abschn. 7.4.2 wird ein 1-stufiges Verfahren vorgestellt, das mit Hilfe von Wortmodellen gleichzeitig die Wortsuche sowie die Bestimmung des ganzen Satzes in Form der besten Wortkette durchführt.

7.1 Segmentierung in Halbsilben

Die silbenorientierte Segmentierung wird erleichtert, wenn eine gehörbezogene Vorverarbeitung des Sprachsignals vorgenommen wird. Aus psychoakustischen Untersuchungen ist bekannt, daß die Vokale im Silbenkern in der Regel deutlich "lauter" empfunden werden als ihre benachbarten Konsonanten. Daher wurde in den folgenden Experimenten das Funktionsmodell der Lautheitsempfindung aus Abschn. 3.2 eingesetzt; ein Blockdiagramm der Vorverarbeitung ist in Bild 7.2 wiedergegeben.

Vom Funktionsmodell der Lautheit (s. Abschn. 3.2) werden 22 Kanäle (spezifische Lautheit) verwendet, die im Frequenzbereich von 50 Hz bis 8.5 kHz mit einem Tonheitsabstand von 1 Bark angeordnet sind. Die Komponenten der spezifischen Lautheit werden in Zeitintervallen von 10 ms abgetastet und bilden als "Kurzzeit-Lautheitsspektren" die Ausgangsbasis für die spätere Klassifikation. Die Gesamt-Lautheit $N(t)$ berechnet sich als Summe der spezifischen Lautheitskomponenten $N_\nu(t)$ über alle 22 Kanäle:

$$N(t) \quad = \quad \sum_{\nu=1}^{22} N_\nu(t) \qquad\qquad (7.1)$$

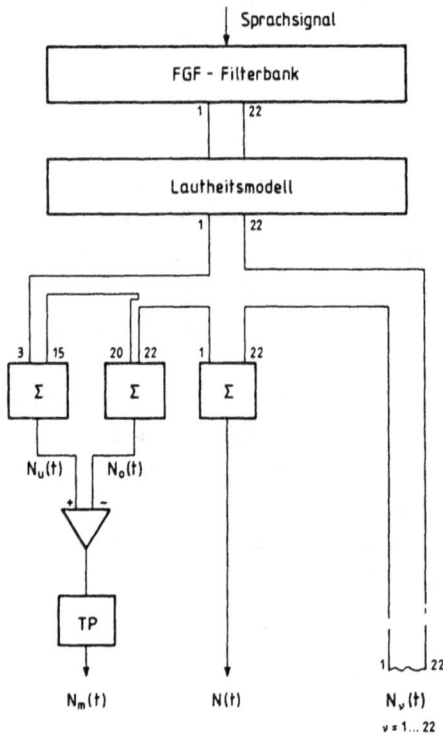

Bild 7.2   Blockdiagramm der Vorverarbeitung.

Zusätzlich wird eine "modifizierte" Lautheitsfunktion $N_m(t)$ als Differenz der beiden Teillautheiten $N_u(t)$ im Bereich $\nu=3...15$ und $N_o(t)$ im Bereich $\nu=20...22$ gebildet:

$$D(t) = \sum_{\nu=3}^{15} N_\nu(t) - \sum_{\nu=20}^{22} N_\nu(t)$$

$$N_m(t) = \begin{cases} D(t) & \text{für } D(t) > 0 \\ 0 & \text{für } D(t) \leq 0 \end{cases} \qquad (7.2)$$

Die modifizierte Lautheitsfunktion $N_m(t)$ bildet die Ausgangsbasis für die Anzeige der Silbenkerne (Vokale und Diphthonge). Aufgrund der Differenz-bildung nimmt $N_m(t)$ dann große Werte an, wenn das Spektrum eines Sprach-schalls im mittleren Frequenzbereich verteilt ist, wie das insbesondere bei den Vokalen der Fall ist. Dieser Bereich deckt sich in etwa mit dem soge-nannten "dominanten Frequenzbereich", der aus Untersuchungen zur Tonhöhen-

wahrnehmung bekannt ist. Zusätzlich werden energiereiche Frikativ und Plosivlaute durch die negative Gewichtung der oberen Frequenzkanäle stark bedämpft.

Die Funktion $N_m(t)$ wird anschließend mit Hilfe eines <u>Tiefpasses</u> geglättet.
Nach erfolgter Glättung können die Maxima der modifizierten Lautheit unmittelbar als Kandidaten für Silbenkerne herangezogen werden. Versuche haben gezeigt, daß die Glättung besonders günstig ist, wenn ein digitales Tiefpaß-
filter mit Gauß-förmiger Impulsantwort verwendet wird. Der Verlauf der Impulsantwort h(t) dieses Filters ist in Bild 7.3 wiedergegeben; bei der digitalen Berechnung wird entsprechend die diskrete Impulsantwort h(n) an den
diskreten Zeitpunkten n = nΔt (mit Δt=10ms) bestimmt.

Das Filter kann auf einfache Weise unter Verwendung eines elementaren (nicht-
kausalen) Tiefpasses mit rechteckiger Impulsantwort realisiert werden; das
digitale Ausgangssignal $N_m(i)$ zu einem Zeitpunkt i berechnet sich aus dem
Eingangssignal $N_m(n)$ zu:

$$N_m(i) = 1/3 \; (N_m(i-1) + N_m(i) + N_m(i+1)) \qquad (7.3)$$

Wird dieses elementare Filter mehrmals in Reihe geschaltet, so entsteht die
insgesamte Impulsantwort in Bild 7.3, die mit wachsendem Wiederholungsfaktor k
schließlich die Form einer Gauß-Funktion annimmt. Bei der diskreten Faltung
des Eingangssignals mit der Impulsantwort des Filters entsteht zusätzlich eine
Verzögerung des Ausgangssignals um die halbe Breite der Impulsantwort, so daß

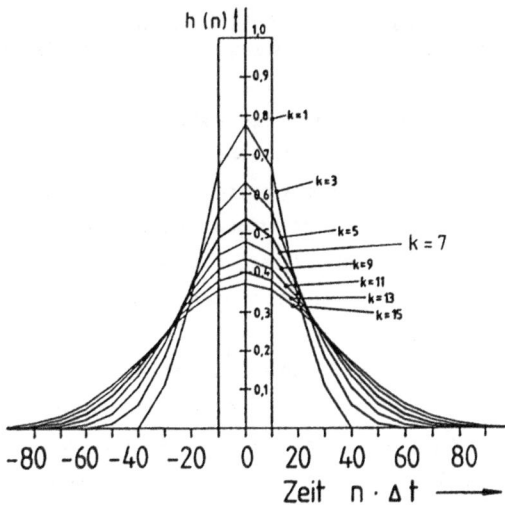

Bild 7.3 Impulsantwort des Glättungs-Tiefpasses.

die Filterung kausal wird. Der Wiederholungsfaktor k bestimmt die Integrationszeit des Tiefpasses T, siehe Bild 7.3. Die günstige Wahl der Integrationszeit T wurde anhand einer Sprachstichprobe bestimmt, die aus 23 Sätzen mit jeweils 6 Realisierungen bestand; die Stichprobe enthielt damit insgesamt 2566 Silben /Gey84/.

Die Integrationszeit T sollte an die Sprechgeschwindigkeit (Silbenfrequenz) angepaßt sein: wird T relativ klein gewählt, werden zahlreiche Silben zuviel angezeigt, für große Werte von T werden manche Silbenkerne aufgrund der starken Glättung nicht mehr als Maximum angezeigt und daher ausgelassen. Beide Fehlerarten (Einfügungen und Auslassungen) tragen zur insgesamten Fehlerrate bei der Segmentierung bei, siehe Bild 7.4.

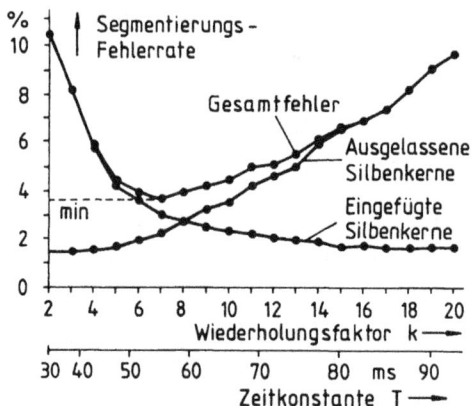

Bild 7.4 Segmentierungsfehler bezüglich der Anzeige der Silbenkerne als Funktion der Integrationszeit T (nach /Gey84/).

Aus Bild 7.4 läßt sich für die zugrundeliegende Sprachstichprobe ein optimaler Wert für k=7 ablesen, der einer Integrationszeit T=55.7 ms entspricht; die zugehörige Grenzfrequenz des Tiefpasses beträgt ungefähr 9 Hz. Mit diesem Wert wurde eine minimale Fehlerrate von 3.66% erzielt (aus 2566 Silben nach /Gey84/). Bei diesem Ergebnis ist zu berücksichtigen, daß nur die Maxima der optimal geglätteten Funktion $N_m(n\Delta t)$ zur Auswertung kamen.

Mit Hilfe einer groben Vokal/Nichtvokal-Klassifikation kann zusätzlich verhindert werden, daß Konsonanten als Silbenkerne angezeigt werden. Diese Auswertung stützt sich auf die spektrale Information der Lautheitsspektren /Rus78,Scho84,Rus85b/. Zusammen mit dieser groben Klassifikation und einer Mindestschwelle für die Gesamtlautheit läßt sich von den Maxima der Funktion

$N_m(n\Delta t)$ direkt auf die Silbenkerne schließen; ein vergleichbares Verfahren zur Anzeige der Silbenkerne wurde auch in /Rie81/ vorgeschlagen.

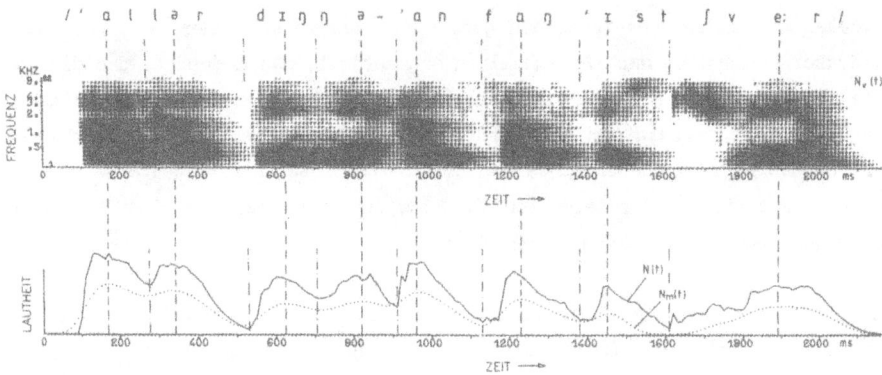

Bild 7.5 Segmentierung des Satzes "Aller Dinge Anfang ist schwer" anhand der modifizierten Lautheitsfunktion $N_m(n\Delta t)$ und der Gesamt-Lautheit $N(n\Delta t)$.

In Bild 7.5 werden in dem Satz "Aller Dinge Anfang ist schwer" auf diese Weise die Silbenkerne (Vokale) /a/, /ə/, /i/, /ə/, /a/, /a/, /i/ und /ɛ:/ ange-zeigt. Das Maximum bei /ʃv/ wurde zurückgewiesen, da es die Vokalbedingung nicht erfüllte.

Die Minima im Lautheitsverlauf $N(n\Delta t)$ zeigen mögliche Stellen für Silben-grenzen an; eine ähnliche Silbenabgrenzung wird auch in /Mer75,Hun80/ vorge-nommen. Wenn mehrere Minima vorhanden sind, kann im Prinzip jedes Minimum ein-zeln ausgewählt und versuchsweise als Silbengrenze deklariert werden. Abhängig von der Güte der Erkennungsergebnisse des nachfolgenden Klassifikators für die Konsonantenfolgen der resultierenden Endhalbsilbe und der Anfangshalbsilbe kann dann entschieden werden, welches die günstigste Silbengrenze ist. Diesem Vorgehen liegt die Vorstellung zugrunde, daß eine "falsche" Silbengrenze zu entsprechend schlechten Gütewerten bei der Klassifikation führt. In der Praxis hat sich allerdings gezeigt, daß die Auswahl des niedrigsten Lautheitsminimums ausreicht, um eine geeignete Silbengrenze anzuzeigen; das aufwendige Verfahren der Segmentierung mit mehreren Alternativen läßt sich damit vermeiden.

Wie bereits in Abschn. 6.2 ausgeführt, trennt die Segmentierung in "Sprech-silben" einzelne innere Konsonanten u.U. in zwei Teile auf. So wird das Wort

"machen" (/maxən/) meist mitten im Frikativlaut /x/ getrennt und in die
Silben /max/ und /xən/ zerlegt. Dies hat zur Folge, daß der Konsonant /x/
nun auch in das Inventar der Anfangskonsonantenfolgen aufgenommen werden muß,
obwohl er aus der Sicht der Linguistik nur zum Silbenauslaut und damit in das
Inventar der Endkonsonantenfolgen gehört. In den vorliegenden Untersuchungen
wird aber konsequent nach Sprechsilben segmentiert; das bedeutet, daß die zusätzlichen Konsonanten im An- und Auslaut, die durch die Festlegung der Silbengrenze im Lautheitsminimum entstehen, auch in die Listen der entsprechenden
Konsonantenfolgen aufgenommen werden müssen. Da dieser Effekt bei etwa 10 Konsonanten auftritt, vergrößern sich die Inventare von Anfangs- und Endkonsonantenfolgen jeweils um maximal etwa 10 Einträge.

Experimentelle Untersuchungen zur Segmentierung von Einzelwörtern wurden mit
einem Vokabular durchgeführt, das die 1001 häufigsten Wörter der deutschen
Sprache umfaßt; dieses Wortmaterial wurde aus /Mei67,Kae98/ entnommen und nach
Maßgabe eines Aussprachewörterbuchs /Dud62/ transkribiert. Die Experimente
mit isoliert gesprochenen Wörtern lieferten bei der Anzeige der Silbenkerne
Fehlerraten in der Größenordnung von 4%. Probleme treten insbesondere bei sehr
lang gesprochenen Vokalen auf, die dann eventuell 2 Maxima aufweisen und daher
mit 2 Silbenkernen angezeigt werden. Schwierigkeiten werden auch beim Konsonanten /r/ beobachtet; z.B. kann im Wort "nur" (/nu:r/) der Konsonant /r/
ebenfalls ein Maximum erzeugen, sodaß das Wort als 2-silbig ausgewiesen wird.
Diese Fehler lassen sich aber weiter reduzieren, wenn ein größerer Aufwand bei
der Vokal/Nichtvokal-Unterscheidung getrieben wird /Gey84/; der Grund für die
fehlerhafte Anzeige des Konsonanten /r/ liegt letztlich daran, daß er als
Vokal akzeptiert wurde.

Eine einfache Abhilfe für Wörter, bei denen wiederholt überzählige Silben
angezeigt oder Silben ausgelassen werden, besteht darin, diese Wörter mit der
"fehlerhaften" Silbensegmentierung zusätzlich in die Wortliste aufzunehmen.
Ein ähnliches Vorgehen bietet sich auch bei unbetonten Vor- und Nachsilben an.
In der Umgangslautung ist damit zu rechnen, daß durch Ausfall von /ə/ sil-
bische Nasale und Liquide entstehen. So wird z.B. im Wort "legen" (/le:gən/)
oft die zweite Silbe unterdrückt und das Wort somit als /le:gn/ artikuliert;
dasselbe gilt für das Wort "Zweifel" (/tsvaifəl/), das vielfach als /tsvaifl/
ausgesprochen wird. Auch diese Wörter können mit der entsprechenden Umgangslautung zusätzlich in die Wortliste aufgenommen werden. Im untersuchten Vokabular (1001 Wörter) treten derartige Endungen mit /ən/ oder /əm/ in ca. 20%
der Wörter auf, die Zahl der Endungen mit /əl/ beträgt 1,3%. Weniger kritisch
ist das Entstehen von silbischem /r/ infolge eines Ausfalls von /ə/, wenn der

Konsonant /r/ aufgrund der großen Lautheit den Silbenkern anzeigt; in diesem
Fall entsteht zumindest kein Fehler in der Anzahl der Silben.

Bei der Verarbeitung fließend gesprochener Sprache liegen in der Praxis die
Fehlerraten bezüglich der Anzeige der Silbenkerne im Bereich von 4-8%, abhängig von der Sorgfalt der Aussprache. Diese Fehlerrate ist für die Satzerkennung durchaus tolerierbar, wenn Maßnahmen getroffen werden, die Segmentierungsfehler in den höheren Verarbeitungsstufen auszugleichen bzw. zu korri-
gieren. So können Möglichkeiten für das Überspringen oder Einfügen einzelner
Silben-Segmente vorgesehen werden; dies leisten z.B. die Wortmodelle in
Abschn. 7.4.1.

7.2 Klassifikation der Konsonantenfolgen und Vokale

Jedes Halbsilben-Segment enthält neben der Konsonantenfolge noch einen großen
Teil des Vokals vom Silbenkern. Da die Grenze zwischen Vokal und benachbartem
Konsonant meist nicht zuverlässig angegeben werden kann, wird kein Versuch
unternommen, den Bereich der Halbsilbe explizit noch weiter aufzuteilen. Die
Vokalerkennung selbst ist nicht problematisch, da sie sich auf den Bereich
des Silbenkerns konzentrieren kann. Im vorliegenden System wurde hierfür eine
Mittelung mehrerer Spektren im Silbenkern vorgenommen und das resultierende
Vokalspektrum mit entsprechenden Prototypen einer Referenzstichprobe verglichen. Die Klassifikation erfolgt nach der 1-NN-Regel, wie sie in Abschn. 4.2.1
dargelegt wurde. Als Abstandsmaß wurde der "City-Block-Abstand" (L_1-Norm) verwendet, der sich in der Praxis als gleichwertig zum Euklidischen Abstand erwiesen hat; die Einsparung an Rechenzeit ist beträchtlich. Der City-Block-Abstand
ϱ zwischen einem Vokal-Muster $\underline{x}$ und einem Prototyp $\underline{z}$ berechnet sich zu

$$\varrho = \sum_{n=1}^{N} |x_n - z_n|$$

Für die Klassifikation der Konsonantenfolgen müssen aufwendigere Verfahren
angewandt werden, da hier Gesamtmuster mit verschiedener zeitlicher Länge vorliegen. Es können Methoden eingesetzt werden, die die Gesamtmuster unmittelbar
als Merkmalsvektoren verwenden. Oder es kommen Verfahren zum Einsatz, die aus
den Gesamtmustern spezielle akustisch-phonetische Merkmale extrahieren. Beide
Ansätze werden im folgenden dargestellt.

7.2.1 Klassifikation anhand von Gesamtmustern

Das Gesamtmuster einer Konsonantenfolge soll in einem Abstands-Klassifikator verwendet werden, der gespeicherte Referenzmuster von Konsonantenfolgen verwendet. Das bedeutet, daß die Gesamtmuster im allgemeinen aus einer unterschiedlichen Zahl von Spektren bestehen. Zusätzlich stellt sich das Problem, daß der vokalische Bereich der Halbsilbe für die Konsonantenerkennung möglichst unterdrückt bzw. ausgeblendet werden muß. Zur Lösung dieser Probleme können einerseits die Dynamische Interpolation (DI) oder andererseits die Methoden der Dynamischen Programmierung (DP) eingesetzt werden; auf beide Verfahren wird in den folgenden Abschnitten näher eingegangen.

7.2.1.1 Dynamische Interpolation

Es besteht die Aufgabe, die Gesamtmuster zweier Konsonantenfolgen (Testmuster und Referenzmuster) auch bei unterschiedlicher Anzahl von Spektren miteinander sinnvoll zu vergleichen. Die erste Konsonantenfolge sei bezeichnet mit $\underline{A} = (\underline{a}_1, \underline{a}_2, \ldots, \underline{a}_R)$, die zweite mit $\underline{B} = (\underline{b}_1, \underline{b}_2, \ldots, \underline{b}_S)$; die Vektoren $\underline{a}_i$ und $\underline{b}_j$ sind die N-dimensionalen Spektren zu den jeweiligen Zeitpunkten i und j, wobei die Anzahl R≠S ist.

Eine konstante Anzahl von Spektren kann durch Interpolation erzeugt werden. Zu diesem Zweck wird jedes Spektrum als Punkt im N-dimensionalen Raum betrachtet. Das Gesamtmuster einer Konsonantenfolge bildet einen Streckenzug, der aufeinanderfolgende Punkte im Raum verbindet. Eine nichtlineare Interpolation der Zeitachse läßt sich erreichen, wenn die Interpolationspunkte so in den Streckenzug gelegt werden, daß die Abstände von einem Interpolationspunkt zum nächsten gleich werden (Dynamische Interpolation). Zu diesem Zweck wird die Länge des gesamten Streckenzuges in eine feste Zahl gleicher Abschnitte im Raum aufgeteilt; die Aufteilungspunkte bilden die neuen Interpolationspunkte, deren Koordinaten die Komponenten der zugehörigen neuen Spektren ergeben.

Das Prinzip ist in Bild 7.6 a) an einem einfachen Beispiel schematisch für einen Streckenzug im 2-dimensionalen Raum dargestellt. Das Muster $\underline{A}$ enthält 7 Spektren (Punkte 1'-7'), das Muster $\underline{B}$ dagegen 11 Spektren (Punkte 1-11). Für beide Streckenzüge wurden 8 Interpolationspunkte gebildet, die durch gestrichelte Linien miteinander verbunden sind. Die Summe dieser Verbindungen ergibt den Gesamtabstand d($\underline{A}$,$\underline{B}$).

Bei den vorliegenden Sprachmustern wurde für jede Halbsilbe die Dynamische Interpolation im 22-dimensionalen Raum durchgeführt, der von den Lautheits-

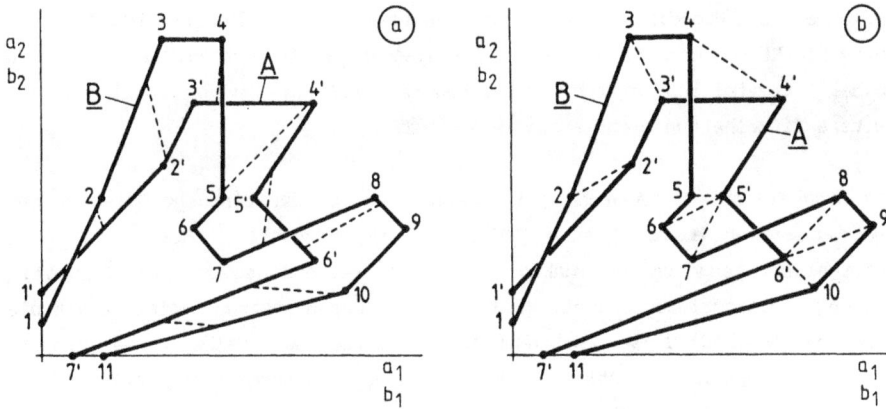

Bild 7.6 Vergleich der Gesamtmuster $\underline{A}$ und $\underline{B}$ im 2-dimensionalen Raum; a) Dynamische Interpolation, b) Dynamische Programmierung (vereinfachtes 2-dimensionales Beispiel).

komponenten aufgespannt wird. Die Versuche haben gezeigt, daß eine Interpolation der Halbsilben in 12 Spektren ausreichend ist. Die Unterdrückung des Vokalanteils geschieht nun, indem 3 interpolierte Spektren an der Seite des Vokals weggelassen werden; die übrigbleibenden 9 Spektren repräsentieren jetzt das eigentliche Muster für die Konsonantenfolge. Eine ausführliche Untersuchung zu dieser Fragestellung und zur Abhängigkeit der Erkennungsrate von der gewählten Auflösung bei der Interpolation ist in /Scho80/ enthalten.

Die Dynamische Interpolation bewirkt eine Betonung dynamischer Vorgänge (z.B. großer spektraler Änderungen bei Konsonanten), da an solchen Stellen mehr interpolierte Spektren angeordnet werden. Andererseits wird der Einfluß stationärer Abschnitte (z.B. beim Vokal) stark reduziert, da hier nur wenige interpolierte Spektren auftreten.

7.2.1.2 Mustervergleich mit Dynamischer Programmierung

Die Ähnlichkeit zwischen der ersten Konsonantenfolge $\underline{A} = (\underline{a}_1,\underline{a}_2,\ldots,\underline{a}_R)$ und der zweiten Konsonantenfolge $\underline{B} = (\underline{b}_1,\underline{b}_2,\ldots,\underline{b}_S)$ kann auch mit Hilfe der Dynamischen Programmierung (DP) bestimmt werden. Hierbei wird jedem Spektrum $\underline{a}_i$ des Testmusters ein Spektrum $\underline{b}_j$ des Referenzmusters so zugeordnet, daß die Summe der Abstände aller zugeordneten Spektren minimal ist. Die Bestimmung der Zuordnungsfunktion erfolgt anhand einer Rekursionsgleichung, die die aktuelle Teilsumme zu jedem Zeitpunkt aus den Summen der davorliegenden Zeitpunkte berechnet; ein Wegediagramm sorgt für einen monotonen Verlauf der Zuordnungen. Weiterhin können noch globale Beschränkungen eingeführt werden. Da das Prinzip in der Literatur ausführlich beschrieben ist (z.B. in /Sak78/), soll hier auf weitere Einzelheiten nicht eingegangen werden.

Das Ergebnis bei der Anwendung des Verfahrens auf das einfache Beispiel des 2-dimensionalen Musters ist in Bild 7.6 b) dargestellt. Hier wird nicht interpoliert, sondern die Punkte werden entsprechend den gestrichelten Verbindungen einander zugeordnet. Wieder ist der Gesamtabstand definiert als die Summe der Abstände dieser Verbindungen. Die Zuordnungen selbst werden vom DP-Algorithmus optimal im Rahmen des erlaubten Wegediagramms festgelegt.

Ein entscheidender Nachteil ist darin zu sehen, daß die Zuordnung bei jedem Vergleich des unbekannten Musters mit einem Referenzmuster aufs Neue mit Hilfe des DP-Algorithmus bestimmt werden muß. Dagegen ist bei der Dynamischen Interpolation (Abschn. 7.2.1.1) die Aufbereitung der Referenzmuster nur einmal notwendig; die interpolierten Referenzmuster werden in dieser Form abgespeichert. Die Interpolation des unbekannten Testmusters erfordert nur wenig Rechenzeit, so daß der Vergleich äußerst schnell durchgeführt werden kann. Nachteilig ist bei der Dynamischen Programmierung weiterhin, daß die Unterdrückung des Vokalanteils innerhalb einer Halbsilbe nicht so einfach vorgenommen werden kann wie bei der Dynamischen Interpolation; außerdem entfällt die Betonung der Übergangsbereiche der Konsonanten. Aus diesen Gründen wurde in der Literatur bereits vorgeschlagen, eine Kombination beider Verfahren einzusetzen (erst DI, anschließend DP), um alle Vorteile zu nutzen /Kuh81/.

Bei der Anwendung beider Verfahren auf die Erkennung von Konsonantenfolgen hat sich gezeigt, daß die Dynamische Programmierung praktisch nur eine sehr geringe Steigerung der Erkennungsleistung gegenüber der Dynamischen Interpolation erbringt. Dies ist damit zu erklären, daß die Segmente der Halbsilben bzw. Konsonantenfolgen verhältnismäßig kurz sind, so daß sich die Vorteile der Dynamischen Programmierung nicht auswirken; dies kommt erst bei der Verarbeitung großer Segmente (z.B. ganzer Wörter) zum Tragen. Aus diesen Gründen und nicht zuletzt wegen der enormen Einsparung an Rechenzeit wurde bei den Experimenten zur Erkennung von Konsonantenfolgen im folgenden Abschnitt nur das Verfahren der Dynamischen Interpolation verwendet.

7.2.1.3 Experimentelle Ergebnisse

Das Testmaterial bestand aus sinnlosen Wörtern, in denen die Konsonantenfolgen in Kombination mit jedem der 8 Langvokale /a:,e:,i:,o:,u:,ε:,ø: und y:/ vorkamen. Es wurden alle 47 Anfangskonsonantenfolgen und die 48 häufigsten Endkonsonantenfolgen berücksichtigt; dies ergab 376 Wörter für die Anfangskonsonantenfolgen und 384 Wörter für die Endkonsonantenfolgen. Die Wortliste wurde von 1 Sprecher 4 mal gesprochen, so daß ein Testmaterial von etwa 3000 Wörtern zur Verfügung stand. Die Erkennung erfolgte nach dem "Leave-one-out"-Prinzip, indem jedes einzelne Muster einmal als unbekanntes Testmuster deklariert und am Rest klassifiziert wurde. Die Klassifikation der Muster der Konsonantenfolgen wurde mit Hilfe der Abstandsmessung zwischen den interpolierten Gesamtmustern (DI) vorgenommen (1-NN-Regel, City-Block-Abstand). In Bild 7.7 sind die Erkennungsergebnisse für Anfangskonsonantenfolgen in Form einer Verwechslungsmatrix dargestellt; die Aufteilung in 2 einzelne Matrizen war möglich, da zwischen diesen beiden Teilmengen praktisch keine Verwechslungen auftraten. Die Erkennungsrate für Anfangskonsonantenfolgen betrug bei diesem Experiment im Mittel etwa 75%.

Die Ergebnisse können nun zusätzlich noch auf die Erkennung einzelner Konsonanten hin untersucht werden. Wird z.B. /br/ mit /dr/ verwechselt, so wurde immerhin der Konsonant /r/ richtig erkannt, wogegen der Konsonant /b/ falsch klassifiziert und mit /d/ verwechselt wurde. Diese so ermittelte Erkennungsrate der einzelnen Konsonanten im Silbenanfang betrug etwa 85%. Die hierbei auftretenden Verwechslungen sind denjenigen sehr ähnlich, die auch sonst üblicherweise bei der Erkennung einzelner Phoneme auftreten; dies sind typischerweise etwa Verwechslungen zwischen den Nasalen /m/, und /n/ oder auch zwischen den Plosiven /p/, /t/ und /k/.

Die Erkennungsrate für die Endkonsonantenfolgen betrug im Mittel 85%, die entsprechende Auszählung für Einzelkonsonanten ergab etwa 90%. Die zugehörige Verwechslungsmatrix ist sehr unhandlich und soll aus Platzgründen hier nicht gezeigt werden; der an Einzelheiten interessierte Leser sei auf ausführliche Darstellungen in /Scho80,Rus82/ verwiesen.

Die Erkennungsergebnisse für die Vokale sind in diesem Experiment nicht besonders aussagekräftig, da die sinnlosen Wörter immer dieselben Vokale enthielten; es wurden daher Fehlerraten bei der Zuordnung der Vokale von nur wenigen Prozent erreicht. Wesentlich repräsentativer sind hier die Experimente mit dem Vokabular der 1001 Wörter, in denen die Erkennungsrate für alle 20

gesprochen:

	b	d	g	p	t	k	'	h	f	pf	m	n	gn	kn	kv	v	j	l	gl	bl	pl	kl	fl	pfl
b	70	14					7									3		3		3				
d	6	76	3													6		3		6				
g	3		76		3	6							3						6			3		
p	3		3	76	3	12															3			
t		3		6	82	3		3											3					
k						97							3											
'	9	9					82																	
h				3	16		6	75																
f									66	25													9	
pf									27	66														7
m											72	25			3									
n											25	69	6											
gn											6	9	64	6	3				12					
kn													6	85	9									
kv													3	6	88							3		
v	6		6								6					82								
j																	100							
l	3												3				6	72	16					
gl	3																		79	12		6		
bl	9	3														6		22	3	57				
pl	3			3															3	6	76	9		
kl				3											6				16		9	66		
fl																						6	68	26
pfl									3														18	79

gesprochen:

	r	br	dr	gr	pr	tr	kr	fr	pfr	ʃr	ʃpr	ʃl	ʃpl	ʃv	ʃp	ʃt	ʃtr	ʃn	ʃm	ʃ	z	ts	tsv
r	80	20																					
br	6	85	6	3																			
dr	3	23	68	3		3																	
gr	3	3	3	38	3		50																
pr		9	3		85	3																	
tr				6		91	3																
kr				29		6	62	3															
fr		3					3	63	31														
pfr							3	40	57														
ʃr									3	94	3												
ʃpr										6	85				6				3				
ʃl												76	3					9	9	3			
ʃpl												17	56	6	12	3	3		3				
ʃv													6	66				3	25				
ʃp													6	16	69				9				
ʃt													6	6	6	73	3		6				
ʃtr										3	3					3	91						
ʃn																		91	9				
ʃm															16			9	75				
ʃ															9					91			
z																					100		
ts												3										94	3
tsv																						3	97

Bild 7.7 Verwechslungsmatrix der 47 deutschen Anfangskonsonantenfolgen (in %, gerundet); die Einteilung in 2 Teile war möglich, da zwischen beiden Teilen keine Verwechslungen auftraten.

deutschen Vokale und Diphthonge bei etwa 70% lag; wird die Unterscheidung
zwischen langen und kurzen Vokalen aufgegeben, die für die Trennung der verwendeten Wörter nicht unbedingt notwendig ist, so steigt die Erkennungsrate
dort auf größenordnungsmäßig 85%.

Die erzielten Ergebnisse zeigen insgesamt, daß eine gute bis sehr gute Erkennungsleistung mit dem Konzept der Konsonantenfolgen-Erkennung und der Klassifikation durch Gesamtmustervergleich (engl. "Template matching") erzielbar ist.

7.2.2 Auswertung akustisch-phonetischer Merkmale

Eine wesentlich effektivere Beschreibung der Konsonantenfolgen wird erreicht,
wenn anstelle der Gesamtmuster akustisch-phonetische Merkmale verwendet werden,
die die phonetisch relevanten Ereignisse in Form von Strukturelementen in der
Zeit-Frequenz-Ebene erfassen. Im folgenden werden experimentelle Untersuchungen vorgestellt, die den Nachweis der Wirksamkeit derartiger "höherer" Merkmale
für das Deutsche zum Ziel haben. Vergleichbare Untersuchungen mit ähnlichen
Merkmalen sind für die englische Sprache in /Wei75/ durchgeführt worden.

Die akustisch-phonetischen Merkmale (im folgenden kurz "akustische Merkmale"
genannt) sollen alle zeitlichen und spektralen Ereignisse in einem Halbsilben-Segment erfassen, die für die Klassifikation der gesamten Konsonantenfolge ausreichen, und die im Signalbereich objektiv messbar sind. Gesucht wird
eine Beschreibung des Zusammenhangs zwischen den gefundenen strukturellen
Merkmalen und der ganzen Konsonantenfolge; dieser Zusammenhang kann dann unmittelbar als Klassifikator für Konsonantenfolgen verwendet werden.

Die gegenseitige Beeinflußung der Merkmale wird berücksichtigt, indem alle
Merkmale eines Segments in einem **gemeinsamen Merkmalsvektor** zusammengefaßt
und gemeinsam ausgewertet werden; die einzelnen akustischen Merkmale bilden
die Komponenten des Merkmalsvektors. Es ist damit zu rechnen, daß ein einzelnes akustisches Merkmal bei einer bestimmten Konsonantenfolge nicht immer gefunden werden wird; wichtig ist daher nur, daß eine gewisse Wahrscheinlichkeit
für das Auftreten des Merkmals besteht. Diese Wahrscheinlichkeit kann als
Schätzung nachgebildet werden, indem eine Referenzstichprobe von Merkmalsvektoren zur Verfügung gestellt wird, die alle Vorkommnisse wiedergibt.

Die akustischen Merkmale sind im folgenden nicht durch ein Optimierungsverfah-
ren bestimmt worden (wie z.B. für die Vokale in Abschn. 5.3.2.2), sondern sie

wurden anhand von a-priori-Wissen sinnvoll festgelegt. Es ist bisher kein Verfahren bekannt geworden, das es gestattet, die Definition komplexer Strukturmerkmale automatisch mittels einer Stichprobe zu optimieren. Die Festlegung der hier verwendeten akustischen Merkmale basiert auf klassischen Untersuchungen zur Wahrnehmung von Sprachlauten, die insbesondere in den Haskins-Laboratorien durchgeführt worden sind /Del68/. Diese Merkmale für Konsonanten beschreiben: die Formantfrequenzen F1, F2 und F3 des angrenzenden Vokals, die Formantloci (d.h. die Start- bzw. Endpunkte der Formanten), die Formantübergänge, die formant-ähnlichen "Bindeglieder" bei Nasallauten und Liquidlauten, die Übergänge zwischen Bindegliedern und benachbarten Formanten sowie die spektrale Verteilung der Turbulenzen bei Frikativlauten; sehr kurze Turbulenzen werden als "Burst" bezeichnet und kennzeichnen vor allem Plosivlaute. Zusätzlich wird die Zeitdauer von Turbulenzen und Pausen gemessen sowie die Anwesenheit von Stimmbandschwingung innerhalb von Pausen oder Turbulenzen angezeigt. Diese akustischen Merkmale werden mit Hilfe von Merkmalsdetektoren festgestellt und durch Angabe von Frequenzwerten und/oder der Zeitdauer beschrieben (Merkmalsdeskriptoren). Die einzelnen Merkmale bilden jeweils eine Komponente des gemeinsamen Merkmalsvektors.

Der Merkmalsvektor für eine Anfangskonsonantenfolge bzw. eine Endkonsonantenfolge besitzt jeweils eine feste Zahl von Komponenten, siehe Bild 7.8 und Bild 7.9. Im Silbenanlaut können 1 Nasallaut oder Liquidlaut sowie bis zu

Merkmals-komponente	Akustisches Merkmal	Dimension
1	Erste Turbulenz (bzw. Burst)	0/1
2	Spektraler Schwerpunkt	Hz
3	Untere Grenzfrequenz	Hz
4	Obere Grenzfrequenz	Hz
5	Dauer der Turbulenz	ms
6	Pause	0/1
7	Dauer der Pause	ms
8	Zweite Turbulenz (bzw. Burst)	0/1
9	Spektraler Schwerpunkt	Hz
10	Untere Grenzfrequenz	Hz
11	Obere Grenzfrequenz	Hz
12	Dauer der Turbulenz	ms
13	Stimmbandschwingung	0/1
14	Dauer der Stimmbandschwing.	ms
15	Nasale/liquide Bindeglieder	0/1
16	Niedriges Bindeglied	Hz
17	Hohes Bindeglied	Hz
18	Übergänge der Bindeglieder	Hz/ms
19-21	Formant-Übergänge F1, F2, F3	Hz/ms
22-24	Loci der Formanten F1, F2, F3	Hz

Bild 7.8 Gemeinsamer Merkmalsvektor für Anfangskonsonantenfolgen.

Merkmals-komponente	Akustisches Merkmal	Dimension
1	Erste Turbulenz (bzw. Burst)	0/1
2	Spektraler Schwerpunkt	Hz
3	Untere Grenzfrequenz	Hz
4	Obere Grenzfrequenz	Hz
5	Dauer der Turbulenz	ms
6	Erste Pause	0/1
7	Dauer der Pause	ms
8	Zweite Turbulenz (bzw. Burst)	0/1
9	Spektraler Schwerpunkt	Hz
10	Untere Grenzfrequenz	Hz
11	Obere Grenzfrequenz	Hz
12	Dauer der Turbulenz	ms
13	Zweite Pause	0/1
14	Dauer der Pause	ms
15	Dritte Turbulenz (bzw. Burst)	0/1
16	Spektraler Schwerpunkt	Hz
17	Untere Grenzfrequenz	Hz
18	Obere Grenzfrequenz	Hz
19	Dauer der Turbulenz	ms
20	Dritte Pause	0/1
21	Dauer der Pause	ms
22	Nasale/liquide Bindeglieder	0/1
23	Niedriges Bindeglied	Hz
24	Hohes Bindeglied	Hz
25	Übergänge der Bindeglieder	Hz/ms
26-28	Formant-Übergänge F1, F2, F3	Hz/ms
29-31	Loci der Formanten F1, F2, F3	Hz

Bild 7.9 Gemeinsamer Merkmalsvektor für Endkonsonantenfolgen.

2 Frikativlaute oder Plosivlaute vorkommen; dies geht aus Untersuchungen zum strukturellen Aufbau der deutschen Konsonantenfolgen innerhalb der Silbe hervor /Seck86/. Demzufolge können in diesem Halbsilben-Segment bis zu 2 Turbulenzen oder Bursts festgestellt werden, die als Komponenten 1 und 8 in den Merkmalsvektor von Bild 7.8 in Form des binären Wertes 0 oder 1 eingetragen werden. Die spektralen Charakteristika der festgestellten Turbulenzen beschreiben 3 Meßwerte: der spektrale Schwerpunkt sowie die untere und die obere Grenzfrequenz des Turbulenzgeräuschs; zusätzlich wird die Zeitdauer der Turbulenz bestimmt. Die Meßwerte der ersten Turbulenz werden in den Komponenten 2-5, die der zweiten Turbulenz in den Komponenten 9-12 eingetragen. Wird nach der ersten Turbulenz eine Pause festgestellt, so erfolgen die Eintragungen für die Pause in Komponente 6-7, siehe Bild 7.8. Hiermit läßt sich z.B. die Konsonantenfolge /ʃt/ im Wort "Stein" (/ʃt ai n/) ausreichend beschreiben. Im Fall von stimmlosen Frikativlauten wie im Wort "sein" (/z ai n/) kann die dem Vokal vorausgehende Turbulenz das Merkmal "Stimmbandschwingung" aufweisen; das Ergebnis wird in Komponente 13-14 eingetragen. Schließlich

können vor dem Vokal noch formant-ähnliche Bindeglieder festgestellt werden, die von einem Nasal- oder Liquidlaut stammen. Da es bei der Merkmalsextraktion nicht möglich war, zwischen nasalen und liquiden Bindegliedern zu unterscheiden, wurden die Merkmalskomponenten für beide Arten von Bindegliedern gemeinsam verwendet. Die Frequenzlage der ersten beiden spektralen Maxima wird als "niedriges" und "hohes" Bindeglied in den Komponenten 16-17 abgelegt; zusätzlich wird der größte Gradient der zeitlichen Übergänge zwischen Bindegliedern und den Formanten des benachbarten Vokals bestimmt (Komponente 18). Die Komponenten 19-21 beschreiben die Formantübergänge des Vokals und die Komponenten 22-24 die Formantloci, die vor allem Information über die Artikulationsstelle des vorausgegangenen Konsonanten enthalten.

Im Silbenauslaut können bis zu 4 Frikativ- bzw. Plosivlaute auftreten, z.B. /mpfst/ im Wort "kämpfst". Für den Einsatz in der Praxis ist es allerdings sinnvoll, die Anzahl aufeinanderfolgender Konsonanten im Silbenauslaut einzuschränken. Aus diesem Grunde wurden einige Kombinationen zwischen einem Plosiv- und Frikativlaut zu "Affrikativlauten" zusammengefaßt: /p f/ wurde zum Einzelkonsonanten /pf/, /p ʃ/ zu /pʃ/ und /t s/ zu /ts/ vereinigt. Dies erscheint auch deshalb gerechtfertigt, weil die Trennung zwischen dem Burst des Plosivlauts und der nachfolgenden Turbulenz des Frikativlauts bei diesen Lautfolgen in der Praxis kaum möglich ist. Mit den genannten Vereinbarungen kann die maximale Zahl möglicher Plosiv-, Frikativ- oder Affrikativlaute im Silbenauslaut auf 3 begrenzt werden.

Der entsprechende Merkmalsvektor für Endkonsonantenfolgen ist in Bild 7.9 wiedergegeben. Im Vergleich zu Anfangskonsonantenfolgen besitzt dieser Merkmalsvektor zusätzliche Komponenten für eine dritte Turbulenz/Burst sowie für eine zweite und dritte Pause; das Merkmal "Stimmbandschwingung" ist dagegen weggefallen, da im Deutschen aufgrund der Auslautverhärtung die Plosiv- und Frikativlaute an dieser Stelle nur stimmlos sein können. Da nasale und liquide Bindeglieder auf der Ebene der Merkmalsextraktion nicht zu unterscheiden waren, konnte bei Lautkombinationen zwischen beiden Lautgruppen wie z.B. /lm/, /rl/, /rm/ oder /rn/ nur eine gemeinsame Auswertung der Bindeglieder insgesamt vorgenommen werden. Die Trennung dieser Konsonantenfolgen muß von der nachfolgenden Klassifikationsstufe geleistet werden. Im Rahmen der Weiterentwicklung des Verfahrens wird es sicher sinnvoll sein, für diese problematischen Fälle nach besseren oder zusätzlichen Merkmalen zu suchen. In den vorliegenden Experimenten wurden für alle Endkonsonantenfolgen die in Bild. 7.9 wiedergegebenen 31 Merkmalskomponenten verwendet.

7.2.2.1 Extraktion der akustischen Merkmale

Die erforderliche Segmentierung des Sprachsignals in Halbsilben-Segmente erfolgt durch Auswertung der modifizierten Lautheitsfunktion $N_m(t)$, wie sie
in Abschn. 7.1 beschrieben wurde. Als spektrale Repräsentation dienen im
vorliegenden Abschnitt aber nicht die Lautheitsspektren, sondern die Spektren
basieren auf der Berechnung durch Lineare Prädiktion (LPC). Die LPC-Analyse
wurde gewählt, weil hiermit die Bestimmung der Formantfrequenzen und ihrer
Verläufe verhältnismäßig zuverlässig durchgeführt werden kann; zu diesem Zweck
stand ein umfangreiches Programmsystem zur Verfügung, das auf den Arbeiten von
/Wag81/ beruht. Die Extraktion der akustischen Merkmale könnte aber prinzipiell
auch von den Lautheitsspektren ausgehen.

Das Blockdiagramm des gesamten Erkennungssystems ist in Bild 7.10 wiedergegeben. Die LPC-Analyse (mit p=14 Koeffizienten) des Zeitsignals wird in zeitlichen Abständen von 5 ms über ein Hamming-Fenster von 25.6 ms vorgenommen; das
Inkrement von 5 ms ermöglicht eine sehr genaue Analyse der Übergangsbereiche

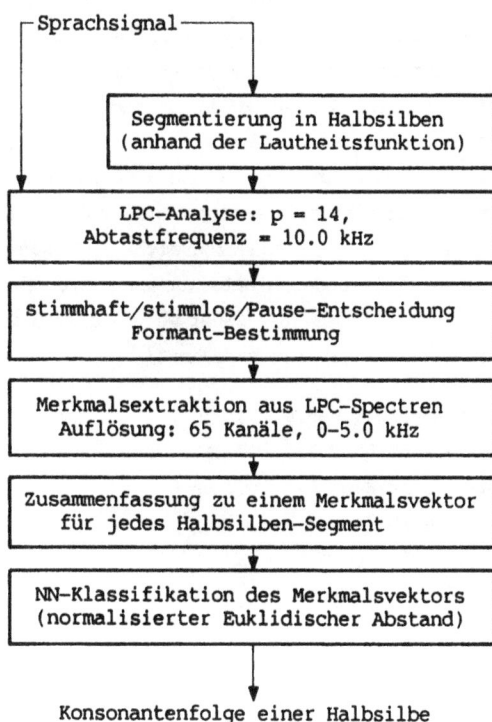

Sprachsignal

Segmentierung in Halbsilben
(anhand der Lautheitsfunktion)

LPC-Analyse: p = 14,
Abtastfrequenz = 10.0 kHz

stimmhaft/stimmlos/Pause-Entscheidung
Formant-Bestimmung

Merkmalsextraktion aus LPC-Spectren
Auflösung: 65 Kanäle, 0-5.0 kHz

Zusammenfassung zu einem Merkmalsvektor
für jedes Halbsilben-Segment

NN-Klassifikation des Merkmalsvektors
(normalisierter Euklidischer Abstand)

Konsonantenfolge einer Halbsilbe

Bild 7.10 Blockdiagramm des Erkennungssystems für Konsonantenfolgen
anhand akustischer Merkmale.

(z.B. zur Bestimmung der Formantloci). Aus den LPC-Koeffizienten werden Leistungsspektren mit einer Frequenzauflösung von $\Delta f=78.1$ Hz berechnet. Anhand des LPC-Fehlersignals wird durch Autokorrelation ein Parameter zur Anzeige der Stimmhaftigkeit abgeleitet, der zur Kennzeichnung des betreffenden Spektrums als "stimmhaft" oder "stimmlos" dient /Wag81/. Bei dieser Entscheidung werden auch die unmittelbar benachbarten Spektren betrachtet, um einen glatten Verlauf der stimmhaft/stimmlos-Anzeige zu gewährleisten; dieses Vorgehen ist vergleichbar mit der Anwendung eines Medianfilters auf die Einzelentscheidungen benachbarter Spektren. Eine Pause wird angezeigt, wennn die Gesamtenergie eines Spektrums weniger als 13 dB über dem Pegel des Grundrauschens (Mikrofonsignal ohne Beschallung durch Sprache) liegt.

Die Bestimmung der Formanten in stimmhaften Abschnitten erfolgt anhand eines Verfahrens zur stetigen Formant-Verfolgung ("Formant tracking"). Dieser Algorithmus entspricht im wesentlichen dem Verfahren nach /McCan74/ und wurde von /Wag81/ leicht modifiziert.

Für die meisten akustischen Merkmale ist es nicht möglich, kontext-unabhängige zeitlich-spektrale Gesamtmuster einzusetzen, die im Sinne von "Merkmalfiltern" unmittelbar das akustische Merkmal auch bei unterschiedlichen Lautnachbarschaften auswerten können. Es wurde daher angestrebt, mit verhältnismäßig "groben" spektralen Messungen in dieser Stufe lediglich das Vorhandensein eines akustischen Merkmals anzuzeigen und die weitere (eventuell kontextabhängige) Auswertung der Klassifikationsstufe zu überlassen. Für die grobe Messung ist die Einteilung des Frequenzbereichs in ausgewählte Frequenzbänder sinnvoll, die sich auch in anderen Untersuchungen für diesen Zweck als nützlich erwiesen haben /Wein75,DeMo76/. Daher werden alle 5 ms die folgenden Parameter (in dB) aus den LPC-Spektren berechnet:

E:	Gesamtenergie 0-5.0 kHz
ELOW:	Energie im Band 250-900 Hz
EMID:	Energie im Band 640-2800 Hz
EHIGH:	Energie im Band 3.8-5.0 kHz
R:	Verhältnis ELOW - EHIGH (dB)
S:	Verhältnis EHIGH - E (dB)

Die Verwendung der Verhältnisse R und S bedeutet letztlich, daß bei ihrer Verwendung der mittlere Frequenzbereich nicht beachtet werden soll. Diese Möglichkeit des "Ausblendens" ist notwendig, wenn nur solche Teile des Spektrums zur Auswertung kommen sollen, die für das betrachtete akustische

Merkmal wesentlich sind; in gleicher Weise lassen sich damit diejenigen Bereiche unterdrücken, die erfahrungsgemäß starken Kontexteinflüssen durch Nachbarlaute unterliegen.

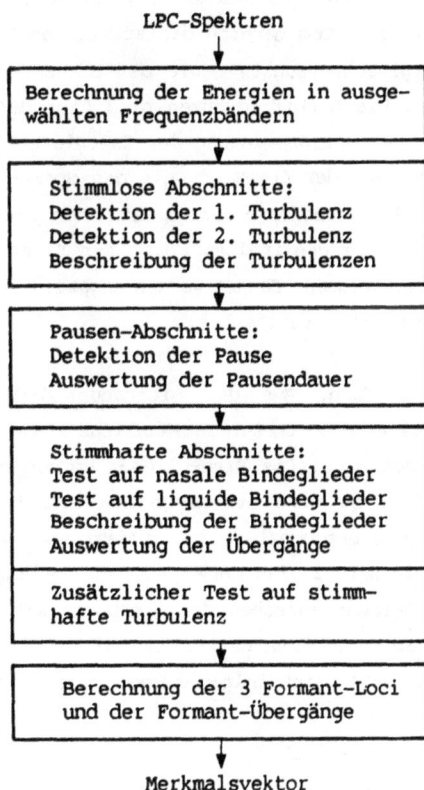

LPC-Spektren

```
┌─────────────────────────────────────┐
│ Berechnung der Energien in ausge-    │
│ wählten Frequenzbändern              │
└─────────────────────────────────────┘

┌─────────────────────────────────────┐
│ Stimmlose Abschnitte:                │
│ Detektion der 1. Turbulenz           │
│ Detektion der 2. Turbulenz           │
│ Beschreibung der Turbulenzen         │
└─────────────────────────────────────┘

┌─────────────────────────────────────┐
│ Pausen-Abschnitte:                   │
│ Detektion der Pause                  │
│ Auswertung der Pausendauer           │
└─────────────────────────────────────┘

┌─────────────────────────────────────┐
│ Stimmhafte Abschnitte:               │
│ Test auf nasale Bindeglieder         │
│ Test auf liquide Bindeglieder        │
│ Beschreibung der Bindeglieder        │
│ Auswertung der Übergänge             │
│                                      │
│ Zusätzlicher Test auf stimm-         │
│ hafte Turbulenz                      │
└─────────────────────────────────────┘

┌─────────────────────────────────────┐
│ Berechnung der 3 Formant-Loci        │
│ und der Formant-Übergänge            │
└─────────────────────────────────────┘
```

Merkmalsvektor

Bild 7.11 Blockdiagramm der Extraktionsstufe für akustische Merkmale innerhalb einer Anfangshalbsilbe.

Das Blockdiagramm der gesamten Verarbeitungsstufe zur Merkmalsextraktion ist in Bild 7.11 wiedergegeben. Die Merkmalsextraktion erfolgt im Silbenanlaut in derselben Weise wie im Silbenauslaut, so daß sie gemeinsam besprochen werden kann. Die Festlegung der Schwellen wurde anhand einer Lernstichprobe getroffen; die Schwellwerte selbst kommen aber nur in relativen Vergleichen von Energiewerten zum Einsatz, so daß sie im Prinzip unabhängig von der Aussteuerung der Sprachaufnahme sind. Lediglich die Pausenschwelle muß an den Lautstärkepegel der jeweiligen Sprachaufnahme angepaßt werden, was aber unkritisch ist.

Anzeige von Turbulenzen und Pausen. Im ersten Schritt werden die Turbulenzen und Pausen bestimmt, wobei im Silbenanlaut bis zu 2 Turbulenzen und im
Silbenauslaut bis zu 3 Turbulenzen erwartet werden. Der Bereich einer Turbulenz wird durch eine ununterbrochene Folge stimmloser Spektren angezeigt.
Anschließend werden in diesem Bereich die spektralen Charakteristika in Form
des spektralen Energieschwerpunkts sowie der Grenzfrequenzen des Turbulenzgeräuschs ermittelt. Die Grenzfrequenzen sind hier definiert als diejenigen
Frequenzmarken, die bei der Summierung der Energie entlang der Frequenzachse
von 0-5 kHz 10% bzw. 90% der Gesamtenergie des Spektrums enthalten; im Band
zwischen den beiden Grenzfrequenzen liegt damit 80% der Gesamtenergie. In den
Merkmalsvektor werden die gemittelten Werte der Einzelspektren des gesamten
Turbulenzbereichs eingetragen. Pausen werden angezeigt, wenn die Gesamtenergie
die Mindestschwelle nicht erreicht hat.

Anzeige von Bindegliedern. Aus der Literatur /Del68/ ist bekannt, daß
Liquidlaute und Nasallaute durch formant-ähnliche Bindeglieder (sog. "Periodic
links") gekennzeichnet sind. Die Bindeglieder werden nur in stimmhaften Abschnitten ausgewertet; da dort die Ergebnisse der Formantanalyse zur Verfügung stehen, kann die Frequenzlage der Bindeglieder unmittelbar in Form der
Formantfrequenzen F1 und F2 übernommen werden. Es muß aber natürlich eine
zusätzliche Unterscheidung zwischen dem Abschnitt mit Bindegliedern und dem
Bereich des Vokals im Silbenkern getroffen werden. Als brauchbare Regeln für
diese Unterscheidung haben sich folgende Bedingungen erwiesen:

    a) Verhältnis S $<$ -19 dB
    b) Verhältnis R $<$ 25 dB
    c) EMAX - ELOW $<$ 30 dB
    d) EMAX - EMID $>$ 8 dB
    e) Frequenz F1 $<$ 500 Hz.

Hierbei ist EMAX die Energie des Silbenkerns, der definitionsgemäß den Vokal
der Silbe enthält. Bedingung a) fordert einen starken Abfall der spektralen
Energie zu hohen Frequenzen hin; dieser Abfall wird jedoch durch Bedingung b)
begrenzt. Weiterhin muß genügend Energie bei tiefen Frequenzen vorhanden sein
sowie ein Absinken der Energie im mittleren Frequenzbereich bezogen auf die
Gesamtenergie EMAX des Silbenkerns; dies wird durch die Bedingungen c) und d)
ausgedrückt. Zusätzlich muß der Frequenzwert F1 verhältnismäßig niedrig
liegen, siehe Bedingung e).

Mit den obengenannten Regeln a)-e) werden die Liquidlaute und ein Teil der

Nasallaute erfaßt. Um die restlichen Nasallaute - insbesondere im Silbenauslaut - zu lokalisieren, wurde ein weiterer Satz von Regeln aufgestellt, der
nun auch die Amplituden der ersten beiden Formanten Amp(F1) und Amp(F2) aus-
wertet:

f) Amp(F2) - Amp(F1)   < -1 dB
g) VokAmp(F2) - Amp(F2)   > 28 dB
h) Frequenz F1   < 400 Hz.

Bedingung f) fordert, daß der Unterschied in den Amplituden von F2 und F1 nur
gering ist. Weiterhin muß nach Bedingung g) die Amplitude des zweiten Formanten im Silbenkern - bezeichnet als VokAmp(F2) - wesentlich größer sein als
die Amplitude Amp(F2) des Nasallauts. Zusätzlich muß F1 bei sehr niedrigen
Frequenzen liegen. Da nicht angestrebt wurde, Nasallaute und Liquidlaute in
dieser Extraktionsstufe zu trennen, können die liquiden/nasalen Bindeglieder
entweder nach Bedingung a)-e) oder f)-h) angezeigt werden. Im gesamten Bereich, für dessen Spektren Bindeglieder festgestellt wurden, wird das niedrige
Bindeglied durch F1 und das hohe Bindeglied durch F2 beschrieben, deren Mittelwerte in den Merkmalsvektor übernommen werden. Die maximale Steigung (Frequenz-
unterschied) zwischen Bindegliedern und Formanten des Vokalbereichs an der
Stelle des Übergangs wird ebenfalls in den Merkmalsvektor übernommen.

Anzeige stimmhafter Turbulenzen. In stimmhaften Abschnitten wird ein zusätzlicher Test auf stimmhafte Turbulenz durchgeführt, wie sie bei den Konsonanten /z/, /v/ oder /j/ vorkommen kann. Die Bedingungen sind:

i) EHIGH - Pausenschwelle > 10 dB
j) Verhältnis S   > -18 dB.

Diese Bedingungen fordern genügend Energie im oberen Frequenzbereich sowohl
bezogen auf die Pausenschwelle (Bedingung i) als auch bezogen auf die Gesamtenergie des Spektrums (Bedingung j). Innerhalb des angezeigten Bereichs wird
die Turbulenz in derselben Weise durch Angabe von Energieschwerpunkt und
Grenzfrequenzen beschrieben wie im Fall der stimmlosen Turbulenzen.

Bestimmung der Formantloci. Die Formantloci eines Konsonanten sind nach
/Del68/ als die Startpunkte bzw. Zielpunkte der Formanten des benachbarten
Vokals definiert. Zu diesem Zweck werden die Verläufe der Formanten F1, F2 und
F3 des Vokals im Silbenkern 15 ms in den Bereich des angrenzenden Konsonanten
extrapoliert. Die Endwerte werden als Formantloci in den Merkmalsvektor einge-

tragen. Die Gradienten der Formantübergänge werden ebenfalls übernommen; die Gradienten haben sich allerdings bei den nachfolgenden Erkennungsexperimenten als wenig wirksam erwiesen.

7.2.2.2 Klassifikation der Merkmalsvektoren

Als Teststichprobe standen deutsche Wörter zur Verfügung, die 360 verschiedene Anfangshalbsilben sowie 384 verschiedene Endhalbsilben enthielten und die von einem männlichen Sprecher gesprochen wurden. Die Halbsilben bestanden aus 45 Anfangskonsonantenfolgen und 48 Endkonsonantenfolgen, die jeweils in Verbindung mit 8 verschiedenen Vokalen realisiert waren. Damit war in systematischer Weise jeder Vokal mit jeder Konsonantenfolge einmal vertreten. Das Inventar der untersuchten Anfangskonsonantenfolgen bestand aus:

```
b   d   g   p   t   k   f   pf  m   n   gn  kn  kv  v
j   l   gl  bl  kl  pl  pfl fl  r   br  dr  gr
pr  tr  kr  fr  pfr ʃr  ʃpr ʃl  ʃpl ʃv  ʃp
ʃt  ʃtr ʃn  ʃm  ʃ   z   ts  tsv
```

Das Inventar der untersuchten Endkonsonantenfolgen setzte sich folgendermaßen zusammen:

```
-   p   t   k   kt  nt  ŋt  ŋk  mt  rk  lk  lt  mp
rp  lp  rt  st  rl  r   l   n   m   ŋ   rm  rn  lm
rf  lf  nf  lç  nç  rs  ls  f   pf  ft  pft pʃ
nʃ  ʃt  ʃ   s   ns  ts  x   xt  ç   çt
```

Das Minuszeichen /-/ kennzeichnet die "leere" Konsonantenfolge, d.h. der Vokal steht in diesem Fall selbst im Auslaut wie z.B. im Wort "Tee" (/t e: -/). Die gezeigten Inventare stellen eine Untermenge des in Abschn. 6.4 vorgestellten Gesamtinventars aller deutscher Konsonantenfolgen dar; diese Auswahl wurde getroffen, um den experimentellen Aufwand in Grenzen zu halten. Die Auswahl enthält aber alle wichtigen Konsonantenverbindungen und kann damit durchaus als repräsentativ angesehen werden.

Das Sprachmaterial wurde der automatischen Halbsilben-Segmentierung und anschließend der Merkmalsextraktion unterworfen. Die automatische Erkennung des Merkmalsvektors einer Konsonantenfolge basiert auf einer Abstandsmeßung im Merkmalsraum nach der NN-Regel. Hierbei wurde jeder Testvektor einmal als "unbekannt" erklärt und an den restlichen Testvektoren klassifiziert, die in diesem Fall als Referenzstichprobe dienen ("Leave-one-out Prinzip"). Damit erspart man sich das Aufstellen von 2 getrennten Stichproben, trotzdem ist die Unabhängigkeit zwischen Testvektor und Referenzvektoren aber sichergestellt.

Beim Vergleich des unbekannten Testvektors mit einem Referenzvektor müssen die einzelnen Komponenten aufgrund der verschiedenen Bedeutungen unterschiedlich behandelt werden; der Gesamtabstand ergibt sich als gewichtete Summe einzelner Teilabstände. Für die binären Komponenten, die das Vorhandensein eines akustischen Merkmals anzeigen, wird der Teilabstand in jedem Fall berechnet. Der Teilabstand der gesamten weiteren Komponenten eines akustischen Merkmals, die dessen spektrale und/oder zeitliche Meßwerte enthalten, wird nur berechnet, wenn dieses akustische Merkmal in beiden Vektoren überhaupt besetzt ist (d.h. gefunden worden ist). Um die unterschiedlichen Größenordnungen der verschiedenen Messungen auszugleichen, werden die Meßwerte zusätzlich so normiert, daß sie ungefähr gleiche Varianz aufweisen. Der Gesamtabstand wird schließlich durch die Anzahl der aufsummierten Teilabstände dividiert. Dieses Maß kann nun als ein "mittlerer normalisierter Abstand" interpretiert werden.

Mit Hilfe dieser Berechnungsvorschrift ist es möglich, auch solche Merkmalsvektoren sinnvoll zu vergleichen, die in der Besetzung ihrer Merkmalskomponenten erheblich differieren. So kann es z.B. vorkommen, daß für eine Anfangskonsonantenfolge /ʃt/ die Verschlußpause vor /t/ nicht detektiert wurde; damit kann die Merkmalskomponete "Pausendauer" nicht mit derjenigen eines Referenzvektors verglichen werden. Wenn die übrigen Komponenten jedoch sehr ähnlich denen des Referenzvektors sind, kann nun trotzdem ein geringer Wert für den mittleren normalisierten Abstand gefunden und damit die richtige Klassifikation erreicht werden.

Als problematisch erwies sich insbesondere die Anzeige der Liquidlaute /l/ und /r/. Der Konsonant /r/ konnte vielfach nicht vom Vokalbereich unterschieden werden, während im Fall von /l/ oftmals Teile des benachbarten Vokals /o/ oder /u/ fälschlicherweise als Bindeglieder angezeigt wurden; dies führte z.B. zu Verwechslungen von /ʃuː/ mit /ʃluː/. Einen guten Überblick über die Erkennung der einzelnen Konsonanten erhält man, wenn die Klassifikationsergebnisse der Konsonantenfolgen bezüglich der einzelnen darin enthaltenen Konsonanten ausgezählt werden. Denn eine Verwechslung zwischen /ʃ/ und /ʃl/ bedeutet ja letztlich, daß der Konsonant /ʃ/ richtig erkannt, jedoch ein /l/ eingefügt wurde; in derselben Weise können Auslassungen der einzelnen Konsonanten vorkommen. Wird z.B. die Konsonantenfolge /ʃn/ als /f/ erkannt, so wird dies als Verwechslung von /ʃ/ mit /f/ und als Auslassung von /n/ gezählt. Aus den untersuchten Konsonantenfolgen ergibt sich damit das folgende Inventar an einzelnen Konsonanten im Silbenanlaut:

p t k b d g f s ʃ m n l r v j z

Im Silbenauslaut ergibt sich das folgende Inventar an einzelnen Konsonanten:

- p t k f s ʃ pf pʃ ts c x m n ŋ l r

Hierbei wurden definitionsgemäß die Affrikativlaute /pf/, /pʃ/ und /ts/ als Einzelkonsonanten behandelt. Die vollständigen Verwechslungsmatrizen sowie die Zahl der Auslassungen und Einfügungen sind in Bild 7.12 und Bild 7.13 dargestellt. Für die einzelnen Konsonanten im Silbenanlaut ergab sich eine mittlere Erkennungsrate von 61.2%, für die Konsonanten im Silbenauslaut 68.4%.

Im Silbenanlaut wurden mit Ausnahme von /t/ und /d/ die Plosivlaute relativ schlecht erkannt, siehe Bild 7.12. Hier ist die Sicherheit bei der Detektion des Bursts noch nicht ausreichend. Die Verwechslungen selbst lassen sich er-

	Gesamt-zahl	p	t	k	b	d	g	f	s	ʃ	m	n	l	r	v	j	z	Aus-lass.	Einfü-gung.	Richtig erkannt
p	72	39	7	3		3	7	3		1								9	13	54.2%
t	48	9	29	2		3		1										4	1	60.4%
k	40	7	2	17		5	3	5				1								42.5%
b	24				13	3	3				2	1						2	3	54.2%
d	16	1			3	11	1													68.8%
g	32	7	1		6	2	13											3	1	40.6%
f	48	2	1					35		8			1					1		72.9%
s	16							1	13	2										81.3%
ʃ	88	2	1	3				9	2	71									2	80.7%
m	16	1									8	1	2	3				1	1	50.0%
n	32			1			1				3	17	4	3				3	1	53.1%
l	72										1	5	40	5	5		1	15	9	55.6%
r	96		1					1				1	4	71	1			17	14	74.0%
v	32		1	1							5	3	8	3	10			1	4	31.3%
j	8			1							1					4	2			50.0%
z	8	1									1						6			75.0%

Summe:

648   Richtig: 397 = 61.2 %

Bild 7.12 Verwechslungsmatrix der einzelnen Konsonanten im Silbenanlaut, berechnet aus den Verwechslungen der Anfangskonsonantenfolgen; Zeile: gesprochener Laut, Spalte: erkannter Laut.

	Gesamtzahl	-	p	t	k	f	s	ʃ	pf	pʃ	ts	c	x	m	n	ŋ	l	r	Aus-lass.	Einfü-gung.	Richtig erkannt
-	8	3												1	1	1	2				37.5%
p	32		23	4	5																71.9%
t	104		1	90	12														1	2	86.5%
k	40		5	6	28		1													3	70.0%
f	40					25	7			6	2										62.5%
s	40			1		6	27	1			5									1	67.5%
ʃ	24						2	21			1										87.5%
pf	16		1	1		1			12				1								75.0%
pʃ	8								1	7											87.5%
ts	8			1							6		1								75.0%
c	36				5	3	4					24									66.7%
x	12				1								10			1					83.3%
m	40												1	21	8	6	2	1	1	2	52.5%
n	56													6	38	3	4	2	3	3	67.9%
ŋ	24													6	3	12	2	1			50.0%
l	72														3	6	44	3	16	19	61.1%
r	72	2			1										2	2	6	41	18	8	56.9%

Summe:

632   Richtig: 432 = 68.4 %

Bild 7.13   Verwechslungsmatrix der einzelnen Konsonanten im Silbenauslaut, berechnet aus den Verwechslungen der Endkonsonantenfolgen; Zeile: gesprochener Laut, Spalte: erkannter Laut.

klären, wenn die Mittelwerte und Standardabweichungen der ermittelten Meßwerte betrachtet werden, die in Bild 7.14 für einige ausgewählte Konsonanten angegeben sind. Als gutes Ergebnis ist zu werten, daß die Daten der Formantloci bei den stimmlosen Plosivlauten tatsächlich die typische Reihenfolge der Formantloci von F2 zeigen, wie sie aus der Sprachwahrnehmung bekannt sind /Del68/: für den labialen Plosivlaut /p/ ist der Frequenzwert niedrig, für den dentalen Plosivlaut /t/ liegt er bei mittleren Frequenzen, und für den velaren Plosivlaut /k/ wurden relativ hohe Frequenzwerte gefunden. Die Verwechslungen sind aber wohl dadurch begründet, daß die Standardabweichungen zu groß sind und sich damit die Frequenzbereiche überlappen. Die Auswertung der Formantloci (als Merkmal für die Artikulationsstelle) erfordert offensichtlich noch eine Verfeinerung der Analysemethoden.

Sehr gute Erkennungsergebnisse wurden für die Frikativlaute /f/, /s/, /ʃ/ und /z/ erreicht. Problematisch ist dagegen die Unterscheidung der Nasallaute,

Konsonant	akustisches Merkmal	Mittelwert	Standard-abweichung	Dimension
Turbulenzen:				
/ʃ/	Spektraler Schwerp.	2772	82	Hz
	Untere Grenzfrequ.	1982	256	Hz
	Obere Grenzfrequ.	3594	111	Hz
	Dauer der Turbulenz	29	3.9	ms
/f/	Spektraler Schwerp.	2485	103	Hz
	Untere Grenzfrequ.	1416	170	Hz
	Obere Grenzfrequ.	3413	227	Hz
	Dauer der Turbulenz	26	5.4	ms
/ts/	Spektraler Schwerp.	2653	35	Hz
	Untere Grenzfrequ.	1338	91	Hz
	Obere Grenzfrequ.	4023	303	Hz
	Dauer der Turbulenz	23	7.0	ms
Loci:				
/ʃ/	Formant-Locus F1	309	109	Hz
	Formant-Locus F2	1752	298	Hz
/f/	Formant-Locus F1	486	312	Hz
	Formant-Locus F2	1525	332	Hz
/ts/	Formant-Locus F1	580	532	Hz
	Formant-Locus F2	1714	274	Hz
/p/	Formant-Locus F1	487	279	Hz
	Formant-Locus F2	1558	416	Hz
/t/	Formant-Locus F1	430	172	Hz
	Formant-Locus F2	1595	321	Hz
/k/	Formant-Locus F1	390	174	Hz
	Formant-Locus F2	1663	591	Hz
/b/	Formant-Locus F1	382	87	Hz
	Formant-Locus F2	1401	491	Hz
/d/	Formant-Locus F1	324	94	Hz
	Formant-Locus F2	1559	226	Hz
/g/	Formant-Locus F1	560	532	Hz
	Formant-Locus F2	1225	302	Hz
Nasale/liquide Bindeglieder:				
/m/	Niedriges Bindegl.	242	23	Hz
	Hohes Bindeglied	1258	225	Hz
	Übergänge d. Bindegl.	135	105	Hz/ms
/n/	Niedriges Bindegl.	268	53	Hz
	Hohes Bindeglied	1563	169	Hz
	Übergänge d. Bindegl.	114	74	Hz/ms
/l/	Niedriges Bindegl.	311	40	Hz
	Hohes Bindeglied	1534	127	Hz
	Übergänge d. Bindegl.	65	59	Hz/ms

Bild 7.14 Mittelwerte und Standardabweichungen der ermittelten akustischen Merkmale für einige ausgewählte Konsonanten.

die sehr oft untereinander verwechselt wurden. Hier muß die Beschreibung der
nasalen Bindeglieder noch verbessert werden. Die Liquidlaute /l/ und /r/
wurden sehr oft nicht angezeigt oder zusätzlich eingefügt. Dies wurde bei /l/
vor allem in Verbindung mit den hellen Vokalen /e:/ und /i:/ und bei /r/ in
Verbindung mit den Vokalen /a/ und /ə/ beobachtet, bei denen es tatsächlich
äußerst schwierig ist, Liquidlaut und Vokal voneinander zu trennen. Eine geringe Erkennungsrate wurde für den stimmhaften Frikativlaut /v/ erreicht, bei
dem vielfach Bindeglieder festgestellt wurden, so sich daß erwartungsgemäß
Verwechslungen mit Nasal- und Liquidlauten ergaben.

Im Silbenauslaut liegen die Verhältnisse ähnlich, wie aus Bild 7.13 hervorgeht.
Sehr unsicher wurde der "leere" Konsonant /-/ bestimmt (Vokal im Auslaut).
Häufige Verwechslungen traten wiederum bei den Nasallauten /m/, /n/ und /ŋ/
auf. Interessant ist, daß die Unterscheidung zwischen Nasallauten und Liquidlauten recht gut war; dies ist auf das akustische Merkmal "Übergang Formanten
zu Bindegliedern" zurückzuführen, da für Nasallaute relativ steile Übergänge
und für Liquidlaute flache Übergänge festgestellt wurden. Dies steht in gutem
Einklang mit Erkenntnissen aus Wahrnehmungsexperimenten mit diesen Sprachlauten /Del68/. Probleme treten wieder bei /r/ und /l/ auf, die oft ausgelassen wurden.

Bei der Wertung der Erkennungsergebnisse ist zu berücksichtigen, daß in der
Stichprobe jede Konsonantenfolge nur einmal mit einem bestimmten Vokal vorkam.
Wenn eine Konsonantenfolge aus der Stichprobe entnommen und am Rest klassifiziert wird, ist somit diese Kombination von Konsonantenfolge und Vokal nicht
mehr bei den Referenzvektoren vertreten; damit wird die Erkennung der Konsonantenfolge tatsächlich unabhängig vom Vokal des Silbenkerns vorgenommen.
Die erzielten Erkennungsraten beziehen sich daher auf den ungünstigsten Fall
und stellen im Prinzip eine untere Grenze dar. Wird der Vokalkontext mit einbezogen, so ist zu erwarten, daß die Erkennungsrate wesentlich ansteigt; Ziel
des vorliegenden Experiments war es aber, gerade die vokal-unabhängige Eignung
der akustischen Merkmale zu überprüfen. Die Diskussion dieses Problemkreises
wird im nächsten Abschnitt nochmals aufgenommen.

7.2.2.3 Kontrollexperiment mit Gesamtmustern

Zum Vergleich wurde dasselbe Sprachmaterial anhand von Gesamtmustern für Konsonantenfolgen klassifiziert; das Verfahren wurde bereits in Abschn. 7.2.1 ausführlich dargelegt. Die Auflösung bei der Dynamischen Interpolation der Gesamt-

muster (s. Abschn. 7.2.1.1) wurde allerdings mit 24 interpolierten Lautheits-spektren für jede Konsonantenfolge festgelegt. Bei dieser hohen Auflösung ist sichergestellt, daß die Erkennungsleistung nicht eventuell durch eine zu ge-ringe Auflösung beeinträchtigt wird /Scho80/. Bei Verwendung von 22 Kanälen für die Lautheitsspektren besteht damit das Gesamtmuster einer Konsonanten-folge insgesamt aus 528 Komponenten.

Die Klassifikation der Stichprobe ("Leave-one-out" Prinzip, NN-Klassifikator, "City-Block"-Abstand) lieferte eine mittlere Erkennungsrate von 65.4% für Anfangskonsonantenfolgen und 75.2% für Endkonsonantenfolgen, siehe Tab. 7.1. Die Erkennungsraten sind damit etwa 4% bzw. 7% besser als diejenigen, die unter Verwendung der akustischen Merkmale erzielt wurden. Interessant ist, daß die auftretenden Verwechslungen sehr ähnlich und teilweise sogar identisch mit den obengenannten Verwechslungen (Bild 7.12 und Bild 7.13) sind; sie wurden deshalb hier nicht zusätzlich abgebildet. Werden die Ergebnisse beider Experi-mente verglichen, ist zu berücksichtigen, daß bei Verwendung der akustischen Merkmale ein Vektor mit 24 bzw. 31 Komponenten zum Einsatz kam, während die Gesamtmuster aus 528 Komponenten bestanden; die benötigte Rechenzeit steht in etwa im selben Verhältnis. Der Aufwand für die Extraktion der akustischen Merkmale ist vergleichsweise gering, da nur einfache Summationen und Regeln zur Anwendung kommen, die wenig Rechenzeit kosten.

Erkennungs-verfahren	Zahl der Komponenten	ERKENNUNGSRATEN	
		Anfangs-Konsonanten	End-Konsonanten
Gesamt-muster	528	65.4 %	75.2 %
akustische Merkmale	24 bzw. 31	61.2 %	68.4 %

Tab. 7.1 Gegenüberstellung der Erkennungsraten für die einzelnen Konsonanten, klassifiziert anhand akustischer Merkmale und anhand von Gesamtmustern.

Die Erkennungsraten lassen sich in beiden Fällen sicher wesentlich steigern, indem der Vokalkontext bei der Klassifikation einbezogen wird. Dies wird deutlich, wenn ein Vergleich der Ergebnisse der Gesamtmuster-Klassifikation mit denjenigen Experimenten angestellt wird, die in Abschn. 7.2.1.3 ebenfalls mit Gesamtmustern durchgeführt wurden; dort ist die Wortliste 4 mal gesprochen worden, so daß die Konsonantenfolgen mehrfach mit allen vorkommenden Vokalen repräsentiert waren. Wird dort die Erkennungsrate der einzelnen Konsonanten ausgezählt, so sind die dortigen Erkennungsraten größenordnungsmäßig um 15% besser als die hier erzielten. Es ist also wichtig, auch für die Klassifikation der akustischen Merkmale kontext-abhängige Regeln zu entwickeln, die vor allem den Vokal einbeziehen. An der Lösung dieser Aufgaben wird an verschiedenen Stellen gearbeitet, z.B. am MIT (/Zue85/).

Insgesamt haben sich die akustischen Merkmale als sehr nützlich für die automatische Spracherkennung erwiesen. Dieser Ansatz eröffnet grundsätzlich die Möglichkeit, die vielfältigen Erkenntnisse aus dem Gebiet der menschlichen Sprachwahrnehmung zu nutzen; die Verfahren der automatischen Extraktion und Klassifikation müssen hierfür aber noch weiterentwickelt werden. Darüberhinaus besteht die Hoffnung, daß mit diesem Ansatz auch das Problem der Sprecherabhängigkeit besser gelöst werden kann. Es ist bekannt, daß sich die wichtigsten sprecherspezifischen Eigenschaften durch verhältnismäßig grobe Parameter erfassen lassen /Jasch82/. Angestrebt werden daher Verfahren, die bei der Klassifikation und eventuell auch bereits bei der Merkmalsextraktion die sprecherspezifischen Eigenschaften in Form eines Regelwerks mit berücksichtigen. Werden die sprecherspezifischen Regeln anhand einer kurzen Sprachäußerung bestimmt bzw. korrigiert, so können Erkennungssysteme realisiert werden, die sich in kurzer Zeit an einen neuen Sprecher anpassen, ohne daß eine umfangreiche neue Lernphase notwendig wäre.

7.3 Silbenorientierte Lexikonsuche

Nach der Klassifikation der phonetischen Einheiten müssen die Erkennungsergebnisse zu Wörtern oder gegebenenfalls zu ganzen Sätzen zusammengefaßt
werden. Ausgangspunkt ist ein lautsprachliches Lexikon (Wortliste), das alle
zugelassenen Wörter in geeigneter Form enthält. Die Effektivität der Lexikonsuche ist damit von entscheidender Bedeutung für die gesamte Leistung eines
Erkennungssystems. Die Lexikonsuche hat die Aufgabe, für die vom Klassifikator
erkannten Einheiten ein passendes Wort der Wortliste zu finden oder zumindest
das ähnlichste Wort zu bestimmen. Wird nur die Ähnlichkeit gefordert, so
handelt es sich im Prinzip um eine Korrektur von falsch erkannten Einheiten,
wobei die Redundanz der vorliegenden Wortliste genutzt wird. Der Vergleich
selbst kann sowohl auf einer Zeichenebene (z.B. auf der Ebene der phonetischen
Symbole) oder auch in der Signal- bzw. einer parametrischen Ebene erfolgen.
Entscheidend für die Güte der Korrektur ist hierbei, in welchem Umfang
a-priori-Wissen über die Verteilung der Fehlentscheidungen des Klassifikators
genutzt werden kann.

Im folgenden werden Experimente mit 2 Verfahren gegenübergestellt, in denen
eine Wortliste verwendet wurde, die aus den 1001 häufigsten Wörter der
deutschen Sprache besteht; die Klassifikation dieser Sprachstichprobe in Form
von Konsonantenfolgen und Vokalen ist bereits in Abschn. 7.2 dargestellt
worden. Bei den 2 Verfahren handelt es sich im ersten Fall um die Suche in
einem Lexikon, dessen Worteinträge in Lautschrift abgelegt sind (Vergleich auf
Zeichenebene); durch Einsatz von Rückschlußwahrscheinlichkeiten kann eine
optimale Korrektur von Erkennungsfehlern vorgenommen werden. Im zweiten Fall
erfolgt die Lexikonsuche mit Hilfe geometrischer Abstandsmessungen, wobei die
einzelnen Segmente sowohl im Lexikon als auch am Ausgang des Klassifikators
durch spektrale Repräsentanten ("Prototypen") dargestellt werden. Beide
Verfahren werden in den folgenden Abschnitten näher beschrieben sowie miteinander verglichen.

Das Versuchsmaterial der 1001 häufigsten Wörtern der deutschen Sprache wurde
von 1 Sprecher 3 mal gesprochen. Zwei Sprachaufnahmen wurden jeweils als
Lernstichprobe verwendet; die 3. Aufnahme (Teststichprobe) wurde zur Klassifikation und für die Lexikonsuche herangezogen. Das Ergebnis der Klassifikation
ist für jedes unbekannte Wort eine Folge von phonetischen Symbolen für
Anfangskonsonantenfolgen, Vokale und Endkonsonantenfolgen.

Bei dieser silbenorientierten Klassifikation betrug die mittlere Erkennungsrate für ganze Wörter 50.1%; das bedeutet, daß etwa bei der Hälfte der Wörter

alle Einheiten (Konsonantenfolgen und Vokale) fehlerfrei erkannt und damit das Wort vollständig richtig klassifiziert worden war. Die Zahl der Segmentierungsfehler betrug im Mittel 4.2%; darüberhinaus wurden in 1.1% der Fälle Wörter unmittelbar mit anderen Wörtern verwechselt, so daß sie grundsätzlich nicht mehr korrigierbar waren. Damit lag der Grenzwert für die maximale insgesamte Wort-Erkennungsrate, welche die Lexikonkorrektur im vorliegenden Experiment überhaupt erreichen konnte, bei 94.7%.

7.3.1 Optimale Korrektur von Erkennungsfehlern

Im ersten Verfahren liegen die Lexikoneinträge in Lautschrift (für Konsonantenfolgen und Vokale) vor. Zur Messung der Ähnlichkeit zwischen Erkennungsergebnis und Lexikoneintrag werden Alternativen aus Rückschlußmatrizen verwendet, die in einer Lernphase anhand der Lernstichprobe bestimmt wurden; ein Blockdiagramm ist in Bild 7.15 wiedergegeben.

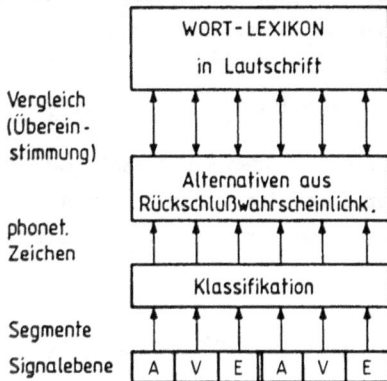

```
                        ┌─────────────────────────┐
                        │      WORT-LEXIKON        │
                        │      in Lautschrift      │
                        └─────────────────────────┘
Vergleich                  ↑ ↑ ↑ ↑   ↑ ↑ ↑
(Überein-                  ↓ ↓ ↓ ↓   ↓ ↓ ↓
stimmung)               ┌─────────────────────────┐
                        │    Alternativen aus      │
                        │  Rückschlußwahrscheinlichk. │
phonet.                 └─────────────────────────┘
Zeichen                    ↑ ↑ ↑ ↑   ↑ ↑ ↑
                        ┌─────────────────────────┐
                        │      Klassifikation      │
                        └─────────────────────────┘
Segmente                   ↑ ↑ ↑ ↑   ↑ ↑ ↑
Signalebene             │ A │ V │ E ║ A │ V │ E │
```

Bild 7.15   Prinzip der Lexikonsuche mit Hilfe von Rückschluß-
           wahrscheinlichkeiten.

Die notwendigen Rückschlußmatrizen werden getrennt für Anfangskonsonantenfolgen, Endkonsonantenfolgen und für Vokale aufgestellt; das Verfahren zur Gewinnung dieser Matrizen soll im folgenden kurz erläutert werden. Wird die gegebene ("wahre") Klassenzugehörigkeit einer Einheit mit c bezeichnet und das Erkennungsergebnis mit k, so liefert die Klassifikation einer größeren Stichprobe dieser Einheiten schließlich eine Schätzung für die bedingte Wahrscheinlichkeit p(k|c). Die Rückschlußwahrscheinlichkeit für c bei gegebenem Klassifikationsergebnis k ist damit

$$p(c|k) = p(k|c)\, p(c)/p(k) \quad,$$

wobei $p(c)$ und $p(k)$ die jeweiligen Auftretenswahrscheinlichkeiten für c und k darstellen. Es soll nun als Beispiel die Korrektur eines 1-silbigen unbekannten Wortes betrachtet werden, das aus 3 Einheiten (Anfangskonsonantenfolge, Vokal, Endkonsonantenfolge) besteht. Gesucht ist die Wahrscheinlichkeit, daß das vorliegende Klassifikationsergebnis $\{k_1,k_2,k_3\}$ zu einem bestimmten Wort C des Lexikons mit $C = \{c_1,c_2,c_3\}$ gehört. Die gesamte Rückschlußwahrscheinlichkeit auf dieses Wort des Lexikons wird ausgedrückt als $p(c_1,c_2,c_3|k_1,k_2,k_3)$. Es wird angestrebt, diese Wahrscheinlichkeit durch die einzelnen Rückschlußwahrschein-lichkeiten der Einheiten auszudrücken, da sie leicht anhand der Verwechslungen der Einheiten bestimmt werden können. Es gilt:

$$p(c_1,c_2,c_3|k_1,k_2,k_3) = \frac{p(k_1,k_2,k_3|c_1,c_2,c_3)\, p(c_1,c_2,c_3)}{p(k_1,k_2,k_3)} \qquad (7.4)$$

Unter der Annahme statistischer Unabhängigkeit für die Verwechslungen der 3 Klassifikationen k_1, k_2 und k_3 untereinander gilt:

$$\qquad (7.5)$$

$$p(k_1,k_2,k_3|c_1,c_2,c_3) = p(k_1|c_1,c_2,c_3)\, p(k_2|c_1,c_2,c_3)\, p(k_3|c_1,c_2,c_3)$$

Weiterhin soll angenommen werden, daß ein Klassifikationsergebnis unabhängig vom Kontext ist, der hier durch die Symbole c_i repräsentiert wird; d.h. daß beispielsweise die Verwechslungen von c_1 nicht durch die benachbarten Einheiten c_2 und c_3 beeinflußt werden:

$$p(k_1,k_2,k_3|c_1,c_2,c_3) = p(k_1|c_1)\, p(k_2|c_2)\, p(k_3|c_3) \qquad (7.6)$$

Bei der Lexikonsuche sollen die einzelnen **Rückschlußwahrscheinlichkeiten** Verwendung finden, da hiermit nach der Bayes'schen Entscheidungsregel die optimale Zuordnung getroffen wird (s. Abschn. 4.3.1); für den Rückschluß auf ein Wort C ergibt sich mit Gl.(7.4) und Gl.(7.6):

$$p(c_1,c_2,c_3|k_1,k_2,k_3) = \frac{p(k_1|c_1)\, p(k_2|c_2)\, p(k_3|c_3)\, p(c_1,c_2,c_3)}{p(k_1,k_2,k_3)} \qquad (7.7)$$

$$= \frac{p(c_1|k_1)p(c_2|k_2)p(c_3|k_3)\, p(k_1)p(k_2)p(k_3)\, p(c_1,c_2,c_3)}{p(c_1)p(c_2)p(c_3)\, p(k_1,k_2,k_3)}$$

Die optimale Entscheidung wird getroffen, wenn die Lexikonsuche dasjenige Wort bestimmt, das die größte insgesamte Rückschlußwahrscheinlichkeit bei gegebenem

Klassifikationsergebnis hat. Aus diesem Grunde können im Nenner $p(k_1,k_2,k_3)$ und im Zähler das Produkt $p(k_1)p(k_2)p(k_3)$ für die folgenden Betrachtungen unberücksichtigt bleiben, da sie beim Vergleich der Rückschlüsse auf verschiedene Wörter konstant sind. Der Ausdruck $p(c_1,c_2,c_3) = p(C)$ ist die Auftretenswahrscheinlichkeit für das Wort C des Lexikons. Unter der Annahme gleicher Auftretenswahrscheinlichkeiten für alle M Wörter des Lexikons kann dieser Term bei der Suche ebenfalls weggelassen werden. Weiterhin kann es sinnvoll sein, auch die Auftretenswahrscheinlichkeiten der Klassen im Lexikon $p(c_1)$, $p(c_2)$ und $p(c_3)$ gleichverteilt anzunehmen, so daß keine Klasse bevorzugt wird; dies entspricht der Strategie des Maximum-Likelihood-Klassifikators, siehe Abschn. 4.3.1. In diesem Fall wird die Lexikonsuche unabhängig von der aktuellen Verteilung der Klassen im Lexikon.

Das j-te Wort des Lexikons sei nun bezeichnet mit $C_j = \{c_{1j}, c_{2j}, c_{3j}\}$; die Lexikonsuche wählt dann unter den obengenannten Voraussetzungen dasjenige Wort C_i aus, für das das Produkt der Rückschlußwahrscheinlichkeiten am größten ist:

$$(7.8)$$

$$\{k_1,k_2,k_3\} \in C_i \text{, wenn } p(c_{1i}|k_1)p(c_{2i}|k_2)p(c_{3i}|k_3) > p(c_{1j}|k_1)p(c_{2j}|k_2)p(c_{3j}|k_3)$$

$$\text{für } j = 1...M, i \neq j \text{ ; } M = \text{Zahl der Wörter im Lexikon.}$$

Diese Vorschrift bedeutet jeweils die Bestimmung des Maximums der Produkte für alle Wörter des Lexikons. Eine einfache und praktische Möglichkeit besteht darin, die einzelnen Klassifikationsergebnisse k_1, k_2, und k_3 mit allen "Alternativen" zu erweitern, die die Rückschlußmatrizen für diese erkannten Einheiten anbieten. In der Liste der Alternativen sind nun alle Wörter enthalten, auf die ein Rückschluß überhaupt möglich ist.

Bild 7.16 zeigt als Beispiel die Liste der Alternativen für das Erkennungsergebnis /' ai ls/. Im allgemeinen werden hier mehrere Wörter des Lexikons passen, so z.B. "als" (/' a ls/), "teils" (/t ai ls/), "Tanz" (/t a nts/) etc. Daher werden alle Lexikoneinträge mit dieser Liste der Alternativen verglichen und auf Identität überprüft. Bei mehrsilbigen Wörtern wird die Spaltenzahl der Liste entsprechend erhöht, siehe Bild 7.16. Als erkanntes Wort wird dasjenige mit der höchsten Verbundwahrscheinlichkeit (berechnet als Produkt der einzelnen Rückschlußwahrscheinlichkeiten) ausgegeben. Im vorliegenden Experiment der 1001 Wörter wurde eine Wort-Erkennungsrate von etwa 89.0% erreicht.

Diese Methode nimmt zwar eine optimale Korrektur von Erkennungsfehlern vor, allerdings ist die Gewinnung hinreichend genauer Werte für die Rückschlußwahr-

Erkennungs-ergebnis		'		ai		1s	
		'	94.0	ai	73.0	1s	83.0
Alter-	p		1.4	a	9.0	ts	6.0
nativen	t		1.2	ə	7.0	s	6.0
aus	b		1.1	ε	6.5	nts	5.0
Rückschluß-	d		0.9	a:	1.6		
matrizen	g		0.8	e:	1.2		
	fr		0.6	oy	0.9		
				ε:	0.7		
			(%)		(%)		(%)

Bild 7.16 Erweiterung des Erkennungsergebnisses /' ai 1s/ mit
Alternativen aus Rückschlußmatrizen.

scheinlichkeiten problematisch, da die erforderlichen großen Lernstichproben
meist nicht zur Verfügung stehen. Besonders kritisch sind Eintragungen mit dem
Wert Null, die den Rückschluß auf die entsprechende Klasse dadurch völlig
ausschließen. Daher wurde ein zweites Verfahren entworfen, das spektrale
Repräsentanten für die Lexikonsuche verwendet.

7.3.2 Lexikonsuche mit spektralen Repräsentanten

Die Lexikonsuche kann auch durch geometrische Abstandsmessung mit Hilfe von
spektralen Repräsentanten ("Prototypen") durchgeführt werden. Die Prototypen
bestehen jeweils aus mehreren zeitlich aufeinanderfolgenden Lautheits-Spektren
einer ganzen Halbsilbe, beinhalten also die Konsonantenfolge und den Vokal bis
zur Silbenmitte; die Vorgehensweise ist in Bild 7.17 skizziert. Vollständige
Halbsilben wurden gewählt, weil hiermit das Problem des richtigen Anfügens von
Konsonantenfolgen und Vokalen vermieden werden kann.

Auch bei dieser Ähnlichkeitsmessung wird gefordert, daß die Verwechslungen der
vorausgegangenen Klassifikation berücksichtigt und möglichst "rückgängig"
gemacht werden können. Dies läßt sich erreichen, wenn die Repräsentanten in
einem ähnlichen Merkmalsraum dargestellt werden, der auch der Klassifikation
zugrunde lag. Besonders einfach ist eine Darstellung in Form von Halbsilben-

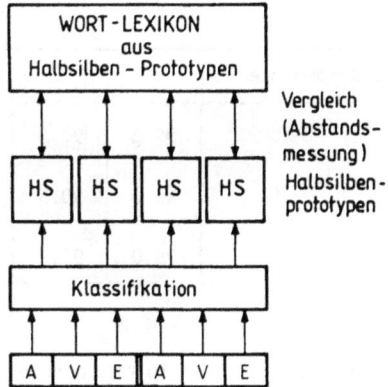

Bild 7.17 Prinzip der Lexikonsuche mit Hilfe von spektralen
Repräsentanten.

Prototypen. Ein vergleichbares Verfahren mit Diphon-Prototypen wurde bereits
für das Englische vorgeschlagen /Kla79/. Die Prototypen wurden durch Mittelung
aller Halbsilben desselben Etiketts aus den 2002 Wörtern der Lernstichprobe
gebildet. Dadurch entstanden im Mittel 213 Anfangshalbsilben-Prototypen und
206 Endhalbsilben-Prototypen, durch die das gesamte Lexikon aufgebaut werden
kann. Vorteilhaft ist, daß die geometrische Abstandsmessung grundsätzlich zu
jeder Klasse ein Maß für die Ähnlichkeit liefert; durch Einführung einer
Schwelle läßt sich erreichen, daß nur sinnvolle Alternativen gefunden werden,
die eine gewisse Mindestähnlichkeit aufweisen.

In einem ersten Versuch wurde jeder Halbsilben-Prototyp (im Lexikon und im
Klassifikationsergebnis) durch 10 Spektren mit 22 Komponenten dargestellt;
diese "Auflösung" ist damit nur geringfügig gröber als diejenige, die bei der
primären Klassifikation der Konsonantenfolgen gewählt wurde (12 Spektren pro
Halbsilbe und 9 pro Konsonantenfolge). Die Abstandsmessung verwendete eine
"City-Block"-Metrik. Die insgesamte Wort-Erkennungsrate betrug 90.3%; sie kann
durch noch feinere Auflösung der Prototypen nicht weiter gesteigert werden und
bildet damit einen Grenzwert. Andererseits läßt sich die zeitliche und spektrale Auflösung der Prototypen stark reduzieren (Tab. 7.2), ohne daß dadurch
die Korrekturleistung wesentlich abnimmt /Schie81/. Selbst bei einer Reduktion
der Halbsilben-Prototypen auf 2 Spektren mit 6 Komponenten betrug die insgesamte Wort-Erkennungsrate noch 89.5%.

Im vorliegenden Experiment erreichte die Lexikonsuche mit spektralen Repräsentanten damit praktisch dieselbe Erkennungsleistung wie eine Lexikonsuche auf

Zahl der Komponenten:		22	12	6	3
Zahl der	10	90.3	90.3	89.9	85.3
	5	90.2	90.3	89.9	85.1
Spektren	2	90.0	90.1	89.5	84.1

Tab. 7.2 Wort-Erkennungsraten (in %) in Abhängigkeit von der zeitlichen und
spektralen Auflösung der Halbsilben-Prototypen bei der Lexikonsuche (nach /Schie81/).

der Basis von Rückschlußwahrscheinlichkeiten (89.0% in Abschn. 7.3.1); die
spektrale Repräsentation ist sogar leicht überlegen, wenn die Auflösung der
Prototypen nicht extrem niedrig gewählt wird. Bei der Beurteilung der Leistung
der Korrekturstufe muß stets im Auge behalten werden, daß aufgrund der
unkorrigierbaren Verwechslungen und der Segmentierungsfehler überhaupt nur
eine maximale Wort-Erkennungsrate von 94.7% erreichbar war.

Die Verwendung von Halbsilben bzw. von Konsonantenfolgen und Vokalen hat sich
damit auf den verschiedenen Verarbeitungsstufen als sehr sinnvoll erwiesen.
Interessant ist vor allem eine Gegenüberstellung zur Ganzworterkennung, die
eine direkte Zuordnung vom Signalbereich zur Wortliste vornimmt (1-stufige
Klassifikation). Die hier vorgestellten Verfahren der Klassifikation von
Halbsilben-Segmenten mit anschließender Lexikonsuche stellen dagegen im Prinzip
eine 2-stufige Klassifikation dar. Aufgrund der nichlinearen Entscheidungen
sind beide Vorgehensweisen aber nicht gleichwertig. In anderen Experimenten
mit denselben 1001 Wörtern und derselben Vorverarbeitung waren die Erkennungsraten der Ganzworterkennung immer niedriger als diejenigen der Halbsilben-
erkennung mit Lexikonkorrektur /Rus81/.

Ein weiterer Vorteil des 2-stufigen Verfahrens ist, daß die Erkennungsaufgabe
in 2 Teilaufgaben gegliedert wird, die jeweils mit wesentlich geringerer
Merkmalszahl (Dimensionalität) realisiert werden können als bei der Ganzworterkennung, bei der der gesamte Wortschatz in einem entsprechend hochdimensionalen
Raum dargestellt werden muß, in dem auch alle Ähnlichkeitsmessungen durchzuführen sind. Die Konsonantenfolgen der silbenorientierten Verarbeitung dagegen
bestehen nur aus 198 Komponenten (9 Spektren zu 22 Kanälen), und die Zahl der

Klassen reduziert sich bei der vorliegenden Wortliste bei der Klassifikation der Halbsilben-Segmente im Silbenan- und Auslaut auf durchschnittlich 41 Konsonantenfolgen und 19 Vokale (lange und kurze Vokale sowie Diphthonge). Die Lexikonsuche mit spektralen Prototypen ist sehr einfach zu realisieren und vermeidet die Probleme, die bei der Erstellung genügend repräsentativer Rückschlußmatrizen auftreten. Die Lexikon-Repräsentanten selbst benötigen im Extremfall nur noch 12 Komponenten (2 Spektren zu 6 Kanälen); damit läßt sich die Lexikonsuche in einem niedrigdimensionalen Raum mit einfachen Abstandsmessungen durchführen.

Die bisher geschilderten silbenorientierten Erkennungsverfahren waren nicht in der Lage, Silben-Segmentierungsfehler zu tolerieren oder auszugleichen. Das bedeutet, daß ein Segmentierungsfehler zwangsläufig zu einem Erkennungsfehler führt. Sollen Segmentierungsfehler mitberücksichtigt werden, so müssen kompliziertere Wortmodelle eingesetzt werden, bei denen für das Auftreten derartiger Fehler Vorsorge getroffen ist. Eine günstige Realisierung geeigneter Wortmodelle wird im nachfolgenden Abschn. 7.4.1 vorgestellt.

7.4 Erkennung gesprochener Sätze

Bei der Erkennung fließend gesprochener Sprache (Satzerkennung) kann die Wortebene als Zwischenstufe dienen. Diese Aufteilung ist sinnvoll, da die Wörter
als Basis für eine syntaktische und semantische Analyse des Satzes dienen kann.
Vorerst sollen jedoch keine syntaktischen Beschränkungen der Wortfolgen vorgenommen werden; dies wird erst in Abschn. 7.4.5 zusätzlich eingeführt. Die Satzerkennungsstufe hat die Aufgabe, diejenige Folge von Wörtern zu bestimmen, die
zum vorliegenden Klassifikationsergbenis der akustisch-phonetischen Analyse am
besten paßt. Die gesprochene Äußerung wird damit als zusammenhängende Kette
von Wörtern behandelt; Pausen zwischen Wörtern sind ebenfalls möglich, indem
die Pausen als "leere Wörter" in der Kette vorkommen dürfen.

Als Ausgangspunkt für das vorliegende **Satzerkennungssystem** (System B,
s. Abschn. 7., Bild 7.1) wird die Segmentierung der Äußerung und die anschlies-
sende Klassifikation in Konsonantenfolgen und Vokale angenommen, wie sie in den
vorausgegangenen Abschnitten ausführlich beschrieben wurde. Für die klassifizierten Einheiten sollen im folgenden Abkürzungen verwendet werden:

A = Anfangskonsonantenfolge,

V = Vokal bzw. Diphthong,

E = Endkonsonantenfolge.

Ein Kennzeichnen für die silbenorientierte Verarbeitung ist, daß die Klassifikation immer die Symbole in der festen Reihenfolge A-V-E liefert. Da im
Falle von Segmentierungsfehlern ganze Silben ausgelassen oder eingefügt
werden, muß bei der Zusammenfassung der Symbole zu Wörtern damit gerechnet
werden, daß an einzelnen Stellen jeweils 3 **Symbole** überzählig sind bzw. daß
3 Symbole fehlen. Zu diesem Zweck wurden entsprechende Aussprachemodelle für
Wörter entwickelt, die diesen speziellen Gegebenheiten Rechnung tragen.

Für die Abarbeitung des ganzen Satzes kommt ein 1-stufiger Algorithmus der
Dynamischen Programmierung (DP) für Wortketten zum Einsatz. Dieses Verfahren
ist aus der Literatur /Vin71,Bri82,Ney84/ bekannt und wurde dort für die Verarbeitung von Kurzzeitspektren eingesetzt. Dieser Algorithmus wurde modifiziert
und arbeitet hier auf der Ebene der Symbole A, V und E. Als Abstandsmaß beim
Vergleich der Symbole kommen Rückschlußwahrscheinlichkeiten aus Verwechslungsmatrizen zum Einsatz. Die Behandlung der Silbenfehler wird durch speziell
festgelegte Wegediagramme ermöglicht.

7.4.1 Ausprachemodelle für Wörter

Das Aussprachemodell für ein Wort ist als Graph mit gerichteten Kanten realisiert, die von links nach rechts durchlaufen werden. Die Kanten tragen die
phonetischen Symbole, die Knoten sind ohne direkte Bedeutung. Die Aussprachemodelle sind so aufgebaut, daß sie mit Hilfe der Dynamischen Programmierung
abgearbeitet werden können, wobei derjenige Weg durch das Modell bestimmt wird,
der die **beste Übereinstimmung** zwischen dem Modell und den vorliegenden
Klassifikationsergebnissen aus den Halbsilbensegmenten aufweist. Die Aussprachemodelle sollen in der Lage sein, sowohl die Unsicherheiten in der phonetischen Zuordnung der einzelnen Laute als auch Auslassungen bzw. Einfügungen von
Lauten bzw. von ganzen Lautgruppen zu beschreiben. Da die Symbolfolgen immer
in der Form A-V-E auftreten, muß ein allgemeines Aussprachemodell Einfügungen
und Auslassungen dieser Folgen ermöglichen, siehe Bild 7.18 a). Es wird dabei

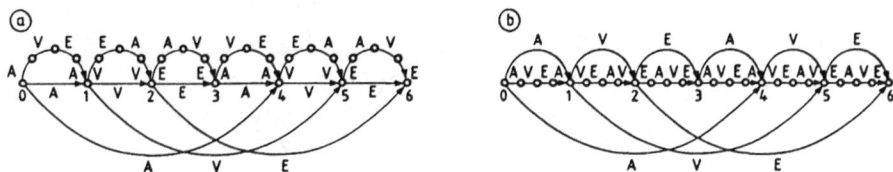

Bild 7.18   Allgemeines Aussprachemodell für ein Wort mit Berücksichtigung
von Silbenfehlern (A=Anfangskonsonantenfolge, V=Vokal, E=End-
konsonantenfolge).

nicht unterschieden, ob die Silbenfehler von einer "falschen" Aussprache stammen oder vom Segmentierungsalgorithmus verursacht wurden; die Modelle sind
grundsätzlich in der Lage, sowohl die Aussprachevarianten als auch die Fehler
der Segmentierungsstufe zu beschreiben. Für eine ökonomische Implementierung
des DP-Algorithmus zur Bestimmung des besten Pfades durch das Modell ist das
Vorhandensein von Einfügungen allerdings sehr ungünstig. Bild 7.18 b) zeigt
das gleichwertige Modell, nachdem es so umgezeichnet wurde, daß nur noch
Sprünge vorhanden sind; in diesem Beispiel kann das Wort 1 bis 8 Silben
umfassen.

Die Erfahrungen mit dem silbenorientierten Spracherkennungssystem haben gezeigt,
daß praktisch nur 1-silbige Sprünge (d.h. Sprünge über 1 Silbe) notwendig sind.
Soll eine bestimmte Silbe übersprungen werden, so wird dies durch eine Kante
über diese Silbe hinweg vorgenommen, soll an einer Stelle das Einfügen einer
Silbe möglich sein, so wird die Einfügung im horizontalen Hauptpfad realisiert,

der dann seinerseits übersprungen werden kann. Es können damit folgende Fälle abgedeckt werden:

- der Hauptpfad enthält die normale Aussprache für eine Silbe, die im Fall einer Auslassung übersprungen werden kann;

- der Hauptpfad repräsentiert das Einfügen einer Silbe und kann übersprungen werden, um die normale Aussprache wiederzugeben.

Das Modell wurde zusätzlich so erweitert, daß die 1-silbigen Sprünge an jeder Stelle bzw. von jedem Knoten aus möglich sind. Damit ergibt sich die grundlegende Struktur des Wortmodells in Bild 7.19, das in entsprechender Länge jeweils für alle Wörter des Wortschatzes zum Einsatz kommt; die Kanten sind zusätzlich mit Gewichtsfaktoren r_i versehen, die eine Bewertung der Aussprachevariante erlauben.

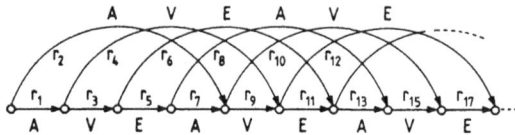

Bild 7.19 Grundstruktur des verwendeten Aussprachemodells mit 1-silbigen Sprüngen von jedem Knoten aus.

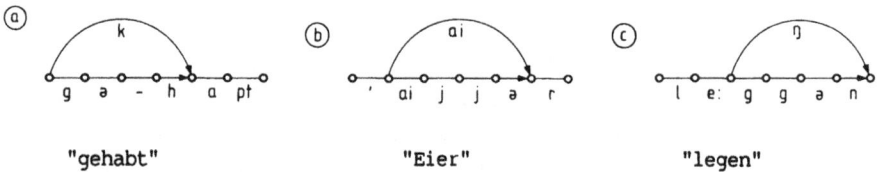

"gehabt"   "Eier"   "legen"

Bild 7.20 Beispiele für Aussprachemodelle mit 1-silbigen Sprüngen.

Die sinnvolle Festlegung der verschiedenen Sprünge im verwendeten Grundmodell (Bild 7.19) soll an einigen einfachen Beispielen verdeutlicht werden. Bild 7.20 a) zeigt ein Modell für das Wort "gehabt", das bei reduzierter Vorsilbe als /kapt/ ausgesprochen werden kann. Die in diesem Fall beobachtete Anfangskonsonantenfolge wird durch die Kante /k/ dargestellt. Entsprechend kann in Bild 7.20 b) im Wort "Eier" der Sprung von Vokal zu Vokal erfolgen, wenn das Wort als /'air/ ausgesprochen wird. Bild 7.20 c) zeigt das Wort "legen", bei dem durch Überspringen der Nachsilbe die Aussprache /le:ŋ/ nachgebildet werden kann. Durch Kombination aller Möglichkeiten lassen sich sehr komplizierte Modelle aufbauen.

7.4.2 Satzerkennung mit 1-stufiger Dynamischer Programmierung

Die Erkennung der Wörter und des ganzen Satzes erfolgt anhand des sogenannten
1-stufigen DP-Algorithmus, der üblicherweise auf der parametrischen Ebene
eingesetzt wird; dort kommen unmittelbar die Abstände zwischen den Spektren
zur Auswertung. Das Prinzip soll hier nur in groben Zügen erläutert werden, da
es in der Literatur /Bri82,Ney84/ ausführlich beschrieben ist. Ausgangspunkt
ist eine Ähnlichkeitsmatrix, die für jedes Eingangsmuster die Ähnlichkeit zu
jedem Muster der Referenzwörter enthält. Das Verfahren bestimmt denjenigen Weg
durch die Ähnlichkeitsmatrix, der die beste Zuordnung der Eingangsmuster zu
den Mustern der Referenzwörter vornimmt; als Gütekriterium gilt die Summe der
Ähnlichkeiten (bzw. Distanzen) entlang des Weges. Die Zuordnung selbst kann
als eine **nichtlineare Zeitanpassung** der Musterfolgen aufgefaßt werden. Die
möglichen Zuordnungen und damit der Verlauf des Weges werden durch ein geeignetes Wegediagramm festgelegt (Monotoniebedingung); aufgrund dieser Festlegung läßt sich das Gütemaß für einen Punkt der Matrix rekursiv aus den
Gütemaßen zeitlich davorliegender Punkte bestimmen.

Für die Übergänge zwischen zwei aufeinanderfolgenden Wörtern wird ein zweites
Wegediagramm festgelegt, das den Beginn eines jeden Referenzwortes immer mit
demjenigen Wortende verknüpft, dessen Gütemaß bis zu dieser Stelle der
Äußerung am besten war. Vorteilhaft an diesem Algorithmus ist weiterhin, daß
aufgrund der Rekursionsvorschrift anstelle der gesamten Ähnlichkeitsmatrix im
Prinzip nur ein Spaltenvektor benötigt wird, so daß die Abarbeitung zeitlich
schritthaltend mit den zu erkennenden Sprachmustern erfolgen kann.

Der 1-stufige DP-Algorithmus wurde für die silbenweise Bearbeitung modifiziert und wird hier auf der Ebene der Symbole für Anfangskonsonantenfolgen,
Vokale und Endkonsonantenfolgen eingesetzt; der prinzipielle Ablauf ist in
Bild 7.21 schematisch dargestellt. Die horizontale Achse der Ähnlichkeitsmatrix
trägt unten die vom Klassifikator gelieferten Symbole in der festen Reihenfolge A-V-E-A-V-E-A- ... -E. Die einzelnen Aussprachemodelle des Lexikons
(Referenzwörter) werden durch 4 Spalten entlang der vertikalen Achse repräsentiert, die jeweils Symbole und Gewichtsfaktoren enthalten. Die rechten 2 Spalten geben den Hauptpfad in den Aussprachemodellen wieder, die linken 2 Spalten
stellen die Sprünge über einzelne Silben dar.

Als Ähnlichkeitsmaß zwischen einem Symbol k des Klassifikationsergebnisses und
einem Symbol c des Referenzwortes wird die Rückschlußwahrscheinlichkeit $p(c|k)$
verwendet, siehe Abschn. 7.3.1. Die Rückschlußwahrscheinlichkeit kann zusätzlich

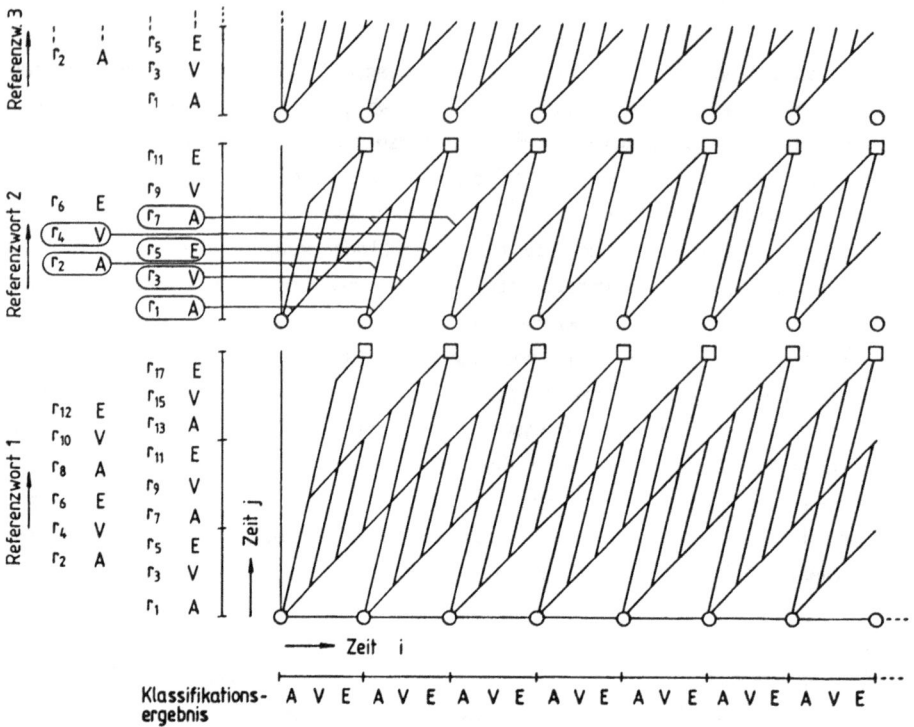

Bild 7.21 Prinzip des 1-stufigen DP-Algorithmus zur Abarbeitung der
Aussprachemodelle für die Wörter eines Satzes.

durch einen Gewichtsfaktor r bewertet werden. Ein sinnvolles Gesamt-Ähnlichkeitsmaß ist die Verbundwahrscheinlichkeit, die sich als Produkt der einzelnen
Rückschlußwahrscheinlichkeiten berechnet. Dies wird erreicht, wenn im DP-Algorithmus die Logarithmen der lokalen Ähnlichkeitsmaße verwendet werden; das lokale Ähnlichkeitsmaß $d(c,k)$ berechnet sich damit zu:

$$d(c,k) = \log\,(r \cdot p(c|k)) \quad \text{mit:} \quad \begin{aligned} r &= \text{Gewichtsfaktor} \\ k &= \text{Klassifikationsergebnis} \\ c &= \text{Symbol des Referenzwortes} \end{aligned} \quad (7.9)$$

Das Wegediagramm, das innerhalb eines Referenzwortes Verwendung findet, ist
den speziellen Eigenschaften der Aussprachemodelle angepaß, siehe Bild 7.22.
Ein Punkt (i,j) der Ähnlichkeitsmatrix kann zum einen über den Hauptpfad
diagonal vom Punkt $(i-1,j-1)$ erreicht werden; zum anderen ist ein Übergang vom
Punkt $(i-1,j-4)$ möglich, was unmittelbar dem Überspringen einer Silbe im
Referenzwort entspricht. Bei jedem der beiden Wege wird das Symbol k des Klas-

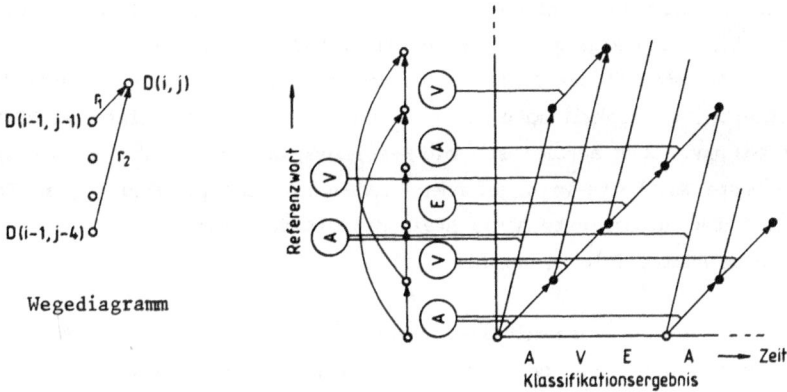

Bild 7.22 Wegediagramm und Abarbeitung innerhalb eines Referenzwortes.

sifikators mit dem entsprechenden Symbol des Refenzwortes (entweder Hauptpfad oder überspringende Kante) verglichen; das lokale Ähnlichkeitsmaß ist also von der Wahl des Weges abhängig. Die Rekursionsgleichung für das aufsummierte Ähnlichkeitsmaß $D(i,j)$ im Punkt (i,j) nimmt damit folgende Gestalt an:

$$D(i,j) = \text{Max} \left\{ \begin{array}{l} D(i-1,j-1) + \log (r_1\, p(c_1|k), \\ D(i-1,j-4) + \log (r_2\, p(c_2|k) \end{array} \right\} \qquad (7.10)$$

Hierbei sind c_1 und c_2 die entsprechenden Symbole im Referenzwort und r_1 sowie r_2 die zugehörigen Gewichtsfaktoren. In Bild 7.22 sind alle möglichen Wege für ein Referenzwort eingezeichnet; zur Verdeutlichung sind links die Symbole mit dem jeweiligen Übergang verbunden, der die Ähnlichkeit zum Klassifikations-ergebnis unten bestimmt. Da die beiden Übergänge des Wegediagramms um jeweils genau 1 Symbol des Klassifikationsergebnisses weitergehen, ist die Gesamtzahl der durchlaufenen Übergänge unabhängig von der Wahl des Weges. Eine Normierung der aufsummierten Ähnlichkeitsmaße kann damit entfallen. Darüberhinaus wurden die Gewichtsfaktoren der Übergänge in den durchgeführten Experimenten vorerst als gleich angesetzt, da keine Aussprachevariante bevorzugt werden sollte. Eine sinnvolle Gewichtung ergibt sich erst bei Verwendung von sehr umfang-reichen Lernstichproben für die Aussprachemodelle.

Zur Bestimmung der besten **Wortkette** (Satz) ist ein zweites Wegediagramm notwendig, das an den Wortübergängen wirksam wird. Ein Wort kann immer dann beginnen, wenn in der unbekannten Äußerung eine Anfangskonsonantenfolge (A) auftritt; diese Punkte sind in Bild 7.21 durch Kreise gekennzeichnet. Des weiteren kann ein Wort nur mit einer Endkonsonantenfolge (E) enden, so daß nur bestimmte Endpunkte möglich sind, die in Bild 7.21 als Quadrate eingezeichnet sind. Ein Wortübergang wird hergestellt, indem ein Wortanfang immer mit dem besten Wortende dieser Spalte verbunden wird. Da das beste Wortende die aufsummierten Ähnlichkeitsmaße bis zu diesem Zeitpunkt trägt, ist diese Strategie optimal und führt automatisch zur Bestimmung der insgesamt besten Wortfolge. Die beste Wortkette wird gefunden, indem nach der Verarbeitung am Ende des Satzes das aufsummierte Ähnlichkeitsmaß mit dem größten Wert als Startpunkt für eine Rückverfolgung gewählt wird.

Da anstelle der gesamten Ähnlichkeitsmatrix stets nur ein Spaltenvektor bearbeitet wird, der von links nach rechts über das Klassifikationsergebnis geschoben und für jedes Referenzwort von unten nach oben abgearbeitet wird, müssen für die Rückverfolgung zusätzlich 2 Zeigerfelder bereitgestellt werden, die die Nummer des besten Wortes (Wortende) zu jedem Zeitpunkt sowie dessen Anfangszeitpunkt aufnehmen. Der notwendige Speicherplatz für den Ablauf des Verfahrens ist damit minimal. Da die Aussprachemodelle ebenfalls nur wenig Speicherplatz benötigen, arbeitet das gesamte Satzerkennungssystem äußerst ökonomisch.

7.4.3 Experimentelle Ergebnisse zur Satzerkennung

Das beschriebene Verfahren wurde anhand von 16 Sätzen getestet, die in jeweils 6 Versionen vorlagen. Insgesamt enthalten diese Sätze 87 Wörter (78 verschiedene Wörter), die eine Teilmenge der 1001 häufigsten deutschen Wörter bilden; die Liste der Sätze ist im Anhang B wiedergegeben. Die Aussprachemodelle waren vorgegeben, indem sie durch 3 der 6 Versionen der Testsätze mit einem Lernverfahren automatisch bestimmt wurden. Mit den übrigen drei Versionen der Testsätze wurde der Erkennungsalgorithmus erprobt. Die Erkennungsergebnisse sind in Tab. 7.3 dargestellt; sie beziehen sich auf die 3 x 16 = 48 Testsätze mit insgesamt 261 Wörtern. Die prozentuale Angabe für die Einfügungen in der rechten Spalte steht hierbei in Klammern, da diese nicht zu den insgesamt 100% der zu erkennenden Wörter beiträgt.

Unter Berücksichtigung der Tatsache, daß das beschriebene Verfahren ohne syntaktische Beschränkungen arbeitet, zeigen die Ergebnisse mit einer Worterkennungsrate von 85%, daß der Algorithmus offensichtlich eine gute Basis zur Erkennung fließender Sprache darstellt. Obwohl der Umfang des Testmaterials noch verhältnismäßig gering war, können die Ergebnisse doch als Anhaltspunkt für die in der Praxis zu erwartende Erkennungsleistung angesehen werden.

Vollständig richtig		Fehlerhafte Wörter			
erkannte Sätze	erkannte Wörter	leichte phonetische Verwechslungen	schwere phonetische Verwechslungen	ausgelassene Wörter	eingefügte Wörter
21	222	11	26	2	14
≈44%	≈85%	≈4.2%	≈10%	≈0.8%	(≈5.4%)

Tab. 7.3 Erkennungsergebnisse aus 48 Testsätzen (3x16 Sätze)
mit insgesamt 261 Wörtern.

Von besonderer Wichtigkeit für das geschilderte Verfahren ist die Erstellung
geeigneter Aussprachemodelle. Grundsätzlich lassen sich hier ähnliche Methoden
einsetzen, wie sie bei "Hidden Markov Models" üblich sind; darauf wird im
folgenden Abschn. 7.4.4 eingegangen. Ein kritischer Punkt bei der Satzerkennung
ist darüberhinaus die Behandlung der Silbengrenzen und vor allem der Wortgrenzen. Hier kann es vorkommen, daß durch eine ungünstig plazierte Silbengrenze einzelne Laute der nächsten Silbe oder gar dem nächsten Wort zugeordnet
werden, was durch dessen Wortmodell nicht erfaßt werden kann. Das System kann
hierfür so erweitert werden, daß an der Silbengrenze jeweils mehrere Segmen-
tierungsmöglichkeiten mit den entsprechenden Klassifikationen angeboten werden
und die Satzerkennungsstufe dann die beste Kombination auswählt.

7.4.4 Verwandtschaft zu Markov-Modellen

Die verwendeten Aussprachemodelle zeigen eine gewisse Ähnlichkeit mit den so-
genannten "Hidden Markov Models" (HMM), die in neuerer Zeit Anwendung in der
automatischen Spracherkennung gefunden haben (z.B. /Bah83,Lev83a,Lev83b,
Schwa84,Rab86/). Dieser Ansatz geht letztlich auf die Verfahren der statistischen Modellierung einzelner Sprachsegmente (Phoneme, Phonemfolgen) zurück
/Bak75,Jel76/. Ein "Hidden Markov Model" beschreibt einen stochastischen
Prozeß, der aus einer stationären Markov-Kette 1.Ordnung mit einer festen
Zahl von Zuständen besteht; jedem Zustand ist eine Wahrscheinlichkeitsvertei-
lung zugeordnet. Da im vorliegenden Abschnitt die Verarbeitung von Symbolfol-
gen betrachtet werden soll, sind die Verteilungsfunktionen in diesem Fall
diskret und geben die Wahrscheinlichkeit für das Emittieren eines bestimmten
Symbols an.

Zu jedem Zeitpunkt befindet sich der Prozess in einem der möglichen Zustände. Die Wahrscheinlichkeit für den Übergang eines Zustands in einen anderen Zustand wird durch eine Übergangsmatrix festgelegt. Der Beobachter sieht nur die emittierten Symbole beim Durchlaufen der Zustände, nicht aber die Zustände selbst. Daher wurde zur Kennzeichnung dieser Art der Markov-Modelle der Begriff "hidden" (verborgen) eingeführt.

Beim Einsatz in der automatischen Spracherkennung wird als "Beobachtung" die Symbolfolge zugrundegelegt, die von der vorausgegangenen Klassifikationsstufe geliefert wird. (Der Vollständigkeit halber sei erwähnt, daß im allgemeinen Fall auch die Kurzzeitspektren selbst herangezogen werden können, die mit Hilfe der "Vektorquantisierung" einem Symbol aus einem begrenzten Vorrat eines Codebuchs zugeordnet wurden). Es wird nun grundsätzlich die Wahrscheinlichkeit bestimmt, mit der das vorliegende HMM die Symbolfolge erzeugen kann. Damit werden auch die Einsatzmöglichkeiten in der Spracherkennung deutlich: Das HMM ist in der Lage, eine ganze Reihe von Aussprachevarianten (z.B. für ein ganzes Wort) zu repräsentieren, die durch die Emissionswahrscheinlichkeiten der Symbole und die Übergangswahrscheinlichkeiten verkörpert werden. Dasjenige Wort wird als Erkennungsergebnis ausgegeben, dessen HMM die größte Gesamtwahrscheinlichkeit aufweist; diese Wahrscheinlichkeit berechnet sich als Summe der Wahr-

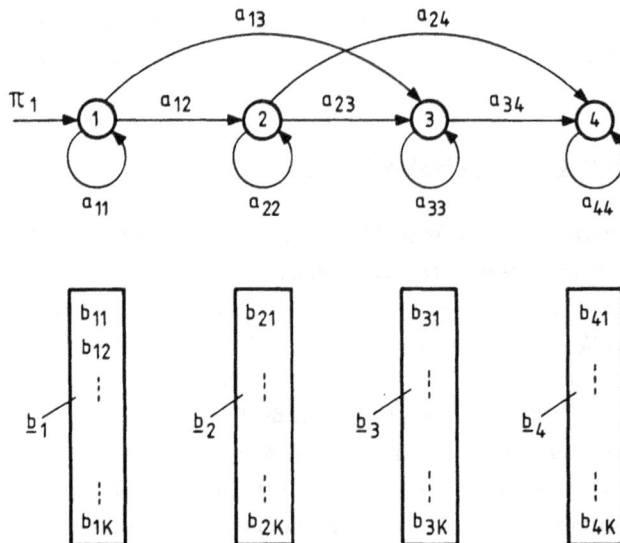

Bild 7.23 Typisches "Hidden Markov Model" (HMM) für die Spracherkennung (links-rechts-Modell); Erläuterung siehe Text.

scheinlichkeiten entlang aller möglichen Wege, die zu der beobachteten Symbolfolge führen. Ein HMM steht damit stellvertretend für eine Vielzahl von Prototypen dieses Wortes, die sonst in Form einer großen Referenzstichprobe bereit-
gehalten werden müßten.

Für den sinnvollen Einsatz in der automatischen Spracherkennung werden die HMM
meist in vereinfachter Form angewandt; sie können nur von links nach rechts
durchlaufen werden, indem die möglichen Übergänge begrenzt werden (links-
rechts-Modelle). Ein gebräuchliches HMM ist in Bild 7.23 wiedergegeben.
Das HMM besteht hier aus 4 Zuständen. Es ist durch die Übergangsmatrix $\underline{A}$
beschrieben, die die Übergangswahrscheinlichkeiten zwischen den Zuständen
enthält. Die Spaltenvektoren $\underline{b}_i$ der Matrix $\underline{B}$ enthalten die Wahrscheinlichkeiten
b_{ik} für das Emittieren eines Symbols k im Zustand i (mit k=1...K). Die
Komponenten des Vektors $\underline{\pi}$ geben die Wahrscheinlichkeit an, daß der Start
in dem entsprechenden Zustand erfolgt; im vorliegenden Beispiel ist π_1=1 und
π_2, π_3, π_4=0. Ein "Hidden Markov Model" H ist damit vollständig bestimmt durch:

$$H = (\underline{\pi}, \underline{A}, \underline{B}) \qquad (7.11)$$

mit: $\underline{\pi}$ = Startvektor
          $\underline{A}$ = Matrix der Übergangswahrscheinlichkeiten
          $\underline{B}$ = Matrix der Emissionswahrscheinlichkeiten   .

Auf weitere Einzelheiten soll hier nicht eingegangen werden, da im folgenden
nur der Zusammenhang mit den in Abschn. 7.4.1 eingeführten Aussprachemodellen im
Vordergrund stehen soll.

Zuerst wird ein formaler Unterschied zu den Aussprachemodellen von Abschn.
7.4.1 sichtbar, da dort die Symbole an den Kanten und nicht an den Zuständen
(Knoten) stehen. Dieser Unterschied ist jedoch nicht wesentlich, da sich jedes
Aussprachemodell so umzeichnen läßt, daß auch hier die Zustände die Symbole
tragen. In Bild 7.24 ist ein Aussprachemodell nach Abschn. 7.4.1 mit 15 Symbolen
dargestellt. Bild 7.25 zeigt das entsprechende Markov-Modell, das nun 15 Zustände aufweist; zusätzlich wurde ein Zustand (Knoten 10) für das Ende eingeführt. Die Gewichtsfaktoren r_i in Abschn. 7.4.2, die dort zur Bewertung der
Symbole dienen, gehen unmittelbar in die Übergangswahrscheinlichkeiten an den
Kanten des Markov-Modells über.

Die entscheidende Einschränkung besteht aber darin, daß in den Zuständen keine
Kante für das Verbleiben in demselben Zustand vorhanden ist. Dadurch muß das

- 164 -

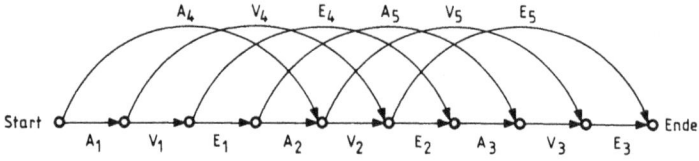

Bild 7.24 Aussprachemodell für ein Wort mit maximal 3 Silben
(nach Abschn. 7.4.1).

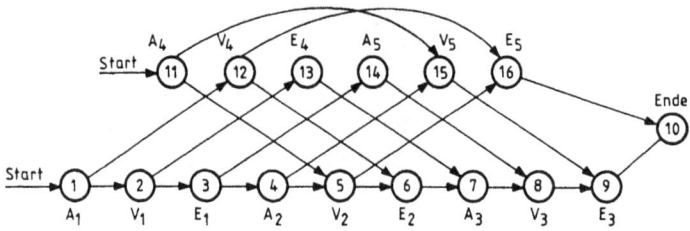

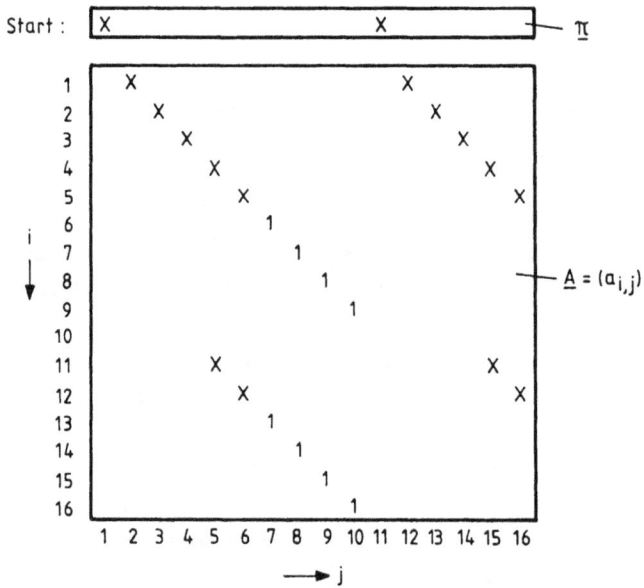

Bild 7.25 Entsprechendes "Hidden Markov Model" für ein Wort mit maximal
3 Silben; (a_{ij}) ist die Übergangsmatrix des HMM mit dem
Vektor $\underline{\pi}$ für die Startzustände.

Modell streng von einem Zustand zum anderen durchlaufen werden, wobei jedem
Zustand genau ein 1 Symbol zugeordnet wird. Zusätzlich wurden die Übergänge so
festgelegt, daß nur Symbole gleichen Typs (A, V oder E) aufeinander fallen.
Das dem Aussprachemodell in Bild 7.24 entsprechende Markov-Modell hat damit
die Übergangsmatrix (a_{ij}), wie sie in Bild 7.25 unten schematisch wiedergegeben ist.

Der Vektor für die Startzustände wird in der Literatur meist mit $\underline{\pi}$ bezeichnet;
er wurde in Bild 7.25 als Zeilenvektor dargestellt, der auf die Zustände 1 und
11 zeigt. Als Zielzustand wird in einem HMM vielfach der letzte Zustand betrachtet, der nur auf sich selbst zurückzeigt; hier wurde jetzt ein eigener
Endezustand (Knoten 10) definiert, der die formale Gegenüberstellung zu den
Aussprachemodellen erleichtert, da nun tatsächlich kein Verbleiben in einem
Zustand vorkommt. Die Kreuze in der Übergangsmatrix bedeuten, daß ein Übergang
möglich ist, leere Felder tragen den Wert 0; die Summe der Wahrscheinlichkeiten
in einer Zeile muß jeweils 1 sein.

Dieser Zusammenhang zwischen Aussprachemodellen und Markov-Modellen ist sehr
bedeutsam, da nun das Lernen der Aussprachemodelle auf der Basis der bereits
bestehenden Lernverfahren für die HMM (z.B. nach /Bau70,Bau72/) durchgeführt
werden kann. Zu diesem Zweck werden in einer Initialisierungsphase die möglichen
Wege durch Vorbesetzen der Übergangswahrscheinlichkeiten a_{ij} und des Start-
vektors $\underline{\pi}$ festgelegt. Mit Hilfe des Verfahrens nach /Bau70,Bau72/ werden die
Emissionswahrscheinlichkeiten der Zustände anhand einer Lernstichprobe iterativ
bestimmt. Dabei kann jeder Zustand grundsätzlich jedes Symbol entsprechend
seiner Wahrscheinlichkeit aussenden; eine Einschränkung ergibt sich im vorliegenden Fall nur insofern, daß aufgrund der festgelegten Übergänge und dem Weglassen der Möglichkeit für das Verbleiben in einem Zustand nun ebenfalls nur
Symbole entweder für A, V oder für E ausgegeben werden können. In den Zuständen
werden im Verlauf der Iteration schließlich die Verwechslungen $p(k|c)$ aufgebaut,
aus denen durch Umrechnung auch die Rückschlußwahrscheinlichkeiten $p(c|k)$
bestimmt werden können, s. Abschn. 7.3.1.

Die Übergangswahrscheinlichkeiten können auf verschiedene Weise gehandhabt
werden. Entweder werden sie in der Lernphase unverändert gehalten; dieses
Vorgehen ist beim Einsatz in der Spracherkennung eine übliche Praxis. Andernfalls werden die Übergangswahrscheinlichkeiten im Lernverfahren iterativ mit-
bestimmt; in diesem Fall besteht aber keine exakte Zuordnung zu den Aussprachemodellen. Hier muß ein Kompromiß vorgenommen werden, indem die Übergangswahrscheinlichkeiten, die zu einem Zustand (=Symbol) gehören, zusammengefaßt
und daraus die Gewichtsfaktoren berechnet werden.

Ein weiterer bedeutender Unterschied zu den in Abschn. 7.4.1 verwendeten Aussprachemodellen besteht darin, daß bei den Markov-Modellen die Verwechslungen nur für ein bestimmtes Wort gelten; daher ist für große Wortschätze ein entsprechend großer Speicheraufwand für die Wortmodelle notwendig. Bei den Aussprachemodellen wurde dagegen vorausgesetzt, daß die Verwechslungen einer Einheit **unabhängig** vom betreffenden Wort sind, so daß sie schließlich in einer gemeinsamen Verwechslungsmatrix gespeichert werden können. Ein Symbol an den Kanten in Bild 7.24 steht dabei stellvertretend für die Verteilung der Rückschlußwahrscheinlichkeiten an dieser Kante. Diese Darstellung läßt sich bei Verwendung der speziellen Markov-Modelle ebenfalls erreichen. Hierzu müssen im Anschluß an die Lernphase die Verwechslungen in den Zuständen aller Wortmodelle über alle Wörter zusammengefaßt werden. Bei dieser Zusammenfassung muß nicht unbedingt die "wahre" Klassenzugehörigkeit einer Einheit bekannt sein. Experimentelle Ergebnisse haben gezeigt, daß hier z.B. diejenige Klasse mit der größten Wahrscheinlichkeit innerhalb der Verteilung eines Zustands als "wahre" Klasse genommen werden kann, für die die Verwechslungen dann in der gemeinsamen Verwechslungsmatrix eingetragen wird. Das Symbol dieser Klasse wird auch für die entsprechende Kante des Aussprachemodells übernommen. Beim Aufbau der Verwechslungsmatrizen fallen einzelne Fehlzuweisungen, die durch die Bestimmung der "wahren" Klasse nach dieser Strategie auftreten können, aufgrund der Mittelung nicht stark ins Gewicht, wenn die Klassifikationsstufe die Einheiten einigermaßen sicher klassifiziert.

Insgesamt läßt sich der Zusammenhang zwischen den Aussprachemodellen und den Markov-Modellen damit folgendermaßen charakterisieren:

Die Aussprachemodelle können als Spezialfall der Markov-Modelle (links-rechts-Modelle) aufgefaßt werden, die besonders festgelegte Übergänge ohne die Möglichkeit des Verbleibens in einem Zustand besitzen. Die Verwechslungen bzw. Rückschlußwahrscheinlichkeiten werden bei den Aussprachemodellen als unabhängig vom Wort betrachtet und daher in einer einzigen Verwechslungsmatrix gespeichert. Für die Aussprachemodelle lassen sich somit die ausgereiften Lernverfahren anwenden, die für "Hidden Markov Models" zur Verfügung stehen /Bau70,Bau72/.

Auf weitere Einzelheiten soll hier nicht eingegangen werden, da die Verfahren zur Zeit noch in der Erprobung sind. Die ersten Resultate zeigen jedoch, daß Aussprachemodelle auf dieser Basis tatsächlich sinnvoll gelernt werden können.

7.4.5 Berücksichtigung der Syntax

Der 1-stufige DP-Algorithmus zur Satzerkennung (Abschn. 7.4.2) läßt sich so
erweitern, daß die grammatikalische Richtigkeit (Syntax) der erkannten Wortfolge gewährleistet ist. Zu diesem Zweck kann die vorgegebene Syntax in Form
eines Syntaxgraphen dargestellt werden. In Bild 7.26 ist ein Syntaxgraph wiedergegeben, der aus den 16 Sätzen der Teststichprobe ermittelt wurde; die 16
Sätze wurden aus /Gey84/ übernommen.

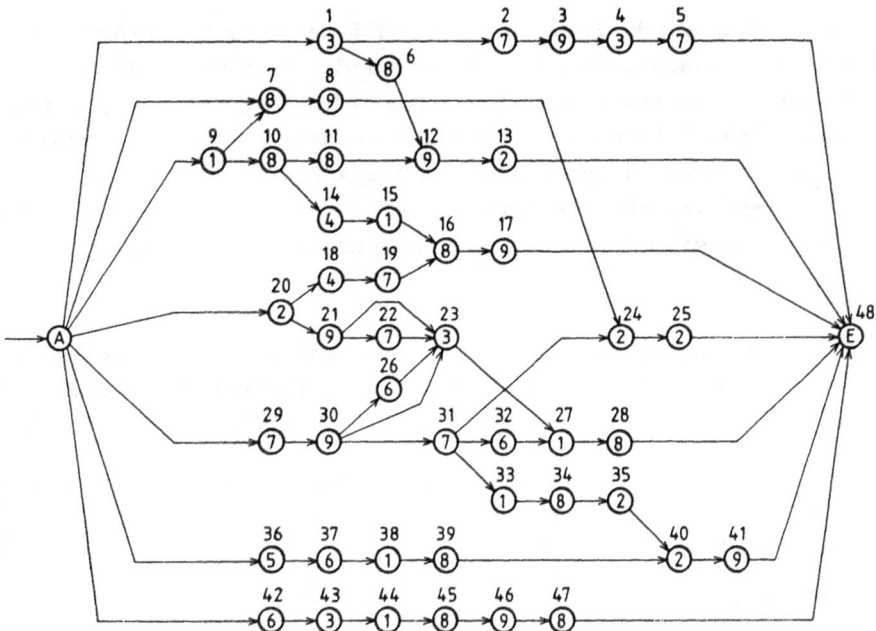

Bild 7.26 Syntaxgraph der 16 Testsätze; Erläuterung siehe Text.

Hierbei wurden alle diejenigen Wörter, die zur selben Wortart gehören, in einer
Gruppe zusammengefaßt. In einer relativ groben Einteilung der Wortarten
wurden die folgenden 9 Gruppen gebildet:

1. Adjektive   6. Präpositionen
2. Adverbien   7. Pronomina
3. Artikel   8. Substantive
4. Hilfsverben   9. Vollverben
5. Konjunktionen

Die eingekreisten Zahlen in den Knoten des Syntaxgraphen in Bild 7.26 geben jeweils die Gruppennummer an. Das bedeutet, daß an dieser Stelle jedes Wort der entsprechenden Gruppe stehen darf. Für jeden der 16 Testsätze existiert ein ununterbrochener Weg durch den Graphen, der vom Startknoten zum Endknoten führt; damit wird der Satz als "syntaktisch richtig" akzeptiert. Aufgrund der Gruppenbildung wird auch eine Vielzahl anderer Sätze zugelassen, die der Grundstruktur der vorgegebenen Sätze (dem "Vorbild") auf der Basis der Wortarten genügen.

Bei der Durchführung der Satzerkennung mit Hilfe des 1-stufigen DP-Algorithmus wird die syntaktische Beschränkung immer dann wirksam, wenn ein Referenzwortanfang mit einem vorausgegangenen Referenzwortende verknüpft wird (Wegediagramm für Wortübergänge). Da das vorausgegangene Referenzwort nach dieser Regel ebenfalls nur mit einem gültigen Vorgänger verknüpft wurde, ist die gesamte Teilwortkette immer syntaktisch richtig. Die am Schluß festgestellte Wortkette mit dem besten Gütemaß erfüllt damit ebenfalls automatisch die vorgegebene Syntax.

Die Referenzwörter werden wieder durch entsprechende Aussprachemodelle auf Symbolebene repräsentiert (s. Abschn. 7.4.1). Für jeden Knoten des Syntaxgraphen müssen alle Referenzwörter der jeweiligen Wortart bereitgestellt und vom DP-

Knoten 1:
alle Referenzwörter
der Wortart 3.

Knoten 2:
alle Referenzwörter
der Wortart 7.

Knoten 3:
alle Referenzwörter
der Wortart 9.

.
.
.

Knoten 46:
alle Referenzwörter
der Wortart 9.

Knoten 47:
alle Referenzwörter
der Wortart 8.

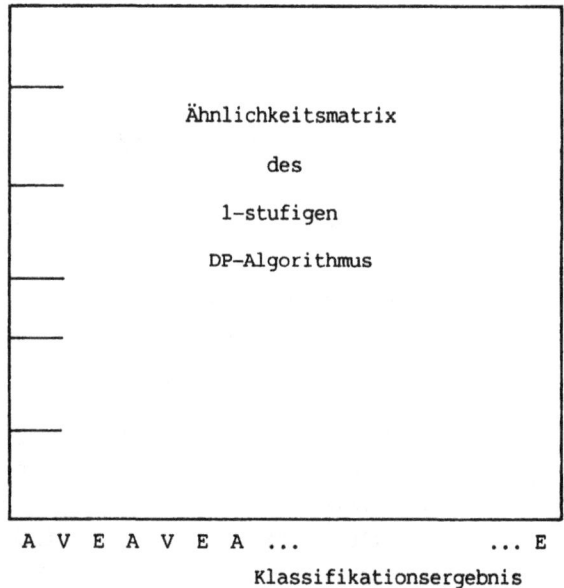

Ähnlichkeitsmatrix

des

1-stufigen

DP-Algorithmus

A V E A V E A ...   ... E

Klassifikationsergebnis

Bild 7.27 Schematische Darstellung für die Anordnung der Referenzwörter beim 1-stufigen DP-Algorithmus mit Berücksichtigung der Syntax.

Algorithmus ausgewertet werden. Da eine bestimmte Wortart gleichzeitig in mehreren Knoten vorkommt, müssen entsprechend viele Kopien der zugehörigen Referenzwörter verwendet werden, siehe Bild 7.27. Der Aufwand steigt dadurch erheblich an; aus den 78 Wörtern der Testsätze müssen aufgrund der notwendigen Kopien für die 47 Knoten des Syntaxgraphen insgesamt 541 Referenzwörter zur Verfügung gestellt werden.

Der formale Ablauf des 1-stufigen DP-Algorithmus zur Satzerkennung sowie der Aufbau der verwendeten Aussprachemodelle entsprechen völlig dem Vorgehen in Abschn. 7.4.2. Die syntaktische Beschränkung wird nur an den Wortgrenzen wirksam; da jeder Referenzwortanfang in einem Knoten mit dem besten Referenzwortende eines (syntaktisch erlaubten) Vorgängerknotens verknüpft wird, muß in jedem Knoten jeweils bei einem Silbenende das beste Referenzwortende bestimmt und bereitgestellt wird. Daher sind nun für jeden Knoten eigene Zeigerfelder zur Rückverfolgung der besten Wortkette notwendig, die angeben, von welchem Knoten und von welcher Anfangssilbe das vorausgegangene Wort kommt. Diese Zeigerfelder müssen aber nur die Länge der maximalen Silbenzahl im gesprochenen Satz haben (z.B. 20), so daß sich der zusätzliche Aufwand in Grenzen hält. Der Syntaxgraph selbst ist in Form einer Tabelle angelegt, die die möglichen Vorgänger jedes Knotens enthält.

7.4.6 Experimentelle Ergebnisse zur Satzerkennung mit Syntax

Die Wirksamkeit des Verfahrens wurde anhand der Teststichprobe (3 x 16 Sätze) überprüft. Die Ergebnisse sind in Tab. 7.4 eingetragen und werden dort mit den Ergebnissen aus Abschn. 7.4.3 verglichen. Die Zahl der vollständig richtig erkannten Sätze stieg von 44% (ohne Syntax) auf 60.4%, wenn die Beschränkung durch die Syntax eingesetzt wird. Die Zahl richtig erkannter Wörter erhöht sich mit 88.5% leicht gegenüber dem Fall ohne Syntax (85%).

Es ist durchaus erklärlich, daß die Wort-Erkennungsrate nur wenig verbessert wird, da nun in falsch erkannten Sätzen auch manche richtig erkannten einzelnen Wörter aufgrund der Syntax auf das nächstähnliche (syntaktisch zugelassene) Wort "gezwungen" werden. Das Experiment zeigt die Konsequenzen, die durch Einsatz "höherer" Wissensquellen in Kauf genommen werden. Es treten dann Fälle auf, in denen richtige Ergebnisse der akustisch-phonetischen Analyse durch die höheren Verarbeitungsstufen verworfen werden. Das Ziel der syntaktischen Beschränkung bestand aber darin, die Zahl richtig erkannter Sätze zu erhöhen;

| Vollständig richtig | | Fehlerhafte Wörter: | | | |
erkannte Sätze	erkannte Wörter	leichte phonetische Verwechslungen	schwere phonetische Verwechslungen	ausgelassene Wörter	eingefügte Wörter
Mit Syntax:					
29 =60.4%	231 =88.5%	9 =3.5%	20 =7.7%	1 =0.4%	4 (=1.5%)
Zum Vergleich ohne Syntax:					
44%	85%	4.2%	10%	0.8%	(5.4%)

Tab. 7.4 Erkennungsergebnisse aus 48 Testsätzen mit 261 Wörtern
unter Berücksichtigung der Syntax.

dieses Ziel wurde mit der Steigerung der Satz-Erkennungsrate um über 16% auch tatsächlich erreicht.

Der Einfluß der Syntax wurde in einem Kontrollexperiment überprüft, bei dem die syntaktische Beschränkung so stark verschärft wurde, daß ausschließlich die vorliegenden 16 Sätze zugelassen waren. Der entsprechende Syntaxgraph enthält nun so viele Knoten wie Wörter, und jeder Knoten besteht genau aus 1 Wort. Die Satz-Erkennungsrate erhöhte sich auf 87.5%, die Wort-Erkennungsrate blieb bei 88.5%. Erwartungsgemäß steigt die Satz-Erkennungsrate umso mehr an, je "strenger" die vorgegebene Syntax ist. Die Wort-Erkennungsrate erhöht sich erst wieder, wenn die Satz-Erkennungsrate selbst sehr hoch ist, da dann aufgrund der großen Zahl richtiger Sätze zwangsläufig auch die darin enthaltenen Wörter alle richtig sein müssen. Umgekehrt sind in den falsch erkannten Sätzen bei sehr strenger Syntax praktisch alle Wörter falsch.

Die oben genannten Erkennungsergebnisse können natürlich nur als Anhaltspunkt gewertet werden, der aber die mögliche Steigerung der insgesamten Erkennungsleistung durch Einbeziehen von a-priori-Wissen (hier: der Syntax) deutlich aufzeigt. Das vorgestellte silbenorientierte Satzerkennungsverfahren arbeitet sehr ökonomisch hinsichtlich des Bedarfs an Speicherplatz und Rechenzeit. Da der 1-stufige DP-Algorithmus nur auf Symbolebene eingesetzt wird, ist auch die Vervielfachung der Referenzwörter (von 78 auf 541) aufgrund des Syntaxgraphen nicht sehr problematisch. Die Verarbeitung von Wortschätzen mit mehreren hundert Wörtern bei erträglicher Rechenzeit (=Antwortzeit des Systems) erscheint mit den vorgestellten Verfahren durchaus realistisch.

Die Entwicklung billiger und schneller Signalprozessoren, die speziell für die Durchführung der Dynamischen Programmierung ausgelegt sind (z.B. NEC µPD 7764 oder /Que86/) wird es in naher Zukunft ermöglichen, daß derartige Systeme einfach realisiert werden und trotzdem in Echtzeit arbeiten können; dies ist eine wichtige Voraussetzung, um die automatische Spracherkennung bei der Kommunikation mit einem Rechner sinnvoll und wirtschaftlich einsetzen zu können.

Ein vergleichbares System wird in der Literatur /Rab85/ beschrieben, das für 51 Sätze aus dem Anwendungsbereich der Flugbuchung ausgelegt wurde. Das System kann allerdings aufgrund der verwendeten sehr großen Lernstichprobe (100 verschiedene Sprecher) praktisch als sprecherunabhängig betrachtet werden. Mit 6 neuen Testsprechern wurde dort für die 51 Sätze eine mittlere Satzerkennungsrate von etwa 75% erreicht. Für jedes der vorkommenden 129 Wörter wurde ein "Hidden Markov Model" verwendet, das unmittelbar die LPC-Koeffizienten aus der Kurzzeitanalyse des Sprachsignals (alle 15 ms) verwendet. Im Gegensatz dazu arbeitet das hier vorgestellte silbenorientierte System 2-stufig, indem zuerst eine akustisch-phonetische Klassifikation durchgeführt wird; die Wortmodelle selbst werden erst auf der Ebene der phonetischen Symbole eingesetzt. Die in diesem Abschnitt dargestellten Ergebnisse zeigen, daß mit diesem Ansatz ebenfalls eine Erkennungsleistung erreicht werden kann, die in der gleichen Größenordnung liegt wie in /Rab85/. Die Überprüfung mit einer größeren Zahl von Sprechern muß allerdings noch durchgeführt werden.

8. Spezielle Algorithmen der Spracherkennung

Nur bei stationären Sprachlauten ist es möglich und sinnvoll, von einem einzelnen Kurzzeitspektrum unmittelbar die Lautklasse zu bestimmen; dies trifft z.B. im allgemeinen für Vokale zu. Sollen dagegen Konsonanten oder größere sprachliche Einheiten – wie z.B. Diphthonge, Konsonantenfolgen, Silbenteile oder ganze Wörter – klassifiziert werden, so muß eine betimmte zeitliche Folge von Mustervektoren betrachtet werden, die einen insgesamten Musterverlauf bildet. Die Erkennung zeitlicher Musterverläufe soll im folgenden am Beispiel von Wörtern erläutert werden, wobei die Aufgabe bestehe, ein gesprochenes Wort als ganzes zu erkennen. Dieselbe Methode kann unmittelbar auch auf die Erkennung kleinerer Einheiten übertragen werden, z.B. auf Phoneme oder Silbenteile.

In den speziellen Fällen, in denen die Grenzen der Einheiten (Segmentgrenzen) bekannt sind, läßt sich die Dynamische Interpolation vorteilhaft einsetzen; Beispiele hierzu wurden in Abschn. 7.2.1.1 vorgestellt, Anwendungen auf die Worterkennung sind in /Zoi84/ beschrieben. Sind die Segmentgrenzen jedoch nicht bekannt oder sollen sie erst während der Erkennung bestimmt werden, müssen aufwendigere Verfahren herangezogen werden. Hier kommt insbesondere die Dynamische Programmierung für den Mustervergleich oder die Darstellung in Form der "Hidden-Markov"-Modelle zum Einsatz. Mit diesen Verfahren ist darüberhinaus eine einfache Erweiterung auf Ketten von Einheiten möglich, so daß prinzipiell auch fließende Sprache verarbeitet werden kann.

8.1 Mustervergleich durch Dynamische Programmierung

Die Worterkennung läßt sich grundsätzlich auf der Basis eines Abstandsklassifikators durchführen. In diesem Fall wird das untersuchte Wort mit gespeicherten Referenzwörtern anhand eines geeigneten Abstandsmaßes verglichen. Dasjenige Referenzwort mit dem kleinsten Abstand wird als Erkennungsergebnis ausgegeben; es handelt sich also um einen typischen Minimum-Abstands-Klassifikator. Aufgrund der großen Variabilität in der Sprechgeschwindigkeit sowie im Betonungsverlauf kann die zeitliche Länge der Wortmuster jedoch sehr stark schwanken, so daß eine sinnvolle Zuordnung der einzelnen zeitlichen Abschnitte vorgenommen werden muß. Da für die lautsprachliche Information vor allem die spektralen Eigenschaften wichtig sind, wird von einer Vorverarbeitung ausgegangen, die eine Folge von Kurzzeitspektren aus dem Sprachsignal berechnet, etwa im Abstand von 10 ms. Die Repräsentation in Form der Lautheitsspektren (s. Abschn. 3.2) ist hierfür gut

geeignet; Verfahren zur digitalen Berechnung dieser Spektren in Echtzeit sind
in /Rus92/ beschrieben. Die Vorverarbeitung liefert für einen Analysezeitpunkt
jeweils N spektrale Komponenten, die zu einem Vektor $\underline{x}$ zusammengefaßt werden:

$$\underline{x} = (x_1, x_2, \ldots, x_N)'$$

Die zeitliche Folge dieser Spektren (Musterverlauf oder kurz "Muster" genannt)
bildet das gesamte Wortmuster X mit der zeitlichen Dauer I:

$$X = \{\underline{x}_1, \underline{x}_2, \ldots, \underline{x}_I\}$$

In derselben Weise werden die einzelnen Vektoren des zu vergleichenden Referenzwortes

$$\underline{b} = (b_1, b_2, \ldots, b_N)'$$

zu einem Referenzwortmuster B mit der zeitlichen Dauer J zusammengefaßt:

$$B = \{\underline{b}_1, \underline{b}_2, \ldots, \underline{b}_J\}$$

Die Erkennungsaufgabe besteht darin, den Abstand zwischen dem Muster X und dem
Muster B zu bestimmen. Hierfür muß eine nicht-lineare Zuordnung der einzelnen
Spektren durchgeführt werden, was einer Verzerrung der Zeitachse entspricht.
Gesucht ist diejenige Zuordnungsfunktion F, die insgesamt die beste Überein-
stimmung zwischen beiden Musterverläufen liefert, siehe Bild 8.1.

Zur Berechnung dieser Zuordnung gehen wir von einer Abstandsmatrix aus, die die
Abstände d(i,j) von jedem Spektrum i im Muster X zu jedem Spektrum j im Muster
B enthält, und zwar in der Form quadratischer Euklidischer Abstände:

$$d(i,j) = |\underline{x}_i - \underline{b}_j|^2 = (\underline{x}_i - \underline{b}_j)'(\underline{x}_i - \underline{b}_j)$$

Um Rechenzeit zu sparen, kann die Berechnung dieser lokalen Distanzen auch
anhand der L_1-Norm erfolgen, die oft als "City-Block"-Metrik bezeichnet wird.

Der Gesamtabstand D(I,J) über alle Spektren I in X und alle Spektren J in B ist
definiert als die Summe entlang des Zuordnungspfades

$$D_{total} = D(I,J) = \sum_{Pfad} d(i,j)$$

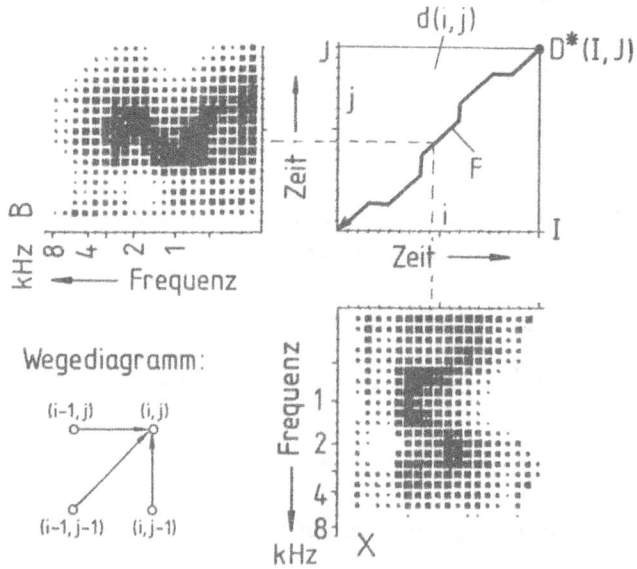

Bild 8.1. Vergleich des Wortes X mit dem Referenzwort B durch Dynamische Programmierung. F bezeichnet die Zuordnungs- oder Verzerrungsfunktion; links unten: erlaubtes Wegediagramm.

Die optimale Zuordnungsfunktion F, die den geringsten Wert $D^*(I,J)$ ergibt, wird als Minimum aller Pfade bestimmt:

$$D^*(I,J) = \min_{\text{alle Pfade}} \sum_{\text{ein Pfad}} d(i,j)$$

Durch Anwendung des Algoritmus' der Dynamischen Programmierung (DP) läßt sich vermeiden, daß alle Pfade einzeln berechnet werden müssen, was einen großen Rechenaufwand bedeuten würde; dieses Verfahren ist auch unter dem Namen "Dynamic Pattern Matching" oder "Dynamic Time Warping" (DTW) bekannt. Der DP-Algorithmus versucht, das Zuordnungsproblem rekursiv zu lösen. Zusätzlich sorgen lokale Beschränkungen dafür, daß die Funktion F sinnvoll verläuft. Zum Beispiel muß der Pfad so verlaufen, daß die zeitliche Abfolge der Vektoren i in X und j in B beibehalten wird und nicht rückwärts läuft. Diese Monotonie wird durch ein vorgeschriebenes Wegediagramm erzwungen, wie es in Bild 8.1 links unten dargestellt ist; dieses einfache Wegediagramm erlaubt nur Übergänge vom linken, vom diagonalen oder vom unteren Vorgänger. Dies gilt natürlich für alle Punkte der Abstandsmatrix innerhalb des zugelassenen Bereichs, der den Pfad üblicherweise auf eine bandförmige Region entlang der diagonalen Verbindung zwischen unterer linker und oberer rechter Ecke beschränkt.

Grundsätzlich wird der Gesamtabstand eines Pfades durch Akkumulieren der lokalen Abstände entlang dieses Pfades berechnet. Da jeder Punkt der Abstandsmatrix nur von 3 Vorgängern erreicht werden kann, lassen sich die akkumulierten Teilabstände $D(i,j)$ bis zu diesem Punkt (i,j) aus den Teilabständen dieser 3 Vorgänger folgendermaßen bestimmen, ohne daß die Optimalität verloren geht:

$$D(i,j) = \min \begin{cases} D(i,j-1) & + & d(i,j), \\ D(i-1,j-1) & + & 2\,d(i,j), \\ D(i-1,j) & + & d(i,j) \end{cases}$$

Wird der diagonale Vorgänger ausgewählt, so muß der Wert des lokalen Abstands $d(i,j)$ verdoppelt werden, da sonst die diagonalen Übergänge immer bevorteilt wären. Diese Gleichung bildet nun eine rekursive Vorschrift, mit der die Teilabstände $D(i,j)$ aus vorausgegangenen Teilabständen und dem lokalen Abstand $d(i,j)$ berechnet werden können, wobei die Anfangsbedingung $D(1,1) = 2\,d(1,1)$ gesetzt wird. Eine Vielzahl anderer Wegediagramme ist in /Sak78/ zusammengestellt; auch bei diesen kann die Berechnung rekursiv erfolgen.

Die Berechnung beginnt in der linken unteren Ecke mit der Bestimmung von $D(1,1)$ aus $d(1,1)$. Dann wird die erste Spalte mit $i=1$ berechnet, indem man von unten nach oben fortschreitet; anschließend wird die nächste Spalte $i=2$ in derselben Weise bearbeitet, und so weiter Spalte um Spalte. Wenn wir die rechte obere Ecke erreichen, stellt dieser Wert $D(I,J)$ bereits den gesuchten minimalen Gesamtabstand D^* zwischen den beiden Mustern X und B dar. Der zugehörige Pfad F ist bis dahin noch nicht bekannt, er könnte nun durch Rückverfolgen (Backtracking) bestimmt werden /Ney84/. Tatsächlich ist aber in der vorliegenden Anwendung der Pfad selbst gar nicht interessant sondern allein der optimale Gesamtabstand D^*. Der beschriebene DP-Algorithmus muß nun auf alle Referenzmuster B des Vokabulars angewandt werden; dasjenige Referenzwort mit der besten Übereinstimmung - d.h. dem kleinsten Gesamtabstand D^*_{min} - wird als Erkennungsergebnis ausgegeben.

In der Praxis ist nur Speicherplatz für 1 Spalte notwendig; diese Spalte wird von links nach rechts über das unbekannte Muster "gezogen". Die globalen Beschränkungen sollten die Spaltenbreite auf größenordnungsmäßig 20 Zellen begrenzen, was einem zeitlichen Fenster für die Verzerrung von 200 ms entspricht. Damit sind moderne Prozessoren heute in der Lage, diese Berechnungen sehr schnell auszuführen, so daß die Verarbeitung in Echtzeit möglich wird.

8.1.1 1-stufiger DP-Algorithmus

Der oben beschriebene DP-Algorithmus läßt sich so modifizieren, daß auch aufeinanderfolgende und zusammenhängende Wörter (Wortketten) behandelt werden
können. Auf diese Weise ist eine unmittelbare Erweiterung auf die Verarbeitung
fließender Sprache möglich, indem der gesprochene Satz als Wortkette aufgefaßt
wird. Zu diesem Zweck werden die Referenzwörter an der vertikalen Achse der
Abstandsmatrix von unten nach oben aufgetragen, während der unbekannte Input
von links nach rechts läuft. Alle Referenzmuster werden gleichzeitig mit dem
Eingangsmuster mit Hilfe des standardmäßigen DP-Algorithmus' verglichen. Die
grundsätzliche Arbeitsweise ist in Bild 8.2 am Beispiel eines Vokabulars mit 3
Wörtern skizziert.

Das Wegediagramm zur Abstandsberechnung ist dem in Abschn. 8.1 verwendeten sehr
ähnlich. An den Wortübergängen weicht die Vorgehensweise aber entscheidend ab.
Zu jedem Zeitpunkt ist es nun möglich, daß ein Wort endet und ein neues beginnt.
Das Optimalitätskriterium fordert, daß eine solche Wortkette gefunden werden
muß, die die beste aller möglichen Wortfolgen ist, d.h. die den insgesamt geringsten Abstand aufweist. Dies erreichen wir, wenn wir jeden Wortanfang zum
Zeitpunkt i mit dem bis zum Zeitpunkt (i-1) besten Wortende fortsetzen, dessen
Wert als $D^*(i-1)$ bestimmt wurde. Diese Entscheidung darf wiederum ohne Verlust
der Optimalität getroffen werden und wird zu jedem Zeitpunkt i durchgeführt.
Natürlich muß jeweils ein Pointer auf das beste Vorgängerwort für den Zeitpunkt
i sowie dessen Beginn in einem Zeigerfeld gespeichert werden.

Wieder kann die unbekannte Äußerung spaltenweise von links nach rechts bearbeitet werden, ohne daß die gesamte Abstandsmatrix wirklich gespeichert werden muß.
Innerhalb der Wörter wird folgendes Wegediagramm benutzt:

$$D(i,j) = d(i,j) + \min \left\{ \begin{array}{l} D(i-1,j), \\ D(i-1,j-1), \\ D(i-1,j-2) \end{array} \right.$$

Zwischen den Wörtern (d.h. an den Wortübergängen) wird zu jedem Zeitpunkt entweder das bis dahin beste Wortende ausgewählt und dessen Teilabstand akkumuliert oder das Wort selbst horizontal weitergeführt:

$$D(i,1) = d(i,1) + \min \left\{ \begin{array}{l} D(i-1,1), \\ D^*(i-1) \end{array} \right.$$

wobei $D^*(i-1)$ das zum Zeitpunkt (i-1) beste Wortende ist. Am Ende der gesamten

- 177 -

Äußerung wird der beste Endwert D^*_{min} von allen Referenzwörtern bestimmt, wie
es in Bild 8.2 angedeutet ist. Dieser Wert bildet die beste Übereinstimmung und
damit das globale Optimum. Die erkannte Kette von Wörtern erhält man nun durch
Rückverfolgen der Pointer. Die Rückverfolgung liefert außerdem auch die Wortgrenzen (Segmentierung). Das heißt, daß keine explizite Segmentierung der Wortgrenzen notwendig ist, da sowohl die Klassifizierung als auch die Segmentierung
der Wörter gemeinsam erreicht wurde. Aus diesem Grunde wird das Verfahren auch
als "1-stufiger" DP-Algorithmus bezeichnet. Weitergehende Details sind in der
Literatur /Ney84/ beschrieben. Die Rückverfolgung für unser Beispiel in Bild
8.2 liefert die Wortfolge "3 3 1 3 2", die insgesamt am besten zum unten dargestellten Input paßt - und die auch tatsächlich gesprochen wurde.

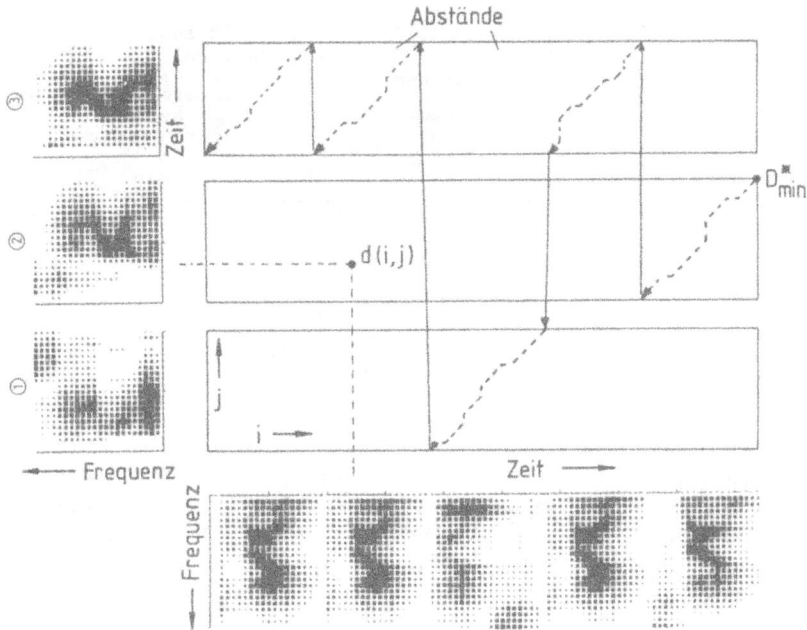

Bild 8.2. 1-stufiger DP-Algorithmus für Wortketten; vertikale Achse:
Referenzwörter, horizontale Achse: unbekannte Wortfolge; die
Rückverfolgung liefert die erkannte Wortkette "3 3 1 3 2".

Bei genügender Rechenleistung kann die gesamte Spalte innerhalb von 10 ms für
alle Wörter berechnet werden. Dann ist es möglich, die Spalte schritthaltend mit
den ankommenden Sprachspektren von links nach rechts über die Äußerung zu zie-
hen. Beim Beenden des Sprechens läßt sich das Ergebnis nach dem Rückverfolgen
mit minimaler Verzögerung ausgeben. Damit bietet dieser Algorithmus tatsächlich
eine besonders ökonomische Lösung des Erkennungsproblems.

8.2 „Hidden-Markov"-Modelle (HMM)

Ein grundlegendes Problem der Spracherkennung ist die Tatsache, daß die Sprachmuster von Äußerung zu Äußerung stark variieren können. Dieses Problem läßt
sich durch eine statistische Beschreibung der Variabilität in Form von stochastischen Modellen lösen. Für das Verständnis des Prinzips ist es hilfreich,
eine etwas andere Vorstellung vom Klassifikationsprozeß heranzuziehen; das
Prinzip ist in Bild 8.3 skizziert.

Lernphase:

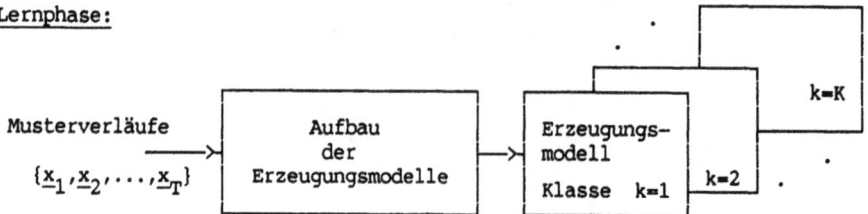

Erkennungsphase:

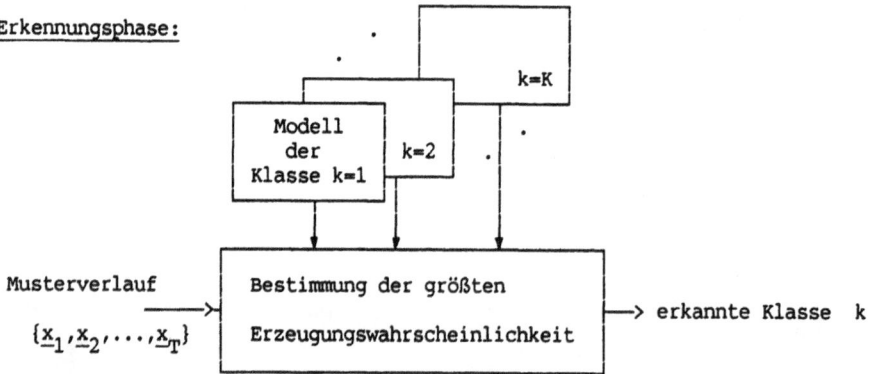

Bild 8.3. Einsatz von Erzeugungs-Modellen für die Lern- und
die Erkennungsphase.

In der Lernphase wird für jede Klasse k ein Modell für die Erzeugung der Musterverläufe dieser Klasse aufgebaut. In der Testphase (Klassifikation) wird dann
für den vorliegenden unbekannten Musterverlauf

$$X = \{\underline{x}_1, \underline{x}_2, \ldots, \underline{x}_T\} \qquad ,$$

der insgesamt das Wortmuster X mit der Länge T repräsentiert, die Wahrscheinlichkeit dafür berechnet, daß dieser Verlauf von dem Modell erzeugt werden

kann ("Erzeugungswahrscheinlichkeit"). Diese Berechnung wird für jedes Modell jeder Klasse durchgeführt; diejenige Klasse gilt als erkannt, die die größte Erzeugungswahrscheinlichkeit besitzt (Maximum-Likelihood-Prinzip). Jedes Modell kann daher auch als Beschreibung des Sprachproduktionsprozesses für eine Klasse aufgefaßt werden.

Das einfache Modell der Spracherzeugung nimmt eine Folge von stochastischen Prozessen an, die die Kurzzeitspektren in Zeitschritten zu 10 ms erzeugen. Jeder stochastische Prozeß ist einem Zustand einer Markov-Kette zugeordnet. Jeder Zustand i enthält eine Wahrscheinlichkeitsdichtefunktion $p(x|s=i)$, die die Wahrscheinlichkeit für das Erzeugen (Emittieren) der spektralen Vektoren x angibt. Da bei der vorliegenden Anwendung nur Modelle untereinander verglichen werden, wird in der Literatur und beim praktischen Einsatz der HMMs nicht zwischen Wahrscheinlichkeiten und Wahrscheinlichkeitsdichtefunktionen unterschieden. In diesem einfachen Modell werden die Zustände von links nach rechts durchlaufen, wobei jeweils die Übergangswahrscheinlichkeiten a_{ij} vom Zustand i zum Zustand j zu berücksichtigen sind.

In Bild 8.4 ist ein Beispiel für ein Modell mir r = 4 Zuständen skizziert. Die Selbstübergänge mit der Wahrscheinlichkeit a_{ii} geben an, daß in diesem Fall aufeinanderfolgende Spektren im selben Zustand i erzeugt wurden. In ähnlicher Weise ist auch das Überspringen einzelner Zustände erlaubt. Da das aktuelle Durchlaufen der Zustände von außen nicht sichtbar ist (engl. "hidden"), wird dieses Modell als "Hidden-Markov"-Modell (HMM) bezeichnet. Von außen kann zu einem Zeitpunkt nur die Produktion der Spektren insgesamt beobachtet werden. Die Modellparameter (Wahrscheinlichkeiten und Wahrscheinlichkeitsdichten) müssen in einer Trainingsphase anhand von repräsentativem Sprachmaterial bestimmt werden /Rab86, Rab89/.

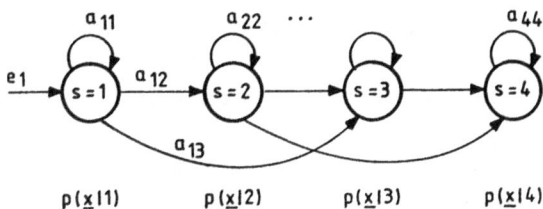

Bild 8.4. "Hidden-Markov"-Modell (HMM) eines gesprochenen Wortes;
$p(x|s=i)$: Erzeugungswahrscheinlichkeit für x im Zustand i;
a_{ij}: Übergangswahrscheinlichkeit vom Zustand i zum Zustand j.

Das HMM mit r Zuständen ist vollständig bestimmt durch den Einsprungvektor $\underline{e}$, die Übergangsmatrix $\underline{A}$ sowie die Emisionswahrscheinlichkeiten in den Zuständen s:

$$\text{HMM} := \{\underline{e}, \underline{A}, p(\underline{x}|s)\} \qquad s = 1 \ldots r$$

Ist nur eine Einsprungmöglichkeit erlaubt, gilt: $e_1=1$, $e_2=0,\ldots,e_r=0$. Für jede Klasse k wird ein Modell generiert:

$$\text{HMM}_k := \{\underline{e}, \underline{A}, p(\underline{x}|s)\}_k \qquad s = 1 \ldots r$$

Um die Notation einfach zu halten, soll im folgenden der Klassenindex k fortgelassen und nur ein Modell betrachtet werden. Die Erzeugungswahrscheinlichkeit für einen Musterverlauf $\{\underline{x}_1, \underline{x}_2,\ldots, \underline{x}_T\}$ berechnet sich als Summe über alle Zustandsfolgen, die diesen Musterverlauf erzeugen und die die richtige Länge T haben:

$$P_{HMM} = p(\underline{x}_1,\underline{x}_2,\ldots,\underline{x}_T) = \sum_{\substack{\text{alle Folgen} \\ \text{der Länge T}}} p(\underline{x}_1,\underline{x}_2,\ldots,\underline{x}_T,s_1,s_2,\ldots,s_T)$$

$$= \sum_{\substack{\text{alle Folgen} \\ \text{der Länge T}}} p(\underline{x}_1,\underline{x}_2,\ldots,\underline{x}_T|s_1,s_2,\ldots,s_T) \cdot p(s_1,\ldots,s_T)$$

Da es sich um einen Markov-Prozeß 1.Ordnung handelt, bei dem die Wahrscheinlichkeiten für die emittierten Mustervektoren nur von den Zuständen (und nicht der Folge) abhängig sind, vereinfacht sich die Gleichung zu:

$$P_{HMM} = \sum_{\substack{\text{alle Folgen} \\ \text{der Länge T}}} e_{s_1} [\prod_{m=1}^{T-1} a_{s_m s_{m+1}} \cdot p(\underline{x}_m|s_m)] \cdot p(\underline{x}_T|s_T)$$

Trotzdem ist die Anzahl der Berechnungen noch äußerst hoch. Die entscheidende Vereinfachung wird sichtbar, wenn wir den zeitlichen Ablauf in Form eines sogenannten Trellis-Diagramms betrachten, siehe Bild 8.5.

Die Trellis enthält alle Wege, auf denen das Modell durchlaufen werden kann. Es wird sofort deutlich, daß viele Teilsequenzen einer Zustandsfolge auch in anderen Wegen enthalten sind und dort bereits berechnet wurden. Es muß daher möglich sein, eine rekursive Berechnungsvorschrift anzugeben. Hierzu führen wir zunächst die Größe $\alpha_t(i)$ ein, die die Wahrscheinlichkeit angibt, daß bis zum

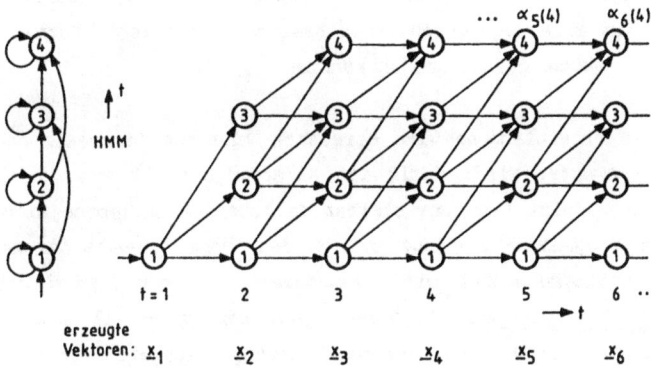

Bild 8.5 Trellis-Diagramm zur Beschreibung aller Pfade durch das HMM
eines Wortes (4 Zustände, Links-rechts-Modell).

Zeitpunkt t unter Erzeugung des korrekten Merkmalsverlaufs $\underline{x}_1,\dots,\underline{x}_t$ der
Zustand i erreicht wurde:

$$\alpha_t(i) \;=\; p(\underline{x}_1,\underline{x}_2,\dots,\underline{x}_t \text{ und } s{=}i \text{ zum Zeitpunkt } t)$$

Die Größe $\alpha_t(i)$ wird "Vorwärtswahrscheinlichkeit" genannt /Rab89/. Zum Zeitpunkt t=1 ergibt sich $\alpha_1(i)$ als:

$$\alpha_1(i) \;=\; e_i \cdot p(\underline{x}_1|i) \hspace{3cm} i=1\dots r$$

Die nächsten Werte $\alpha_{t+1}(j)$ in einem folgenden Zustand j lassen sich durch
die Übergangswahrscheinlichkeiten a_{ij} und die neuen Emissionen im Zustand j
ausdrücken:

$$\alpha_{t+1}(j) \;=\; [\sum_{i=1}^{r} \alpha_t(i) \cdot a_{ij}] \; p(\underline{x}_{t+1}|j) \hspace{2cm} j=1\dots r$$

mit r=Zahl der Zustände. Diese Rekursion gilt für t=1,2,...,T-1 und j=1,2,...,r.
Die gesamte Erzeugungswahrscheinlichkeit P_{HMM} erhalten wir zum letzten Zeitpunkt T:

$$P_{HMM} \;=\; \sum_{i=1}^{r} \alpha_T(i)$$

Ist nur ein Endzustand möglich ($s_T{=}r$), so wird

$$P_{HMM} \;=\; \alpha_T(r) \hspace{2cm} .$$

Der notwendige Rechenaufwand wurde drastisch reduziert, indem die Wahrscheinlichkeiten für alle Wege durch einen Zustand i jeweils in Form der Zwischen-
größe $\alpha_t(i)$ zusammengefaßt werden konnten.

Eine weitere Vereinfachung wird erreicht, wenn nur der beste Weg durch die
Trellis ausgewertet wird; damit ist allerdings nicht mehr die Optimalität
gewährleistet. Jetzt kann unmittelbar der oben beschriebene Algorithmus der
Dynamischen Programmierung angewandt werden, wobei jeweils der maximale Wert
von $\alpha_t(i)$ weiterberechnet wird. Bei dieser Anwendung wird das Verfahren
"Viterbi"-Algorithmus genannt. Dieses Verfahren ist vor allem dann anwendbar,
wenn nur 1 einziger Weg zur gesamten Wahrscheinlichkeit wesentlich beiträgt;
die anderen Wege bleiben dann einfach unberücksichtigt. Bei Verwendung von
logarithmierten Werten müssen nur Summationen ausgeführt werden. In der Praxis
hat daher der Viterbi-Algorithmus aufgrund des besonders geringen Rechenaufwands sehr große Bedeutung erlangt.

8.2.1 Berechnung der Emissionswahrscheinlichkeiten

Die Emissionswahrscheinlichkeiten können entweder durch diskrete Verteilungen
(Histogramme) oder durch parametrische Wahrscheinlichkeitsdichtefunktionen
nachgebildet werden. Im Falle diskreter Verteilungen werden die Vektoren $\underline{x}_t$
"diskretisiert", indem sie einem Prototypen zugeordnet werden, so daß mit
Symbolen gearbeitet werden kann. Ausgehend von einer Anzahl M ausgewählter
Prototypen $\underline{x}^{(m)}$ wird das Muster $\underline{x}$ dem nächsten Prototyp zugeordnet ("Nächster-
Nachbar-Regel"):

$$\underline{x} \xrightarrow[\text{Abstand}]{\text{kleinster}} \underline{x}^{(m)} \qquad\qquad m = 1...M$$

Die Menge der $\underline{x}^{(m)}$ bilden ein sogenanntes "Codebuch". Die Zuordnung des Vektors
$\underline{x}$ zum nächstbesten Codebuch-Vektor $\underline{x}^{(m)}$ wird als Vektorquantisierung bezeichnet.
Nach der Vektorquantisierung wird der Merkmalsvektor $\underline{x}$ durch das Symbol m ersetzt. Das Codebuch selbst muß anhand einer Lernstichprobe möglichst repräsentativ festgelegt werden.

In der Praxis kommen jedoch meist Normalverteilungen (Gauß-Dichten) zum Einsatz;
die HMMs werden dann als "kontinuierlich" bezeichnet. In diesem Fall wird die
Wahrscheinlichkeitsdichte $p(\underline{x}|s=i)$ im Zustand i ausgedrückt durch:

$$p(\underline{x}|i) = \frac{1}{(2\pi)^{N/2} |\underline{C}_i|^{1/2}} \exp\left[-\frac{1}{2}(\underline{x} - \underline{m}_i)' \, \underline{C}_i^{-1} \, (\underline{x} - \underline{m}_i)\right]$$

wobei $\underline{C}_i$ die Kovarianzmatrix der Spektren $\underline{x}$ und $\underline{m}_i$ der Mittelpunktsvektor im Zustand i sind. Vielfach kommt auch eine gewichtete Überlagerung mehrerer Normalverteilungen zum Einsatz, wobei die Gewichtung durch sogenannte Mixturkoeffizienten erfolgt, die während des Lernverfahrens festgelegt werden /Jua85/; diese Verteilungen werden im englischen Sprachgebrauch "mixture densities" genannt.

Andererseits sind auch erhebliche Vereinfachungen möglich. Wird die Kovarianzmatrix $\underline{C}_i$ durch eine Diagonalmatrix $\underline{D}_i$ angenähert, so führt dies auf eine einfache Gewichtung der N Komponenten mit den Kehrwerten der N Standardabweichungen $1/\sigma_{ni}$. Falls nur der Exponent der Normalverteilung berücksichtigt wird, kann dieser Wert q als gewichteter Abstand zwischen $\underline{x}$ und dem Mittelpunktsvektor $\underline{m}_i$ gedeutet werden:

$$q = (\underline{x} - \underline{m}_i)' \; \underline{C}_i^{-1} \; (\underline{x} - \underline{m}_i)$$

Die Messung von q ist als Mahalanobis-Abstand (s. Abschn. 4.2.2) bekannt. Eine weitere Reduktion des Rechenaufwands läßt sich durch Weglassen der Standardabweichungen erreichen, was natürlich eine Verschlechterung der Modellierung bedeutet; nun ist der Wert q der quadratische Euklidische Abstand zum Mittelpunkt $\underline{m}_i$ der Verteilung im Zustand i. Diese Betrachtung zeigt die enge Beziehung zwischen der statistischen Modellierung und den abstandsmessenden Verfahren des Mustervergleichs auf. Das bedeutet, daß bei Verwendung von Normalverteilungen unter Inkaufnahme einer Verschlechterung der Modellierung sich die Berechnungen auf den Mahalanobis-Abstand oder gar auf den Euklidischen Abstand reduzieren lassen; ein kleiner Abstand entspricht jetzt einer hohen Wahrscheinlichkeit. In der praktischen Realisierung sind Abstandsmaße natürlich einfacher zu berechnen als die exponentiellen Funktionen der Normalverteilungen.

"Hidden-Markov"-Modelle haben sich inzwischen in der automatischen Spracherkennung sehr gut bewährt. Sie werden dort zur Modellierung von Wörtern oder kleineren Einheiten verwendet. Erfolgt die Abarbeitung mit Hilfe der Dynamischen Programmierung (Viterbi-Algorithmus), so ist auch in einfacher Weise eine Verkettung der HMMs möglich (1-stufiger DP-Algorithmus, s. Abschn. 8.1.1), wobei Erkennung und Segmentierung in einem Schritt vollzogen werden. Besonders günstig ist der Einsatz der HMMs, wenn sehr viel Trainingsmaterial vorliegt; andernfalls stellt die ausreichende Schätzung der Wahrscheinlichkeitsdichten ein ernsthaftes Problem dar.

8.2.2 Lernverfahren für HMMs

In der Lernphase müssen die Übergangswahrscheinlichkeiten und die Emissionswahrscheinlichkeiten anhand einer Lernstichprobe von bekannten Musterverläufen bestimmt werden. Dies geschieht iterativ, indem die Musterverläufe nacheinander
angeboten werden und die Wahrscheinlichkeiten jeweils neu abgeschätzt werden,
solange bis keine Verbesserung mehr möglich ist. Allerdings ist das Optimum nur
lokal und abhängig von der gewählten Startbelegung. Der Lernvorgang soll hier
nur in groben Zügen skizziert werden. Das Verfahren ist als "Baum-Welch"-Algo-
rithmus" bekannt und in der Literatur /Bau70, Bau72, Rab86/ beschrieben.

Ausgangspunkt ist die Vorwärtswahrscheinlichkeit $\alpha_t(i)$ aus Abschn. 8.2. In derselben Weise berechnen wir die sogenannte "Rückwärtswahrscheinlichkeit" $\beta_t(i)$;
diese Größe gibt die Wahrscheinlichkeit an, daß ab dem Zeitpunkt t+1 die kor-
rekte Folge $\underline{x}_{t+1}, \ldots, \underline{x}_T$ erzeugt werden wird, unter der Bedingung, daß zum
Zeitpunkt t der Zustand i vorlag:

$$\beta_t(i) = p(\underline{x}_{t+1}, \underline{x}_{t+2}, \ldots, \underline{x}_T \quad \text{und} \quad s=i \text{ zum Zeitpunkt t})$$

mit der Initialisierung:

$$\beta_T(i) = 1 \qquad\qquad i=1\ldots r$$

Für alle früheren Zeitpunkte läßt sich $\beta_t(i)$ rekursiv berechnen:

$$\beta_t(i) = \sum_{j=1}^{r} \beta_{t+1}(j) \cdot a_{ij} \, p(\underline{x}_{t+1}|j) \qquad \begin{array}{l} t = T-1, T-2, \ldots, 1 \\ i=1\ldots r \end{array}$$

Das Trellis-Diagramm wird hierbei im Prinzip rückwärts abgearbeitet.

Mit diesen Größen läßt sich die Größe $\gamma_t(i)$ angeben, die die Wahrscheinlichkeit
für das Auftreten des Zustandes i zum Zeitpunkt t bei insgesamt korrekter Beobachtungsfolge ausdrückt:

$$\gamma_t(i) = \frac{\alpha_t(i) \cdot \beta_t(i)}{P_{HMM}}$$

Nun läßt sich die Wahrscheinlichkeit $\xi_t(i,j)$ berechnen, daß zu einem bestimmten
Zeitpunkt t der Zustand i vorlag und dann ein Übergang in den Zustand j statt-
gefunden hat (bei insgesamt korrekter Beobachtungsfolge):

$$\xi_t(i,j) = \frac{\alpha_t(i) \; a_{ij} \; p(\underline{x}_{t+1}|j) \; \beta_{t+1}(j)}{P_{HMM}}$$

Damit kann folgende Lernvorschrift für die Schätzung von $e(i)$, a_{ij} und $p(\underline{x}^{(m)}|j)$ für diskrete HMMs angegeben werden:

$$\hat{e}(i) = \gamma_1(i)$$

$$\hat{a}_{ij} = \sum_{t=1}^{T-1} \xi_t(i,j) \; / \; \sum_{t=1}^{T-1} \gamma_t(i)$$

$$\hat{p}(\underline{x}^{(m)}|j) = \sum_{\substack{t=1 \\ \text{und } \underline{x}_t \hat{=} \underline{x}^{(m)}}}^{T} \gamma_t(j) \; / \; \sum_{t=1}^{T} \gamma_t(j)$$

Diese Größen lassen sich folgendermaßen deuten. $\hat{e}(i)$ ist die Wahrscheinlichkeit für das Vorliegen des Zustandes i zum Zeitpunkt $t=1$. $\hat{a}_{ij}$ ist der Quotient aus der erwarteten Anzahl von Übergängen aus dem Zustand i in den Zustand j und der Wahrscheinlichkeit, daß der Zustand i überhaupt vorliegt. $\hat{p}(\underline{x}^{(m)}|j)$ ist der Quotient aus der erwarteten Anzahl der Zeitpunkte, in denen der Zustand j vorliegt und das Symbol $\underline{x}^{(m)}$ emittiert wird, und der erwarteten Anzahl, in denen der Zustand j überhaupt vorliegt.

Die Parameter des Modells werden durch die Neuabschätzungen ersetzt und die Iteration wiederholt. Falls mehrere Versionen der Musterverläufe vorliegen, werden die Summationen über alle Versionen durchgeführt und dann dividiert. Der Abbruch erfolgt, wenn keine wesentliche Verbesserung mehr für P_{HMM} der vorliegenden Klasse erreichbar ist. Dieser Lernprozeß wird für jede Klasse $k = 1...K$ getrennt durchgeführt (Maximum-Likelihood-Prinzip). Auf weitere Einzelheiten soll hier nicht eingegangen werden; die Verfahren zum Training von diskreten, semikontinuierlichen und kontinuierlichen HMMs sind in der Literatur /Rab89, Jua85, Hua92/ zu finden. Darüberhinaus haben diskriminative Lernverfahren Bedeutung erlangt /Bah86, Eul92/, die unmittelbar die Trennbarkeit der Modelle optimieren können.

8.3 Neuronale Netze für die Spracherkennung

In neuerer Zeit haben die sogenannten "Neuronalen Netze" in der Spracherkennung
zur Durchführung der Klassifikationsaufgabe weite Verbreitung gefunden; dieser
Durchbruch ist letztlich darauf zurückzuführen, daß geeignete automatische
Lernverfahren gefunden werden konnten. Aus diesem Grunde soll hier diejenige
Version des Neuronalen Netzes kurz vorgestellt werden, die für die Klassifikation standardmäßig eingesetzt wird; ebenso wird das prinzipielle Lernverfahren
besprochen. Die Klassifikationsleistung an sich kann aber grundsätzlich auch
mit einem entsprechend dimensionierten Polynomklassifikator (s. Abschn. 4.1.1)
erreicht werden und läßt in diesem Sinne keine neuen Eigenschaften erwarten.
Ein Überblick über die verschiedenen Anwendungen Neuronaler Netze ist in /Lip87/
zu finden.

In sehr grober Anlehnung an die Funktionalität der Nervenzelle besteht ein
künstliches Neuron (auch "Unit" genannt) aus einer Recheneinheit, die eine
gewichtete Summe über die Eingangsdaten bildet und das Ergebnis über eine Funktion, die meist nicht-linear ausgelegt ist, als "Aktivierung" zum Ausgang weitergibt. Die Funktionsweise einer einzelnen Unit ist in Bild 8.6 schematisch
wiedergegeben. Auf die tatsächliche Verwandtschaft zu biologischen Nervenzellen
soll an dieser Stelle nicht weiter eingegangen werden.

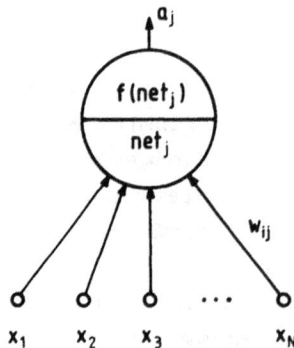

Bild 8.6. Prinzip eines einzelnen Neurons (Unit).

Aus der Fülle der verschiedensten Realisierungen und Anwendungsmöglichkeiten
Neuronaler Netze wird hier nur das sogenannte "Multi-Layer-Perceptron" (MLP)
vorgestellt, das aus mehreren Schichten bestehen kann und nur in Vorwärtsrich-
tung betrieben wird; damit treten keine Probleme auf, die im Fall vorhandener
Rückkopplungen zu beachten sind. Die Grundstruktur eines MLPs ist in Bild 8.7
dargestellt.

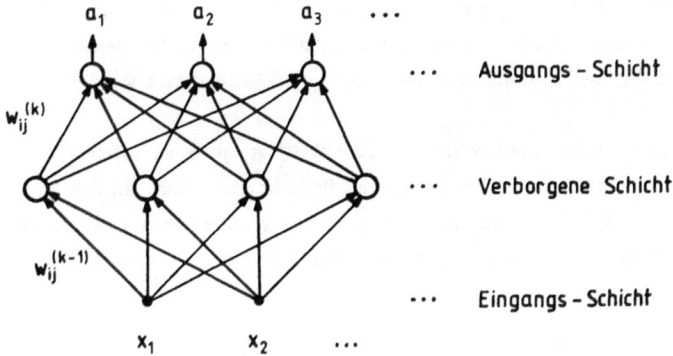

Bild 8.7. Grundstruktur des Multi-Layer-Perceptrons (MLP).

Das Multi-Layer-Perceptron ist aus mehreren Schichten aufgebaut. Die Merkmale liegen an der Eingangs-Schicht an; in der letzten Schicht ist im allgemeinen für jede Klasse eine Ausgangs-Unit vorhanden. Die Klassifikation erfolgt, indem diejenige Klasse ausgewählt wird, deren Ausgangs-Unit die größte Aktivierung aufweist (Maximum-Bestimmung). Dazwischen können eine oder mehrere verborgene Schichten vorhanden sein, siehe Bild 8.7; die verborgenen Schichten dürfen im einfachsten Fall auch wegfallen.

Die Eingangs-Schicht mit den Eingangs-Units hat nur die Funktion, die Merkmale bereitzuhalten und weiterzugeben. Bei der Übergabe zur nächst höheren Schicht werden alle Merkmale x_i individuell mit Gewichtsfaktoren w_{ij} multipliziert. Die Summe net_j der Unit j in der ersten verborgenen Schicht liefert über die Aktivierungsfunktion $f(net_j)$ die Ausgangsaktivierung a_j der Unit j (s. Bild 8.6):

$$net_j = \sum_{i=1}^{N} w_{ij} x_i$$

$$a_j = f(net_j)$$

Die Units in der Ausgangsschicht, die zur Anzeige der Klassen dienen, sowie in den weiteren verborgenen Schichten arbeiten nach demselben Prinzip. Hier werden jetzt anstelle der Eingangsmerkmale x_i die Aktivierungen a_j der jeweils darunterliegenden Schicht als Input verwendet. Die Größe $w_{ij}^{(k)}$ bezeichnet jeweils das Gewicht zwischen einer Unit i in der Schicht (k-1) und einer Unit j in der darüberliegenden Schicht (k). Um die Notation einfach zu halten, wird

im folgenden der hochgestellte Index k meist weggelassen, wenn dies eindeutig
ist. Bei der Zählung der Schichten soll vereinbart sein, daß die Eingangs-
Schicht nicht mitgezählt wird, da sie die Merkmale nur weitergibt. Das Beispiel
in Bild 8.7 soll damit als 2-lagiges MLP bezeichnet werden.

Für jede Unit ist noch ein Schwellwert θ_j vorgesehen (Threshold), was durch ein
Gewicht w_{oj} am 0-ten Eingang ausgedrückt werden kann, an dem konstant der Wert 1
liegt. Damit läßt sich net_j in erweiterter Form geschlossen darstellen, hier
zum Beispiel für die erste verborgene Schicht:

$$net_j = \sum_{i=1}^{N} w_{ij} x_i - \theta_j$$

$$= \sum_{i=1}^{N} w_{ij} x_i + w_{oj}$$

$$= \sum_{i=o}^{N} w_{ij} x_i \qquad \text{mit: } x_o = 1 \text{ (erweiterte Form)}$$

Der Schwellwert θ_j wird jetzt durch $(-w_{oj})$ repräsentiert; der Wert w_{oj} selbst
wird oft auch als "Bias" bezeichnet. Bei den folgenden Betrachtungen wird immer
von dieser erweiterten Form ausgegangen.

Die Gesamtheit der Gewichte bildet einen Gewichtsraum, in dem die optimale Lösung für das Klassifikationsproblem gesucht wird. Da diese Lösung nicht geschlossen gefunden werden kann, wird sie (suboptimal) mit Hilfe eines Gradientenverfahrens bestimmt. Zur Bildung des Gradienten muß die Aktivierungsfunktion
differenzierbar sein. Gut geeignet ist hierfür die sogenannte "logistische
Funktion" bzw. Sigmoidfunktion

$$f(\xi) = \frac{1}{1 + e^{-\xi}}$$

Der Verlauf der Sigmoidfunktion für die Variable ξ ist in Bild 8.8 wiedergegeben. Durch eine Skalierung der Variablen ξ kann diese Funktion entweder
als harte Schaltfunktion betrieben werden (für große Werte von ξ), oder sie
arbeitet in einem linearen Bereich (für kleine Werte von ξ). Da die Variable ξ
in der vorliegenden Anwendung durch die Gewichtssumme net_j gebildet wird,
legen die Gewichte selbst die Skalierung und damit den Arbeitsbereich zwischen
harter Schaltfunktion und linearem Bereich der Funktion fest.

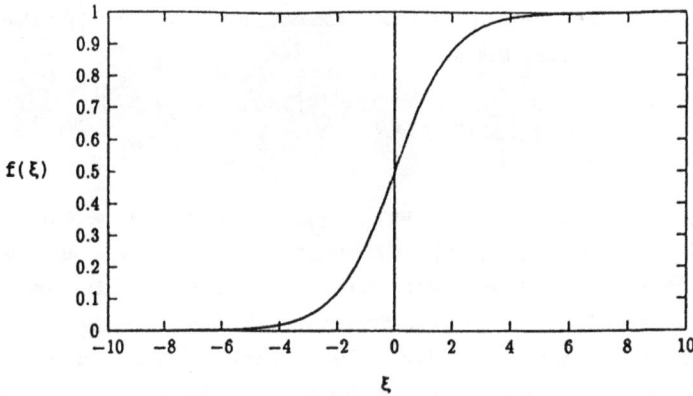

Bild 8.8 Verlauf der Aktivierungsfunktion $f(\xi)$.

Die Ableitung der Aktivierungsfunktion (Sigmoidfunktion) nach der Variablen ξ setzt sich aus dem Funktionswert selbst zusammen:

$$\frac{d\,f(\xi)}{d\xi} = f(\xi)\,(1 - f(\xi))$$

Angewandt auf eine Unit j des Multi-Layer-Perceptrons ergibt sich für die Aktivierung und deren Ableitung:

$$a_j = f(net_j) = \frac{1}{1 + e^{-net_j}}$$

$$\frac{d\,a_j}{dnet_j} = a_j\,(1 - a_j)$$

8.3.1 Lernverfahren für Neuronale Netze

Das "Backpropagation"-Lernverfahren nach /Rum86/ basiert auf einer iterativen Gradientenmethode, bei der eine Fehlerfunktion durch wiederholte Änderung der Gewichte in Richtung des negativen Gradienten minimiert wird. Das Verfahren soll vorerst anhand der Ausgangs-Schicht besprochen werden, später erfolgt die Behandlung einer versteckten Schicht. Es soll gefordert werden, daß die Ausgangs-Unit den Wert $z_j=1$ annimmt, wenn der Merkmalsvektor $\underline{x}$ zu dieser Klasse gehört, sonst den Wert $z_j=0$. Mit diesem Zielwert z_j kann für den vorliegenden

Merkmalsvektor $\underline{x}$ ein Fehlermaß für die Unit j als quadratische Abweichung des Ausgangswertes angegeben werden; die Summation über alle Units liefert den Fehler E des Netzes für dieses Muster:

$$E = \frac{1}{2} \sum_j (z_j - a_j)^2$$

Der Faktor 1/2 ist willkürlich und wurde nur zur leichteren mathematischen Handhabung eingeführt. Die Zielwerte der Ausgangs-Schicht werden zu einem gemeinsamen Zielvektor $\underline{z}$ zusammengefaßt, der im allgemeinen für die gewünschte Klasse den Wert 1 und für die übrigen Positionen den Wert 0 enthält; es sind natürlich auch andere Festlegungen der Zielwerte möglich. Das Lernziel besteht in allen Fällen darin, die Gewichte w_{ij} so festzulegen, daß der Fehler insgesamt minimal wird.

Die Gewichte müssen schrittweise in Richtung des negativen Fehlergradienten verändert werden. Der Gesamtfehler E_M für alle Lernstichproben-Muster $\underline{x}_m$, m=1...M, ist die Summe aller Einzelfehler E_m:

$$E_M = \sum_{m=1}^{M} E_m$$

Ebenso setzt sich die gesamte Gewichtsänderung aus der Summe der von den einzelnen Vektoren hervorgerufenen Gewichtsänderungen zusammen. Daher wird für jeden Merkmalsvektor $\underline{x}$ die Gewichtsänderung bestimmt, aufaddiert und erst nach Durchlaufen der gesamten Stichprobe tatsächlich durchgeführt ("all at a time"-Prinzip). Dieser Prozeß wird iterativ wiederholt, bis die Konvergenz eingetreten ist oder ein vorgegebenes Abbruchkriterium erreicht ist. Allerdings kann hierbei nur die Bestimmung eines lokalen Optimums garantiert werden. Darüberhinaus ist auch die Vorgehensweise der stochastischen Approximation möglich (s. Abschn. 4.1.3.2), wenn die Gewichtsänderung sofort nach jedem Merkmalsvektor erfolgt. Die Gewichtsänderung Δw_{ij} für einen Merkmalsvektor $\underline{x}$ berechnet sich nach der Kettenregel zu:

$$\Delta w_{ij} = - \eta \frac{\delta E}{\delta w_{ij}} = - \eta \frac{\delta E}{\delta a_j} \frac{\delta a_j}{\delta net_j} \frac{\delta net_j}{\delta w_{ij}}$$

Die Größe η gibt dabei die Lernrate an und legt die Geschwindigkeit der Konvergenz fest. Sie darf nicht zu groß gewählt werden, da sonst die Gefahr besteht, durch das Minimum "hindurchzulaufen".

Bei mehreren Schichten erfolgt die Berechnung in absteigender Reihenfolge durch
die Schichten hindurch ("rückwärts"), beginnend von den Ausgangs-Units zu den
verborgenen Units. Für die <u>Ausgangs</u>-Units läßt sich die Abweichung delta$_j$ bestimmen, die die Zusammenfassung der beiden ersten partiellen Ableitungsterme
enthält:

$$\text{delta}_j = -\frac{\delta E}{\delta net_j} = -\frac{\delta E}{\delta a_j}\frac{\delta a_j}{\delta net_j} = (z_j - a_j)\, a_j\, (1 - a_j)$$

Damit ergibt sich die Gewichtsänderung Δw_{ij} zu:

$$\Delta w_{ij} = \eta\, \text{delta}_j\, \frac{\delta net_j}{\delta w_{ij}}$$

$$\Delta w_{ij} = \eta\, (z_j - a_j)\, a_j\, (1 - a_j)\, a_i$$

Der Merkmalssvektor <u>x</u> taucht in dieser Gleichung nicht explizit auf; seine Wir-
kung besteht darin, daß er zu diesem Zeitpunkt alle Aktivierungen a_i und a_j
in allen Schichten erzeugt hat.

Für die <u>verborgenen</u> Units in der Schicht (k-1) wird in derselben Weise die
Abweichung am Ausgang jeder Unit verwendet und bis zu den Gewichten an ihrem
Eingang abgeleitet. Die Größe delta$_j$ ergibt sich unter Anwendung der Ketten-
regel zu:

$$\text{delta}_j = -\frac{\delta E}{\delta net_j} = -\frac{\delta E}{\delta a_j}\frac{\delta a_j}{\delta net_j}$$

$$= -(\sum_k \frac{\delta E}{\delta a_k}\frac{\delta a_k}{\delta a_j})\frac{\delta a_j}{\delta net_j}$$

$$= -(\sum_k \frac{\delta E}{\delta net_k}\frac{\delta net_k}{\delta a_j})\frac{\delta a_j}{\delta net_j}$$

Hier tauchen in der Summe wieder die delta-Terme der Schicht k auf, so daß man
schreiben kann:

$$\text{delta}_j = (\sum_k \text{delta}_k\, w_{jk})\frac{\delta a_j}{\delta net_j}$$

wobei mit dem Index k die Units der nächst höheren Schicht bezeichnet sind. Da
in der Zwischenschicht kein Fehler von außen vorgegeben ist, setzt sich hier
die Abweichung delta$_j$ aus der Summe der Abweichungen delta$_k$ aus der darüberliegenden Schicht k zusammen, die mit w$_{jk}$ gewichtet nach unten an die Unit j
weitergegeben werden. Für die Gewichtsänderung ergibt sich wiederum

$$\Delta w_{ij} = \eta \; delta_j \; \frac{\delta net_j}{\delta w_{ij}}$$

$$\Delta w_{ij} = \eta \; (\sum_k delta_k \; w_{jk}) \; a_j \; (1 - a_j) \; a_i$$

Die Größe η bedeutet wieder die Lernrate, mit der die Konvergenzgeschwindigkeit
gesteuert werden kann. Die Gewichtsänderungen werden für alle Schichten berechnet und beim Durchgehen der Stichprobe akkumuliert. Nach einem Durchgang mit
dem Zeitindex t ergeben sich somit die Gewichtsänderungen Δw_{ij}(t+1) mit dem
Zeitindex (t+1); die neuen Gewichte selbst berechnen sich als

$$w_{ij}(t+1) = w_{ij}(t) + \Delta w_{ij}(t+1)$$

In der Praxis wird meist noch ein sogenannter Momentum-Term hinzugefügt, der
ein Oszillieren der Lösung verhindern soll; dieses Schwingen kann z.B. in einem
als "Rinne" ausprägten Minimum mit geringem Gefälle vorkommen, wo der Gradient
abwechselnd hin- und herspringt. Mit dem Momentum-Faktor μ gewichtet wird die
vorherige Gewichtsänderung mit einbezogen:

$$w_{ij}(t+1) = w_{ij}(t) + \Delta w_{ij}(t+1) + \mu \; \Delta w_{ij}(t)$$

Aufeinanderfolgende, gegenläufige Gewichtsänderungen können sich somit kompen-
sieren, die Komponente in Richtung der Senke innerhalb der "Rinne" bleibt aber
erhalten. Als entscheidender Vorteil ist zu sehen, daß die Lernrate nun vergrößert werden kann und somit die Zahl der Iterationsschritte bzw. die Rechenzeit reduziert wird. Der Einsatz des Momentum-Terms ist allerdings nur beim
"all at a time"-Verfahren sinnvoll.

8.3.2 Erkennung von Musterverläufen

Bei Anwendungen zur Spracherkennung muß das Multi-Layer Perceptron in der Lage sein, auch zeitliche Musterfolgen zu verarbeiten, da der zeitliche Ablauf wichtig ist. Die einfachste Lösung ist die sogenannte "Verräumlichung" in Form eines

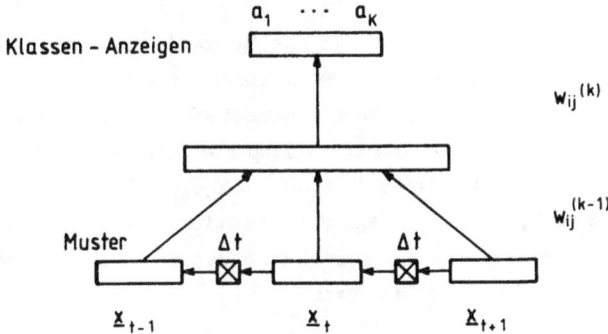

Bild 8.9. MLP-Struktur für Musterverläufe.

Zeitfensters, wobei eine feste Zahl zeitlich aufeinanderfolgender Merkmalsvektoren gleichzeitig dem Netz angeboten wird, wie es in Bild 8.9 schematisch wiedergegeben ist.

In diesem Beispiel wird zur Klassifikation zum Zeitpunkt t neben dem Muster $\underline{x}_t$ auch das davorliegende Muster $\underline{x}_{t-1}$ und das darauffolgende Muster $\underline{x}_{t+1}$ angeboten; natürlich ist hier zur Einhaltung der Kausalität eine insgesamte zeitliche Verzögerung der Verarbeitung notwendig, bis alle benötigten Vektoren zur Verfügung stehen. Problematisch ist bei dieser Lösung, daß Variationen in der zeitlichen Dauer der Musterverläufe nicht unmittelbar ausgeglichen werden können, sondern im Prinzip alle vom Netz gelernt werden müssen. Daher werden oft Kombinationen von MLPs und "Hidden-Markov"-Modellen (HMM) verwendet /Ben91/; das MLP arbeitet dann eher wie ein Merkmalsextraktor innerhalb eines kurzen Zeitfensters, während das HMM den zeitlichen Verlauf modelliert. Eine Variante ist das "Time Delay Neural Net" (TDNN), das Verzögerungen innerhalb der einzelnen Schichten verwendet und in der Sprachverarbeitung mit Erfolg eingesetzt wurde /Wai89/. Der Backpropagation-Algorithmus kann für diese Netzstrukturen im Prinzip unverändert eingesetzt werden.

Es ist auch möglich, die Muster im Zeittakt durch die einzelnen Schichten zu schicken, wobei zwischen den Schichten Zeitverzögerungen vorhanden sind. Die

Mustervektoren "fließen" damit im Takt durch das Netz von der Eingangs-Schicht zur Ausgangs-Schicht hindurch ("Temporal Flow Model"); typische Anwendungen mit zusätzlichen Selbstübergängen innerhalb der Schichten sind in /Watr87/ beschrieben. Diese Netzwerktopologie hat sich bis jetzt nicht weiter durchgesetzt, darüberhinaus ist eine aufwendige Erweiterung des Backpropagation-Algorithmus' notwendig.

Wie bei jedem Klassifikator birgt auch das Neuronale Netz die Gefahr einer Überadaption in der Trainingsphase. Dies bedeutet, daß bei Anwendung auf eine unabhängige Teststichprobe erhebliche Erkennungsfehler auftreten können, obwohl – oder gerade weil – das Netz an die Lernstichprobe ideal angepaßt ist und dort keine Fehler hervorruft. Dies tritt dann auf, wenn die Zahl der Parameter (hier der Gewichte) im Vergleich zum Umfang der Lernstichprobe zu groß ist; dieser Sachverhalt wurde bereits bei der Betrachtung der Trennbarkeit des linearen Klassifikators in Abschn. 4.1.2 erörtert.

In der Praxis wird daher neben der Lern- und Teststichprobe mit einer zusätzlichen dritten Stichprobe gearbeitet ("Cross Validation"-Stichprobe); mit Hilfe der Erkennungsleistung dieser Stichprobe läßt sich während des iterativen Lernverfahrens feststellen, wann eine Überadaption eintritt. Dies ist dann der Fall, wenn die Erkennungsleistung der dritten Stichprobe wieder absinkt, während die Klassifikationsleistung der Lernstichprobe noch ansteigt oder gleich bleibt. Nur diejenigen Parameterwerte (Gewichte) sind sinnvoll und lassen die Fähigkeit zur Generalisierung auf neue Muster erwarten, die vor dem Einsetzen der Überadaption gewonnen wurden. Anschließend kann mit der unabhängigen Teststichprobe die Erkennungsrate bestimmt werden, mit der in der Anwendungsphase zu rechnen ist.

9. Schlußbetrachtung

Mit den in diesem Buch beschriebenen Verfahren konnte ein funktionstüchtiges automatisches Spracherkennungssystem realisiert werden. Die Wirksamkeit der grundlegenden Methoden der Klassifikation wurde anhand von Vokalspektren demonstriert, die mit Hilfe eines automatischen Segmentierungsverfahrens aus den Silbenzentren entnommen wurden. Die Konsonanten wurden in Form der Konsonantenfolgen als größere Komplexe behandelt und mit Hilfe der Dynamischen Interpolation einem NN-Klassifikator angeboten. Hierbei ist zu berücksichtigen, daß durch die automatische Segmentierung Unsicherheiten und Fehler auftreten können, die sich zwangsläufig in einer Minderung der Erkennungsleistung auswirken. Weiterhin ist es auch vielfach fraglich, ob die Sprachlaute eines Wortes tatsächlich so ausgesprochen wurden, wie es vom Experimentator erwartet wird; die in der Lernphase (unüberwacht) zugeordnete Lautschrift kann dann selbst bereits unzutreffend sein.

Die erzielten Erkennungsraten von größenordnungsmäßig 80% bei 9 Vokalklassen dürfen unter diesem Aspekt als recht gut bezeichnet werden. Um eine fehlerfreie Lernstichprobe zu erhalten, müßte eine individuelle, vom Experimentator überwacht gesteuerte Zuordnung der Lautschrift erfolgen, was aber bei den umfangreichen Wortlisten (1001 Wörter) mit erträglichem Aufwand kaum durchführbar ist. Typische Unsicherheiten bestehen z.B. in solchen Fällen, in denen ein kurzes "e" entweder als /ə/ oder als /ɛ/ gekennzeichnet werden kann. Diese Laute werden später auch besonders häufig verwechselt. Da die Verwechslungen aber in Form der Verwechslungsmatrizen statistisch erfaßt sind, ist eine Korrektur durchaus möglich, wie es in Abschn. 7.3.1 ausführlich dargestellt wurde.

Ein eigener Problemkreis ist die Abhängigkeit des Systems vom jeweiligen Sprecher. Unproblematisch ist die silbenorientierte Segmentierung, die ohne weiteres auf andere Sprecher übertragbar ist und dort vergleichbare Ergebnisse liefert; entsprechende Versuche sind in /Scho80/ beschrieben. Die Sprecherabhängigkeit wirkt sich vor allem auf der Klassifikationsebene aus. Hier müssen entsprechende Muster für Konsonantenfolgen und Vokale bereitgestellt werden, die zu dem jeweiligen Sprecher "passen". Dafür kommen Verfahren in Betracht, die entweder eine Anpassung der Muster des neuen Sprechers an die vorhandene Stichprobe vornehmen /Jasch82/, oder es wird mit einer entsprechend großen Stichprobe gearbeitet, die für viele Sprecher repräsentativ und damit praktisch "sprecherunabhängig" ist. Vorteilhaft wirkt sich bei der hier beschriebenen 2-stufigen Erkennung aus, daß die Lexikonsuche weitgehend mit neutralen Wortmodellen durchgeführt werden kann und daher unabhängig vom

Sprecher ist; die Sprecherabhängigkeit bleibt somit auf die erste Stufe der akustisch-phonetischen Klassifikation beschränkt. Darüberhinaus kann es natürlich sinnvoll sein, spezielle Aussprachevarianten eines Sprechers auch auf der Ebene der lautsprachlichen Codierung des Lexikons zu berücksichtigen.

Obwohl die Sprachstichproben in den vorliegenden Untersuchungen nur von einem Sprecher stammen, sind die Stichproben aber trotzdem in der Lage, die unterschiedliche Leistung der einzelnen Klassifikationsmethoden und Verfahren zur Merkmalsextraktion prinzipiell zu überprüfen. Insbesondere konnte gezeigt werden, daß die optimale Transformation bezüglich der Klassenmittelpunkte die besten Erkennungsraten erzielen kann, wobei nur ein einfacher Minimum-Abstands-Klassifikator nötig ist. Dies ist für die technische Realisierung auf Signalprozessoren äußerst wichtig.

Auch für die Erkennung der Konsonantenfolgen konnten einfache Verfahren gefunden werden (Dynamische Interpolation). Bei der Zuordnung der phonetischen Erkennungsergebnisse zu Aussprachemodellen für Wörter sollte vorzugsweise die Dynamische Programmierung eingesetzt werden, die eine optimale Anpassung der Wortmodelle und gleichzeitig die Bestimmung der besten Wortkette gestattet.

Die in diesem Buch vorgestellten Verfahren zur silbenorientierten Spracherkennung haben sich sowohl auf der akustisch-phonetischen Stufe als auch auf der Lexikonstufe als sehr ökonomisch bezüglich Rechenzeit und Speicherplatz erwiesen. Zur Zeit werden allgemein zwei verschiedene Richtungen besonders intensiv verfolgt: Dies ist zum einen die statistische Modellierung anhand von Markov-Modellen und zum anderen die Extraktion akustischer Merkmale. Beide Verfahren können bei der silbenorientierten Spracherkennung gut eingesetzt und kombiniert werden. Die akustischen Merkmale werden sinnvollerweise zur Klassifikation der Konsonantenfolgen und Vokale herangezogen, während die statistischen Verfahren in der Lexikonstufe eingesetzt werden.

Akustische Merkmale sind auch deshalb besonders wichtig, da hier der Einsatz von Expertensystemen angestrebt wird, die unmittelbar das akustisch-phonetische Wissen auswerten; typische Ansätze werden z.B. in /Zue85/ beschrieben. Durch dieses Vorgehen hofft man auch eine Annäherung an die Verarbeitungsmechanismen des Menschen erreichen zu können; wie aus dem Bereich der perzeptiven Phonetik bekannt ist, sind für den Menschen die akustischen Merkmale von ganz entscheidender Bedeutung bei der Sprachwahrnehmung. Es wird aber sicher noch enormer Anstrengungen bedürfen, bis automatische Systeme eine ähnliche Leistung erreichen können, die der Mensch bei der Verarbeitung von Sprache scheinbar mühelos vollbringt.

10. Zusammenfassung

Das Buch behandelt die grundlegenden Probleme, die bei der automatischen Erkennung gesprochener Sprache auftreten und gelöst werden müssen. Anhand eines entscheidungstheoretischen Ansatzes wird die komplexe Gesamtaufgabe in einzelne Teilaufgaben gegliedert; die Verarbeitungsstufen bestehen aus Vorverarbeitung, Merkmalsextraktion, Segmentierung in sprachliche Einheiten, akustisch-phonetischer Klassifikation, Lexikonstufe und Satzerkennung. Die gehörbezogene Vorverarbeitung liefert Lautheitsspektren, die für die Erkennung der Sprachlaute gut geeignet sind und die als Grundlage für die experimentellen Untersuchungen dienen.

Die wichtigsten Verfahren der Klassifikation werden systematisch zusammengestellt und ihre Wirksamkeit anhand von Lautheitsspektren einzelner Vokale verglichen. Für den linearen Klassifikator werden verschiedene Lernverfahren angegeben. Die besten Erkennungsergebnisse erreichte der "Nächster-Nachbar-Klassifikator", der mehrere Referenzmuster pro Klasse verwendet. Nur wenig schlechter ist der Mahalanobis-Klassifikator, bei dem eine gewichtete Abstandsmessung zum Klassenmittelpunkt erfolgt. Der optimale Klassifikator (Bayes'scher Klassifikator) ist bei Annahme von Normalverteilungen praktisch gleichwertig zum Mahalanobis-Klassifikator.

Einen besonderen Schwerpunkt bilden die Methoden der Merkmalsextraktion. Anhand der diskreten Karhunen-Loève-Reihenentwicklung werden die Eigenschaften der Hauptachsentransformation diskutiert; eine informationstheoretische Betrachtung ermöglicht eine Bewertung der erreichten Informationsreduktion in Form der Pseudo-Entropie. Es wird eine generalisierte Karhunen-Loève-Reihenentwicklung vorgestellt, deren Achsensystem optimal bezüglich der Klassenmittelpunkte liegt und damit die Klassentrennbarkeit berücksichtigt. Im optimalen Achsensystem kann ein einfacher Minimum-Abstands-Klassifikator verwendet werden, der nun dieselbe Erkennungsleistung erreicht wie der aufwendige Nächster-Nachbar-Klassifikator.

Es werden verschiedene Gütemaße besprochen, die eine Bewertung der Trennbarkeit der Klassen ermöglichen. Anschließend wird ein optimales Suchverfahren vorgestellt, das mit Hilfe des Gütemaßes die beste Untermenge der Merkmale liefert (Merkmalsselektion).

Einen größeren Teil des Buches nehmen experimentelle und theoretische Untersuchungen zur Verwendung von Halbsilben als kleinste Verarbeitungseinheiten ein. Die wichtige Rolle der Silbe in der Sprachverarbeitung wird diskutiert.

Es wird ein eigenes Spracherkennungssystem vorgestellt, das Konsonantenfolgen und Vokale als Entscheidungseinheiten einsetzt. Aufgrund der Baugesetze der Sprache ist nur eine bemerkenswert geringe Zahl von Konsonantenfolgen im Silbenanlaut bzw. -auslaut möglich. Das silbenorientierte Spracherkennungssystem wird anhand einer Wortliste der 1001 häufigsten Wörter des Deutschen getestet. Darüberhinaus werden systematische Untersuchungen zur Klassifizierbarkeit der Konsonantenfolgen mit einer Wortliste durchgeführt, die die wichtigsten Konsonantenfolgen in Verbindung mit allen 8 deutschen Langvokalen enthält. Für die Klassifikation der Konsonantenfolgen ist ein Verfahren zur Dynamischen Interpolation gut geeignet. In einem alternativen Ansatz werden akustische Merkmale aus den Halbsilben extrahiert, die die wichtigsten zeitlichen und spektralen Charakteristika der Konsonanten erfassen. Die Beschreibung anhand akustischer Merkmale benötigt zwar wesentlich weniger Komponenten, die Erkennungsrate sank aber im Vergleich zur Verwendung von Gesamtmustern um 4-7% ab.

Die klassifizierten Konsonantenfolgen und Vokale werden in einer Lexikonstufe zu Wörtern kombiniert, wobei die möglichen Verwechslungen des Klassifikators entweder mit Hilfe von Rückschlußwahrscheinlichkeiten beschrieben oder die Ähnlichkeiten anhand von spektralen Prototypen abgeschätzt werden.

Im weiteren wird ein System zur Erkennung ganzer Sätze vorgestellt. Zum Einsatz kommt ein 1-stufiges Verfahren der Dynamischen Programmierung, das die optimale Zuordnung der klassifizierten Einheiten zu den Wörtern des Lexikons und die Bestimmung der besten Wortkette in einem einzigen Schritt löst. Jedes Wort des Lexikons ist als Aussprachemodell in Form eines Graphen realisiert. Die Verwandtschaft dieser Repräsentation mit Markov-Modellen wird aufgezeigt. Die silbenorientierte Verarbeitung erweist sich auch hier als sehr ökonomisch. Wird eine feste Syntax vorgegeben, so kann die Satzerkennungsstufe zusätzlich so erweitert werden, daß nur syntaktisch richtige Wortfolgen akzeptiert werden.

Die wichtigsten Verfahren zur Klassifikation von zeitlichen Musterverläufen, die bei der Erkennung von Sprachlauten, von Silbenteilen und ganzen Wörtern benötigt werden, sind als Ergänzung am Schluß in Abschn. 8 zusammengestellt. Hier werden die grundlegenden Algorithmen der "Dynamischen Programmierung", der "Hidden-Markov"-Modelle und der Neuronalen Netze behandelt, da diese Methoden in der Praxis inzwischen große Bedeutung erlangt haben.

11. Verzeichnis der wichtigsten mathematischen Symbole

Allgemeine Notation:

a	Skalare Größe
$\underline{a}$	Vektor
$\underline{A}$	Matrix
$\underline{A}'$	transponierte Matrix

Verwendete Symbole:

$\underline{x}$	Datenvektor, Merkmalsvektor, Muster
$x_1 \ldots x_N$	Merkmalskomponenten, Merkmale
N	Dimensionalität, Zahl der Komponenten
r	reduzierte Zahl der Komponenten
M	Gesamtzahl der Muster
$\underline{X}$	Datenmatrix mit $\underline{X} = (\underline{x}_1, \underline{x}_2, \ldots, \underline{x}_M)$
$\underline{m}$	Mittelwertsvektor, Mittelpunktsvektor
$\underline{y}$	transformierter Datenvektor, Merkmalsvektor
K	Gesamte Klassenzahl
k	laufende Klassennummer
$d(\underline{x})$	Entscheidungsfunktion
$\sigma_{\mu\mu}$	Varianzen
$\sigma_{\mu\nu}$	Kovarianzen
$\underline{C}$	Kovarianzmatrix
$\underline{S}$	Scattermatrix
ϱ	Abstandsmaß
$p(\underline{x},k)$	multivariate Wahrscheinlichkeitsdichte-Funktion
$p(\underline{x}|k)$	klassenspezifische Verteilung
$p(k)$	Auftretenswahrscheinlichkeit der Klasse k
$J(.)$	Gütemaß eines Merkmals oder einer Menge von Merkmalen
$E\{.\}$	Erwartungswert einer Zufallsgröße
$e(\underline{x})$	Fehlerwahrscheinlichkeit
E	mittlere Fehlerrate
E^*	mittlere Fehlerrate des optimalen Klassifikators

12. Literatur

Bah75: BAHL, L.R., und JELINEK, F., Decoding for channels with insertions, deletions and substitutions, with application to speech recognition. IEEE Vol. IT-21, 404-411 (1975).

Bah80: BAHL, L.R. et al., Further results on the recognition of a continuously read natural corpus. IEEE Int. Conf. Acoust., Speech and Signal Process., 872-875, (1980).

Bah83: BAHL, L.R., JELINEK, F. und MERCER, R.L., A maximum likelihood approach to continuous speech recognition. IEEE Trans. Patt. Anal. and Masch. Intell. vol. 5, 179-190 (1983).

Bah86: BAHL, L.R., BROWN, P.F., DeSOUZA, P.V. und MERCER, R.L., Maximum mutual information estimation of Hidden Markov Model parameters for speech recognition. IEEE ICASSP, Tokio, 49-52 (1986).

Bak75: BAKER, J.K., The DRAGON system - an overview. IEEE Trans. ASSP-23, 24-29, (1975).

Bak84: BAKER, J.K., BAKER, J.M., ROTH, R. und BAMBERG, P.G., Cost-effective speech processing. IEEE ICASSP, San Diego, 9.7.1-4 (1984).

Bau70: BAUM, L.E., PETRIE, T. SOULES, G. und WEISS, N., A maximization technique occurring in the statistical analysis of probabilistic functions of Markov chains. Ann. of Mathematical Statistics, 41(1), 164-171 (1970).

Bau72: BAUM, L.E., An inequality and associated maximization technique in statistical estimation for probabilistic functions of Markov processes. Inequalities, Vol.3, 1-8 (1972).

Ben91: BENGIO, Y., DeMORI, R., FLAMMIA, G. und KOMPE, R., Phonetically motivated acoustic parameters for continuous speech recognition using artificial neural networks. Europ. Conference on Speech Communication and Technology, Genua, Vol. 2, 551-554 (1991).

Bla79: BLADON, R.A.W. and Lindblom, B., Spectral and temporal-domain questions for an auditory model of vowel perception. Proc. Autumn Meeting of the Institute of Acoustics, Windermere GB, 79-83 (1979).

Bri82: BRIDLE, J.S., BROWN, M.D., und CHAMBERLAIN R.M., An algorithm for connected word recognition. IEEE ICASSP Paris, 899-902 (1982).

Che76: CHEN, C.H., On information and distance measures, error bounds and feature selection. Inf. Science, Vol. 10, 159-171 (1976).

Com81: Computer "lernen" Sprechen und Hören. Markt&Technik Nr.42, München, 64-83 (1981).

Cov67: COVER, T.M. und HART, P.E., Nearest neighbor pattern classification. IEEE Trans. Vol. IT-13, 21-27 (1967).

Dav80: DAVIS, S.B. und MERMELSTEIN, P., Comparison of paramteric representations for monosyllabic word recognition in continuously spoken sentences. IEEE Trans. Vol. ASSP-28, No. 4, 357-366 (1980).

Del68: DELATTRE, P.C., From acousic cues to distinctive features. Phonetica 18, 198-230 (1968).

DeMo76: DeMORI, R., LAFACE, P. und PICCOLO, E., Automatic detection and description of syllabic features in continuous speech. IEEE Trans. Vol. ASSP-24, 365-379 (1976).

DeMo77: DeMORI, R., Syntactic recognition of speech patterns. In: K.S. Fu, ed., Syntactic pattern recognition applications, Springer-Verlag, 65-94, (1977).

DeMo79: DeMORI, R., Recent advances in automatic speech recognition. Signal Processing, Bd. 1, 95-123 (1979).

DeMo83: DeMORI, R., Computer models of speech using fuzzy algorithms. Plenum Press, New York (1983).

Det84: DETTWEILER, H., Automatische Sprachsynthese deutscher Wörter mit Hilfe von silbenorientierten Segmenten. Dissertation, Techn. Universität München (1984).

Det85: DETTWEILER, H. und HESS, W., Concatenation rules for demisyllable speech synthesis. Acustica, Vol. 57, 268-283 (1985).

Dev82: DEVIJVER, P.A. und KITTLER, J., Pattern recognition: a statistical approach. Prentice Hall (1982).

Dod81: DODDINGTON, G.R. und SCHALK, T.B., Speech recognition: turning theory to practice. IEEE Spectrum, Vol. 18, No. 9, 26-32 (1981).

Dud62: DUDEN, Aussprachewörterbuch. Der Große Duden, Band 6, Bibliogr. Inst. Mannheim (1962).

Eul92: EULER, S. und ZINKE, J., Experiments on the use of the generalized pro-babilistic descent method in speech recognition. Int. Conference on Spoken Language Processing ICSLP-92, Banff/Kanada, 12.-16. Okt., 157-160 (1992).

Fuj75: FUJIMURA, O., Syllable as a unit of speech recognition. IEEE Trans. ASSP-23, 82-87, (1975).

Fuk69: FUKUNAGA, K. und KRILE, T.F., Calculation of Bayes' recognition error for two multivariate Gaussian distributions. IEEE Trans. Comp. C-18, 220-229 (1969).

Fuk72: FUKUNAGA, K. Introduction to statistical pattern recognition. Academic Press (1972).

Gal65: GALLAGER, R.G., a simple derivation of the coding theorem and some applications. IEEE Trans. Inf. Theory IT-11, 3-18 (1965).

Gey84: GEYWITZ, H.-J., Automatische Erkennung fließender Sprache mit silben-orientierten Einheiten. Dissertation, Techn. Universität München (1984).

Ham66: HAMMARSTRÖM, G., Linguistische Einheiten im Rahmen der modernen Sprach-wissenschaft. In "Kommunikation und Kybernetik in Einzeldarstellungen", (Hrsg. H.Wolter und W.D.Keidel), Band 5, Springer-Verlag (1966).

Hat86: HATON, J.P., LAPRIE, Y., Pierrel, J.M., RUSKE, G. und WEIGEL, W., Application of the demisyllable approach to French and German continuous speech recognition. Int. Conf. Pattern Recognition, Paris, 54-56 (1986).

Hei82: HEIN, H.W., The Erlangen speech understanding project. In: Aut. Speech Analysis and Recognition, J.P. Haton (ed.), D. Reidel Publ. Comp., 239-251 (1982).

Ho65: HO, Y.-C. und KASHYAP, R.L., An algorithm for linear inequalities and its applications. IEEE Trans. Vol. C-14, 683-688 (1965).

Hög84: HÖGE, H., New filter bank design for a channel vocoder based on the perceptional properties of the human ear. Siemens Forsch.-u.Entwickl.-Ber. Bd. 13 Nr.2, Springer-Verlag, 68-73 (1984).

Hög86: HÖGE, H. und NEY, H., Das Projekt SPICOS: Organisation und Systemarchitektur. Kleinheubacher Berichte 29 (ISSN 0343-5725), 29-36 (1986).

Hua92: HUANG, X.D., Phoneme classification using semicontinuous Hidden Markov Models. IEEE Trans. on Signal Processing, Vol. 40, No. 5, 1062-1067 (1992).

Hun80: HUNT, M.J, LENNIG, M. und MERMELSTEIN, P., Experiments in syllable-based recognition of continuous speech. IEEE Int. Conf. on Acoustics, Speech and Signal Processing, Denver, 880-883, (1980).

Ita75: ITAKURA, F., Minimum prediction residual principle applied to speech recognition. IEEE Trans. ASSP-23, 67-72 (1975).

Jasch75: JASCHUL, J., Ein Verfahren zur Optimierung linearer Klassifikatoren. Diplomarbeit, Lehrst. f. Datenverarbeitung, Techn. Univ. München (1975).

Jasch82: JASCHUL, J., Adaption vorverarbeiteter Sprachsignale zum Erreichen der Sprecherunabhängigkeit automatischer Spracherkennungssysteme. Dissertation, Techn. Universität München (1982).

Jel76: JELINEK, F., Continuous speech recognition by statistical methods. Proc. IEEE, Vol. 64(4), 532-556 (1976).

Jua85: JUANG, B.H., Maximum-likelihood estimation for mixture multivariate stochastic observations of Markov chains. AT&T Technical Journal, Vol. 64, No. 6, 1235-1249 (1985).

Kae98: KAEDING, F.W., Häufigkeitswörterbuch der deutschen Sprache, (Selbstverlag des Herausgebers), Steglitz bei Berlin (1898).

Kitt73: KITTLER, J. und YOUNG, P.C., A new approach to feature selection based on the Karhunen-Loève expansion. Patt. Recognition, Vol. 5, 335-352 (1973).

Kla77: KLATT, D.H., Review of the ARPA speech understanding project. J. Acoust. Soc. Am. 62, 1345-1366, (1977).

Kla79: KLATT, D.H., Speech perception: A model of acosustic-phonetic analysis and lexical access. Journal of Phonetics 7, 279-312, (1979).

Klein70: KLEIN, W., PLOMP, R. und POLS, L.C.W., Vowel spectra, vowel spaces, and vowel identification. JASA 48, No.4, 999-1009 (1970).

Kuh81: KUHN, M.H., TOMASCHEWSKI, H. und NEY, H., Fast nonlinear time alignment for isolated word recognition. IEEE ICASSP, 736-740 (1981).

Läng77: LÄNGLE, D., Sprachübertragung mit grundfrequenzsynchroner Blockquantisierung. Dissertation, Techn. Universität München (1977).

Lea80: LEA, W.A., Trends in speech recognition. Prentice Hall, Englewood Cliffs, N.J. (1980).

Lev83a: LEVINSON, S.E., RABINER. L.R. und SONDHI, M.M., An introduction to the application of the theory of probabilistic functions of a Markov process to automatic speech recognition. Bell System Techn. Journal, Vol. 62(4), 1035-1074 (1983).

Lev83b: LEVINSON, S.E., RABINER. L.R. und SONDHI, M.M., Speaker independent isolated digit recognition using hidden Markov models. IEEE ICASSP 1049-1052 (1983).

Lip87: LIPPMANN, R., An introduction to computing with neural nets. IEEE ASSP Magazine 4(2), 4-22 (1987).

Low80: LOWERRE, B. und REDDY, R., The Harpy speech understanding system. In: Trends in Speech recognition, Prentice Hall (W.A. Lea, ed.), 340-360 (1980).

Mak85: MAKINO, S., HOMMA, S. und KIDO, K., Speaker independent word recognition system based on phoneme recognition for a large size (212 words) vocabulary. Journ. Acoust. Soc. Japan (E) 6, Vol.3, 171-180 (1985).

Man79: MANGOLD, H., STALL, D.S. und ZELINSKI, R., Computer lernen hören und sprechen. Wiss. Berichte AEG Telefunken, Bd. 52, 3-10 (1979).

Mar87: MARSCHALL, E. und SCHMIDBAUER, O., Berücksichtigung von akustisch-phonetischen Ambiguitäten bei einer bottom-up Worthypothesen-Generierung. Jahrestag. d. Ges. f. Ling. Datenv. (GLDV), Bonn, Olms-Verlag Hilesheim, 117-124 (1987).

Mark76: MARKEL, J.D. und GRAY, A.H., Linear prediction of speech. Communications and Cybernetics, Vol. 12, Springer-Verlag (1976).

Mat67: MATUSITA, K., On the notion of affinity of several distributions and of some of its applications. Ann. Inst. Statist. Math. 19, 181-192 (1967).

McCan74: McCANDLESS, S.S, An algorithm for automatic formant extraction using linear prediction spectra. IEEE Trans. Vol. ASSP-22, 135-141 (1974).

Mei67: MEIER, H., Deutsche Sprachstatistik. Olms, Hildesheim (1967).

Meis72: MEISEL, W.S., Computer-oriented approaches to pattern recognition. Academic Press (1972).

Mer75: MERMELSTEIN, P., Automatic segmentation of speech into syllabic units. JASA 58, 880-883 (1975).

Mer78: MERMELSTEIN, P., On the relationship between vowel and consonant identification when cued by the same acoustic information. Percept. Psychophys. 23, 331-336, (1978).

Mey70: MEYER-BRÖTZ, G. und SCHÜRMANN, J., Methoden der automatischen Zeichenerkennung. Oldenbourg-Verlag, München (1970).

Ney84: NEY, H., The use of a one-stage dynamic programming algorithm for connected word recognition. IEEE Trans. ASSP-32, No. 2, 263-271 (1984).

Nie83: NIEMANN, H., Klassifikation von Mustern. Springer-Verlag, Berlin (1983).

Nie84: NIEMANN, H., BRIETZMANN, A., HEIN, H.-W., MÜHLFELD, R. und REGEL, P., A system for understanding continuous German speech. Inform. Sciences, Vol. 33 No. 1.u.2., 87-113 (1984).

Nie85: NIEMANN, H., BRIETZMANN, A., MÜHLFELD,R. REGEL, P. und SCHUKAT, G., The speech understanding and dialog sytem EVAR. In: New Systems and Architectures for Automatic Speech Recognition and Synthesis (R.DeMori, S.Y.Suen, Eds.), NATO ASI Series F16, Springer-Verlag, 271-302 (1985).

Pau73: PAULUS, E. und LÄNGLE, D., Die Anwendung der Karhunen-Loève-Entwicklung für die digitale Sprachanalyse und -synthese. Tagungsbericht "Signalverarbeitung" (Hrsg. W.Schüßler), Erlangen, 354-361 (1973).

Pau76: PAULUS, E., Methoden der digitalen Verarbeitung und automatischen Klassifizierung kontinuierlicher Signale. Habilitationsschrift, Techn. Universität München (1976).

Pöp80: PÖPPL, S.J., Abstandsmaße und Fehlklassifikationswahrscheinlichkeiten bei Zuordnungsverfahren für die computerunterstützte, ärztliche Diagnostik. Habilitationsschrift, Techn. Universität München (1980).

Pöp82: PÖPPL, S.J., Distance measures of distributions and classification oriented feature selection. Proc. IEEE Comp. Soc. Int. Sympos. on Medical Imaging and Image Interpret., Berlin, 368-376 (1982).

Que86: QUENOT, J.-L.G., GANGOLF, J.J. und MARIANI, J., A dynamic time warp VLSI processor for continuous speech recognition IEEE Int. Conf. Acoust., Speech and Signal Process., 1549-1552 (1986).

Rab85: RABINER, L.R. und LEVINSON, S.E., A speaker-independent, syntax-directed connected word recognition system based on hidden Markov models and level building. IEEE Trans. Vol. ASSP-33, 561-573 (1985).

Rab86: RABINER, L.R. und JUANG, B.H., An introduction to Hidden Markov Models. IEEE ASSP Magazine, Vol. 3, No. 1, 4-16 (1986).

Rab89: RABINER, L.R., A tutorial on Hidden Markov Models and selected applications in speech recognition. Proceedings of the IEEE, Vol. 77, No. 2, 257-286 (1989).

Red76: REDDY, D.R., Speech recognition by machine: a review. Proceedings IEEE, Vol. 64, 501-531 (1976).

Rie81: RIETVELD, A.C.M., A simple syllable detector. Proc. of the Inst. of Phonetics, Cath. Univers. Nijmegen, Vol. 5, 130-141 (1981).

Ros60: ROSENBLATT, F., Perceptron simulation experiments. Proc. of the IRE, Vol. 48, No. 3 (1960).

Ros81: ROSENBERG, A.E., RABINER, L.R., LEVINSON, S.E. und WILPON, J.G., A preliminary study on the use of demisyllables in automatic speech recognition. IEEE Int. Conf. on Acoustics, Speech and Signal Processing, Atlanta, 967-970 (1981).

Rum86 RUMELHART, D. und McCLELLAND, J., Parallel distributed processing: explorations in the microstructure of cognition. Volume 1 und 2, Cambrigde, MA, MIT Press (1986).

Rus78: RUSKE, G. und SCHOTOLA, T., An approach to speech recognition using syllabic decision units. IEEE Int. Conf. on Acoustics, Speech and Signal Processing, Tulsa, 722-725 (1978).

Rus81: RUSKE, G. und SCHOTOLA, T., The efficiency of demisyllable segmentation in the recognition of spoken words. IEEE Int. Conf. on Acoustics, Speech and Signal Processing, Atlanta, 971-974 (1981)

Rus82: RUSKE, G., Auditory perception and its application to computer analysis of speech. In: Computer Analysis and Perception, Vol. II, Auditory Signals, (C.Y. Suen and R. De Mori, eds.), CRC-Press, Boca Raton, Florida, 1-42 (1982).

Rus83: RUSKE, G., On the usage of demisyllables in automatic speech recognition. In: SIGNAL PROCESSING II: Theories and Applications, H. W. Schüßler (Ed.), Elsevier Science Publishers B.V. (North-Holland), 419-422 (1983).

Rus84: RUSKE, G., Wörterbuchsuche mit spektralen Repräsentanten als Korrekturstufe in einem automatischen Spracherkennungssystem. 7.DFG-Kolloquium "Digitale Sprachverarbeitung", Hannover, 81-84 (1984).

Rus85a: RUSKE, G., Skriptum zur Vorlesung "Datenanalyse und Informationsreduktion". Lehrst. F. Datenverarbeitung, Techn. Universität München (1985).

Rus85b: RUSKE, G., Demisyllables as processing units for automatic speech recognition and lexical access. In: "New Systems and Architectures for Automatic Speech Recognition and Synthesis" (R. DeMori and C.Y. Suen, eds.), Springer-Verlag, 593-611 (1985).

Rus86: RUSKE, G. und WEIGEL, W., Automatic recognition of spoken sentences using a demisyllable dynamic programming algorithm. 12th International Congress on Acoustics, Toronto, paper A1-5, (1986).

Rus92: RUSKE, G. und BEHAM, M., Gehörbezogene automatische Spracherkennung. In: "Sprachliche Mensch-Maschine-Kommunikation", (H. Mangold, Hrsg.), Oldenbourg-Verlag, München Wien, 33-47 (1992).

Sak78: SAKOE, H. und CHIBA, S., Dynamic programming algorithm optimization for spoken word recognition. IEEE Trans. Vol. ASSP-26, No.1, 43-49 (1978).

Schie81: SCHIELE, W., Korrektur falsch klassifizierter Halbsilben in einem Worterkennungssystem durch geometrische Abstandsmessungen. Diplomarbeit, Lehrst. f. Datenverarbeitung, Techn. Universität München (1981).

Schmi87: SCHMIDBAUER, O., Syllable-based segment-hypotheses generation in fluently spoken speech using gross articulatory features. IEEE Int. Conf. on Acoustics, Speech and Signal Processing, Dallas, 391-394 (1987).

Scho80: SCHOTOLA, T., Silbenanlautende und silbenauslautende Konsonantenfolgen als Entscheidungseinheiten für die automatische Spracherkennung. Dissertation, Techn. Universität München (1980).

Scho84: SCHOTOLA, T., On the use of demisyllables in automatic word recognition. Speech Communication 3, North-Holland Publ., 63-87 (1984).

Schra75: SCHRAG, R., Ein System zur automatischen Erkennung isoliert gesprochener Wörter. Dissertation, Techn. Universität München (1975).

Schü77: SCHÜRMANN, J., Polynomklassifikatoren für die Zeichenerkennung. Oldenbourg-Verlag, München (1977).

Schwa84: SCHWARTZ, R., CHOW, Y., ROUCOS, S., KRASNER, M. und MAKHOUL, J., Improved hidden Markov modeling of phonemes for continuous speech recognition. IEEE ICASSP, 35.6.1-4 (1984).

Seck86: SECK, R., und RUSKE, G., Structure of German syllable initial and final consonant clusters based on articulatory features. Speech communication 5, 347-354 (1986).

Stra76: STRANGE, W.R.R., SHANKWEILER, D. und EDMAN, T.R., Consonant environment secifies vowel identity. JASA 60, 213-224 (1976).

Stu79: STUDDERT-KENNEDY, M., Speech perception. Status Report on Speech Research, SR-59/60, 1-22 (1979).

Übe68: ÜBERLA, K., Faktorenanalyse. Springer-Verlag (1968).

Vin71: VINTSYUK, T.K., Element-wise recognition of continuous speech composed of words from a specified dictionary. Translation from Kibernetika (Cybernetics), No.2, 133-143 (1971, orig. article 1970).

Vog75: VOGEL, A., Ein gemeinsames Funktionsschema zur Beschreibung der Lautheit und der Rauhigkeit. Biol. Cybernetics 18, 31-40 (1975).

Wag81: WAGNER, M., Automatic labelling of continuous speech with a given phonetic transcription using dynamic programming algorithms. IEEE ICASSP, Atlanta, 1156-1159 (1981).

Wai89: WAIBEL, A., HANAZAWA, T., HINTON, G., SHIKANO, K. und LANG, K., Phoneme recognition using time-delay neural networks. IEEE Trans. Acoustics, Speech and Signal Processing, Vol. 37, 328-339 (1989).

Wat65: WATANABE, S., Karhunen-Loève expansion and factor analysis. Trans. 4th Prague Conf. on Information Theory (1965).

Watr87: WATROUS, R. und SHASTRI, L., Learning phonetic features using connectionist networks: an experiment in speech recognition. Proc. of the IEEE International Neural Networks Conference, San Diego, 381-388 (1987).

Wein75: WEINSTEIN, C.J., et al., A system for acoustic-phonetic analysis of continuous speech. IEEE Trans. Vol. ASSP-23, 54-67 (1975).

Wel80: WELCH, J.R., Automatic speech recognition - putting it to work in industry. IEEE Computer, 65-73 (1980).

Whi76: WHITE, G.M und NEELY, R.B., Speech recognition experiments with linear prediction, bandpass filtering and dynamic programming. IEEE Trans. Vol. ASSP-24, No. 2, 183-188 (1976).

Zoi84: ZOICAS, A., Chipsatz erkennt gesprochene Wörter. Elektronik 23, 166-170 (1984).

Zue85: ZUE, V., The use of speech knowledge in automatic speech recognition. Proc. IEEE Vol. 73, No. 11, 1602-1615 (1985).

Zwi61: ZWICKER, E., Subdivision of the audible frequency range into critical bands (Frequenzgruppen). JASA 33, 248 (1961).

Zwi77: ZWICKER, E., Procedure for calculating loudness of temporally variable sounds. JASA, Vol. 62, 675-682 (1977).

Zwi79: ZWICKER, E., TERHARDT, E. und PAULUS, E., Automatic speech recognition using psychoacoustic models. JASA 65, 487-498 (1979).

13. Anhang

A: Liste der 1001 häufigsten Wörter des Deutschen

1	ab	Abend	aber	Abgeordnete	Abgeordneten
6	Abgeordneter	Absatz	Absicht	ach	alle
11	allein	allem	allen	aller	allerdings
16	alles	allgemeine	allgemeinen	als	also
21	alte	alten	alter	am	an
26	andere	anderen	anderer	anderes	andern
31	anders	andre	Anfang	angenommen	Annahme
36	Ansicht	Anspruch	Antrag	Antwort	Anwendung
41	Anzahl	Arbeit	arbeiten	Arbeiter	arm
46	arme	Armee	armen	Art	Artikel
51	Artillerie	auch	auf	Aufgabe	aufs
56	Auge	Augen	Augenblick	August	aus
61	Ausdruck	Ausführung	außer	außerdem	bald
66	Batterieen	Bedarf	Bedenken	Bedeutung	Befehl
71	befindet	bei	beide	beiden	beim
76	Beispiel	bekannt	bereits	besitz	besondere
81	besonders	besser	beste	bestehen	besteht
86	besten	bestimmt	bestimmten	Bestimmung	Bestimmungen
91	Bewegung	bezeichnet	Beziehung	Bezug	Bild
96	bilden	bildet	Bildung	bin	bis
101	bisher	bist	Bitte	bitten	bleiben
106	bleibt	Blick	blieb	bloß	Blut
111	Boden	brachte	Brief	Briefe	bringen
116	bringt	Bruder	Buch	Charakter	da
121	dabei	dachte	dadurch	dafür	dagegen
126	daher	dahin	damals	damit	Dank
131	dann	daran	darauf	daraus	darf
136	darin	darüber	darum	das	daß
141	dasselbe	davon	dazu	dein	deine
146	deinem	deinen	deiner	dem	demselben
151	den	denen	denken	denn	dennoch
156	denselben	der	deren	dergleichen	derselbe
161	derselben	des	deshalb	desselben	dessen
166	desto	deutsche	deutschen	dich	Dichter
171	die	diejenigen	dienen	dies	diese
176	dieselbe	dieselben	diesem	diesen	dieser
181	dieses	Dinge	dir	Division	doch
186	Doktor	dort	drei	dritten	du
191	dürfen	dürfte	durch	durchaus	eben
196	ebenfalls	ebenso	ehe	Ehre	eigene
201	eigenen	eigentlich	ein	einander	eine
206	einem	einen	einer	eines	einfach
211	Einfluß	einige	einigen	einmal	einst
216	eintreten	einzelne	einzelnen	einzige	Ende
221	endlich	entfernt	entgegen	enthalten	entweder
226	er	Erde	erfahren	Erfahrung	Erfolg
231	erhalten	erhielt	erkennen	erklären	erklärt
236	Erklärung	ernst	erreichen	erreicht	erscheinen
241	erscheint	erschien	erst	erste	ersten
246	erster	erwarten	es	etwa	etwas
251	euch	euer	eure	Fällen	fällt
256	Fall	Falle	fallen	Familie	fand
261	fast	fehlt	Feind	Feinde	ferner
266	fest	Feuer	fiel	Figur	finden
271	findet	Flügel	folge	folgen	folgende
276	folgenden	folgt	Form	fort	Fräulein
281	Frage	fragen	fragte	französische	französischen

286	Frau	Frauen	frei	freien	Freiheit
291	freilich	fremden	Freude	Freund	Freunde
296	Frieden	früh	früher	früheren	führen
301	führt	führte	fünf	für	Fürst
306	Fürsten	fuhr	Fuß	gab	ganz
311	ganze	ganzen	gar	geben	Gebiete
316	geblieben	gebracht	Gebrauch	Gedanken	Gefahr
321	gefallen	Gefühl	geführt	gefunden	gegeben
326	gegen	gegenüber	Gegenwart	gehabt	gehalten
331	gehen	gehört	geht	Geist	gekommen
336	Geld	Gelegenheit	gemacht	Gemeinde	Gemeinden
341	genannt	genau	General	genommen	genug
346	gerade	gern	gesagt	Geschäft	Geschäfte
351	geschehen	Geschichte	geschieht	geschrieben	gesehen
356	Gesellschaft	Gesetz	Gesetze	Gesetzes	gesetzt
361	Gesicht	Gestalt	gestellt	gestern	getan
366	Gewalt	gewesen	gewinnen	gewiß	gewisse
371	Gewissen	gewöhnlich	geworden	gibt	gilt
376	ging	Glaube	glauben	glaubte	gleich
381	gleichen	Glück	glücklich	Gott	Gottes
386	Grade	Graf	Größe	größere	größeren
391	größte	größten	groß	große	großen
396	großer	Grund	Grunde	Grundlage	Grundsatz
401	gut	gute	guten	guter	gutes
406	Hab	habe	haben	habt	Hälfte
411	hält	Hände	hätte	hätten	häufig
416	halte	halten	Hand	handelt	hast
421	hat	hatte	hatten	Haus	Hause
426	Hauses	heißt	her	heraus	Herr
431	Herren	Herrn	hervor	Herz	Herzen
436	Herzog	heute	heutigen	hielt	hier
441	Hilfe	Himmel	hin	hinaus	hinein
446	hinter	hoch	höchst	Höhe	höheren
451	hören	Hoffnung	hohen	ich	ihm
456	ihn	ihnen	ihr	ihre	ihrem
461	ihren	ihres	im	immer	in
466	indem	indessen	Infanterie	innerhalb	innern
471	ins	insbesondere	Interesse	Interessen	irgend
476	ist	ja	Jahr	Jahre	Jahren
481	Jahres	je	jede	jedem	jeden
486	jedenfalls	jeder	jedes	jedoch	jemand
491	jene	jenen	jener	jenes	jetzt
496	Jugend	junge	jungen	Kaiser	kam
501	kamen	kampf	kann	kannst	kaum
506	kein	keine	keinem	keinen	keiner
511	keineswegs	kennen	Kenntnis	Kind	Kinder
516	Kirche	klar	kleine	kleinen	König
521	Königs	könne	können	könnte	könnten
526	Körper	kommen	Kommission	kommt	konnte
531	konnten	Kopf	Korps	kosten	Kräfte
536	Kraft	Kreise	Krieg	Kriege	Künstler
541	Kunst	kurz	länger	läßt	lag
546	Lage	Land	Lande	lang	lange
551	langen	laß	lassen	laufe	Leben
556	Lebens	lediglich	Lehrer	leicht	leiden
561	leider	lesen	letzte	letzten	letztere
566	letzteren	Leute	Licht	liebe	lieben
571	lieber	liegen	liegt	ließ	Linie
576	linken	links	los	Luft	machen
581	macht	machte	Mädchen	Männer	mag

586	Mai	mal	man	manche	mann
591	Mark	Maße	Maßregeln	mehr	mehrere
596	mein	meine	meinem	meinen	meiner
601	meines	Meinung	meist	meisten	Menge
606	Mensch	Menschen	Meter	mich	Millionen
611	Minister	mir	mit	Mitglieder	Mitte
616	Mittel	möchte	möge	mögen	möglich
621	Möglichkeit	möglichst	morgen	Mühe	müße
626	müssen	müßte	muß	mußte	mußten
631	Mut	Mutter	nach	nachdem	Nacht
636	nächsten	Nähe	näher	nämlich	nahe
641	nahm	Name	Namen	namentlich	Nation
646	natürlich	Natur	neben	nehmen	nein
651	nennen	neu	neue	neuen	nicht
656	nichts	nie	nieder	niemals	niemand
661	nimmt	noch	nötig	Not	notwendig
666	Nummer	nun	nunmehr	nur	ob
671	oben	obgleich	oder	öffentlichen	oft
676	ohne	Ordnung	Ort	Paar	Paragraph
681	Paragraphen	Partei	Person	Personen	Pflicht
686	Platz	plötzlich	politischen	Preis	preußischen
691	Prozent	Rat	Raum	Recht	Rechte
696	rechten	rechts	Rede	reden	Regel
701	Regierung	reich	Reihe	rein	Reise
706	richtig	Richtung	rief	Rücksicht	Ruhe
711	ruhig	Sache	sage	sagen	sagt
716	sagte	sah	schaffen	scheint	Schicksal
721	schien	Schlacht	schließlich	Schloß	schnell
726	schön	schöne	schönen	schon	schreiben
731	Schrift	Schritt	Schuld	Schule	schwer
736	Schwester	Seele	sehe	sehen	sehr
741	sei	seid	seien	sein	seine
746	seinem	seinen	seiner	seines	seit
751	seite	Seiten	selber	selbst	selten
756	setzen	setzt	setzte	sich	sicher
761	Sicherheit	sie	sieht	sind	Sinn
766	Sinne	so	sobald	sogleich	Sohn
771	solche	solchen	solcher	solches	soll
776	solle	sollen	sollte	sollten	sondern
781	Sonne	sonnen	sonst	soweit	sowie
786	sowohl	später	Spitze	sprach	Sprache
791	sprechen	spricht	Staat	Staaten	Stadt
796	Stand	Stande	standen	stark	statt
801	stehen	steht	Stelle	stellen	stellt
806	Stellung	stets	Stimme	Stimmen	Straße
811	Stück	Stunde	Stunden	suchen	sucht
816	Tätigkeit	Tag	Tage	tagen	tat
821	Teil	Teile	teils	tief	Tochter
826	Tod	Tode	tragen	trat	treffen
831	treten	tritt	trotz	Truppen	tun
836	tut	über	überall	überhaupt	Überzeugung
841	übrigen	übrigens	Uhr	um	Umständen
846	und	unmöglich	uns	unser	unsere
851	unseren	unserer	unseres	unserm	unsern
856	unsre	unten	unter	Urteil	Vater
861	Verbindung	Verfahren	vergessen	Verhältnis	Verhältnisse
866	Verhältnissen	Verkehr	verlangen	verlassen	verloren
871	vermögen	verschiedene	verschiedenen	Vertrauen	viel
876	viele	vielen	vielfach	vielleicht	vielmehr
881	vier	völlig	Volk	voll	vollkommen

886	vollständig	vom	von	vor	vorhanden
891	vorher	Vorteil	während	wäre	wären
896	Waffen	wagen	Wahl	wahr	Wahrheit
901	war	ward	Ware	waren	warum
906	was	Wasser	Wechsel	weder	weg
911	Wege	Wegen	weil	Wein	Weise
916	weiß	weit	weiter	weitere	weiteren
921	welche	welchem	welchen	welcher	welches
926	Welt	wenig	wenige	wenigen	weniger
931	wenigstens	wenn	wer	werde	werden
936	Werk	Werke	Wert	Wesen	wesentlich
941	wie	wieder	will	Willen	wir
946	wird	wirken	wirklich	Wirkung	wirst
951	wissen	Wissenschaft	wo	Wochen	wohl
956	wolle	wollen	wollte	wollten	worden
961	Worte	Worte	Worten	Wünsche	Wünschen
966	würde	würden	Wunsch	wurde	wurden
971	wußte	Zahl	Zeichen	zeigen	zeigt
976	Zeit	Zeiten	ziehen	zieht	Ziel
981	ziemlich	Zimmer	zog	zu	zuerst
986	zugleich	Zukunft	zuletzt	zum	zunächst
991	zur	zurück	zusammen	zwar	Zweck
996	Zwecke	zwei	Zweifel	zweite	zweiten
1001	zwischen				

B: Liste der 16 Testsätze

Satz-Nr.   Silbenzahl

1	8	Aller Dinge Anfang ist schwer
2	8	Er hielt eine gute Rede
3	10	In den folgenden Stunden war Ruhe
4	8	Sogleich erscheint der größte Mensch
5	9	Sein Freund war allerdings dagegen
6	8	Er tat es in dessen Namen
7	9	Dergleichen sagte man ganz selten
8	5	Geld macht nicht glücklich
9	8	Die Dritten folgen den Zweiten
10	10	Da gegen jene Tätigkeit nichts sprach
11	6	Die Gedanken sind frei
12	11	Heute erhielt sie eine neue Stellung
13	7	Dies ist von der gleichen Art
14	9	Seine Schwester hat viel Glück gehabt
15	11	Er scheint sich seiner Sache sicher zu sein
16	9	Indessen war es Tag geworden

Stichwortverzeichnis

www.ingramcontent.com/pod-product-compliance
Lightning Source LLC
Chambersburg PA
CBHW081539190326
41458CB00015B/5592

9 783486 227949